基礎からわかる
言語障害児教育

［編著］日本言語障害児教育研究会

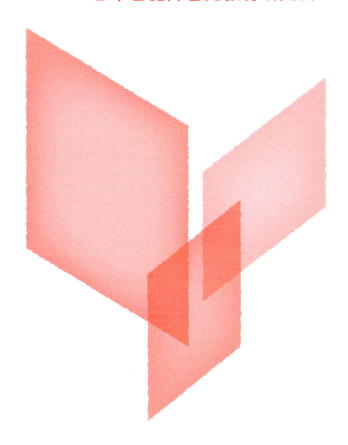

学苑社

序

　日本言語障害児教育研究会は、平成29年度の研究大会をもって、50回目の節目を迎えます。

　昭和20年後半に『言語治療教育』が産声をあげ、研究者と現場教員の協働という形で進み、アメリカの言語病理学（Speech Pathology）の考え方が研究者から紹介され、参考にしながら試行錯誤で進められてきた教育実践です。

　今回の出版は、日本言語障害児教育研究会の理事会で企画・編集しました。毎年の研究大会の講師を務めてくださる先生方のご講義をよりわかりやすい記述で多くの方々にお伝えし、子どもの成長発達を促しつつ話しことばやコミュニケーション障害の改善を図る指導のお役に立てていただきたいと願うものであります。

　昭和33年に仙台市立通町小学校、昭和34年に千葉市立院内小学校に言語障害特殊学級が設置されてから全国各地に開設されるようになった当時、その開設要員を都道府県教育委員会から託された方々は、指導者のいる大学に内地留学して研鑽に努め、地元に戻って指導的役割を果たしつつ普及に努めて来ました。この日本言語障害児教育研究会の研究大会はそれらの先生方の研鑽の拠り所であり情報交換の機会として重要な役割を果たしておりました。

　平成19年に特別支援教育が実施されて以降、各地の言語障害特別支援学級・言語障害通級指導教室（以下ことばの教室）はその様相が変わってきています。これまでの子どもたちに加え、発達障害のある児童生徒のコミュニケーション障害を改善するための指導の任務を負わされるようになってきています。

　ことばの教室として設置されている地域においても課題が指摘されています。その多くは、学級で指導に当たる教員の専門性に関することです。言語障害児教育担当者としての研修機会もないままにたずさわることを命じられた方が多く、その方々も3年ほどで転勤になり、新人と交代するという状況がだいぶ前から繰り返されているようであります。

このような実情の中で、日本言語障害児教育研究会は、より基本的でありながら最新の研究成果を盛り込んだ実際的な講座を企画し運営してまいりました。幸い大学で言語障害児教育の研究をされておられる先生方や、ことばの教室などで実践を積んでおられる先生方のご協力と参加者の熱意によって、全国の言語障害児教育担当者に研鑽の場を提供し、50回目を迎えることになった次第です。

　日本言語障害児教育研究会の研究大会の講義では、「言語障害児に対する指導は、単なる技術的な方法を伝えるだけのものではなく、子どもの成長発達を促進しながら"ことばを育てる"ものである」ことをお伝えすることを大切なコンセプトとしてきました。

　言語障害児教育に従事しようとするとき、単に発語を誘導するテクニックを修得して、それを子どもに当てはめようとすることは避けなければならないのです。言語障害児に対する指導は、単なる「矯正」ではなく『教育』なのです。教育である以上その指導を通して子どもの心身の成長を援助し、人格を陶冶することに役立つものでなければならないのです。

・子どもがその障害により生活の中でどのような困り感をもっているのか。
・子どもの成長発達のバランスを崩している理由は何か。
・子どもはどのような支援を求めているか。

　などなどを、謙虚に子どもを観察し、また、保護者から生育歴をつぶさに聞き取る努力のうえに、指導を工夫する必要があります。そのことを実現していただくための基礎基本を知って実践の糧としていただきたく、講師の先生方は講義してくださっていますし、今回もご執筆くださっています。

　今回、日本言語障害児教育研究会第50回大会を記念して出版した本書を指導の指針の1つとしてご活用いただき、言語障害やコミュニケーション障害のある児童生徒のご指導にご尽力くださいますよう祈念いたします。

日本言語障害児教育研究会　会長　羽田紘一

目　次

序　1

第1章　言語障害児教育を効果的に進めるために　　　　　　　　谷　　俊治
　　1　はじめに　9
　　2　職場の変遷　9
　　3　臨床観の変化——CureからCare、そしてCoreに　11
　　4　言語障害について　12
　　5　言語障害児教育の進め方　13
　　6　おわりに——言語障害児教育とは　28

第2章　言語発達遅滞とその理解　　　　　　　　　　　　　　　藤野　　博
　　1　ことばに遅れのある子ども　31
　　2　ことばの仕組みと使用のルール　38
　　3　言語発達のアセスメント　40
　　4　指導と支援のポイント　43

第3章　言語発達遅滞児の支援　　　　　　　　　　　　　　　　大伴　　潔
　　1　はじめに　51
　　2　幼児期における言語発達過程からの示唆　53
　　3　指導目標を設定するためのアセスメント
　　　　——LCSA（学齢版言語・コミュニケーション発達スケール）　55
　　4　語彙の拡大を目指す指導　57
　　5　表現力を高める指導　61
　　6　聞き取りの力を高める　64
　　7　音韻意識を高める　65
　　8　言語発達の支援の全般にかかわる原則　67
　　9　おわりに　68

第4章　構音障害児の支援　　　　　　　　　　　　　　　　　山下　夕香里
1　評価・指導の前に知っておくこと　71
2　構音障害の評価　74
3　構音障害の指導法　79

第5章　吃音の基礎知識と新たな視点　　　　　　　　　　　　伊藤　友彦
1　吃音の基礎知識　91
2　新たな視点──最近の吃音研究から　99

第6章　吃音児の支援　　　　　　　　　　　　　　　　　　　小林　宏明
1　はじめに　107
2　支援のめあて　107
3　実態把握　109
4　支援　112

第7章　聴覚障害とその理解　　　　　　　　　　　　　　　　濱田　豊彦
1　聞こえがもたらすもの　125
2　耳の仕組みと難聴　126
3　聴覚活用の発達　129
4　聴覚障害が発達にもたらす影響　132
5　障害認識と障害受容　135

第8章　聴覚障害児の支援　　　　　　　　　　　　　　　　　澤　隆史
1　はじめに　139
2　支援の内容と構造　139
3　受理面接から実態把握へ　140
4　支援目標の設定　144
5　支援における観点と方法　144
6　自立に向けて　155

第9章　ディスレクシア・読み書き障害の理解と支援　　　小池　敏英
1　LDと読み書き障害　157
2　ディスレクシアと読み書き障害　158
3　読み書き障害の認知神経心理学的知見　159
4　英語圏の読み書き障害の背景　160
5　日本語の読み書き障害の特徴と支援　161

第10章　幼児期のことばが育つ環境と人間関係
幼児のことばの相談の実際　　　野本　茂夫
1　はじめに　175
2　乳幼児期のことばの育ち　177
3　幼児期の生活とことばの発達　178
4　幼児のことばの相談の実際　180
5　まとめ　193

第11章　言語障害児の指導における樹木画検査の実施と活用　　　石川　清明
1　はじめに　195
2　バウムテストの実施　196
3　バウムテストの解釈　203
4　まとめ　214

第12章　事例報告のまとめ方と事例研究の意義　　　羽田　紘一
1　はじめに　217
2　なぜ、事例報告をまとめるのか　217
3　事例報告（レポート）の書き方　219
4　指導に必要な「教育的診断」のプロセスとPDCAサイクル
　　222
5　事例研究の意義　223
6　事例研究の方法　226

7　事例のまとめに必要な「観察と記録」　233

第13章　難言教育における子どもとの関わりと教室経営の基礎基本
　　　　　　　　　　　　　　　　　　　　　　　　　　　牧野　泰美
　　　1　はじめに　235
　　　2　難言教育に携わるにあたって　235
　　　3　子どもや保護者との関わりを考える　236
　　　4　きこえとことばの教室で行なう指導　240
　　　5　通級・個別のよさ　240
　　　6　きこえとことばの教室における指導・支援の視点　242
　　　7　「連携」を考える　244
　　　8　通常の学級との連携　247
　　　9　通常の学級との連携を機能させるために　248
　　　10　きこえとことばの教室の業務　250
　　　11　多くの教室が行なっている活動　251
　　　12　おわりに　252

第14章　保護者との連携の実際　　　　　　　　　　　　　　淺利　昇
　　　1　「ことばの教室」の仕事の柱は、保護者のニーズに応えること
　　　　　　　　　　　　　　　　　　　　　　　　　　　　　　255
　　　2　自分の癖・タイプを考えてみる　257
　　　3　ことばの課題ごとに初回面接から終了までの保護者との関わり
　　　　　　　　　　　　　　　　　　　　　　　　　　　　　　259

第15章　わが国の言語障害児教育のあゆみと
　　　　日本言語障害児教育研究会　　　　　　　　　　　　綾部　泰雄
　　　1　はじめに　271
　　　2　国語科治療教室が始まるまで　272
　　　3　言語治療特殊学級の全国への拡がり　282

4　おわりに　287

第16章　言語障害教育の研修について
　　大会アンケートを含めて、初任者支援のあり方を考える　　櫻井　正二郎
　　1　はじめに　291
　　2　アンケートから　291
　　3　千葉県の2年目教員支援事業について　295
　　4　1つの研修の方法について　296

索引　298

第1章
言語障害児教育を効果的に進めるために

谷　俊治（東京学芸大学名誉教授）

1　はじめに

　筆者が言語障害児（者）の治療や研究に携わるようになってから60年。職場が医療から教育、そして福祉の場へと変わり、多様な事例に遭遇することになった。その過程の中で、言語障害のみでなく、さまざまな問題を抱える子どもたちに対する筆者自身の臨床観に大きな変化がもたらされてきた。その変化を述べながら、現時点での言語障害児教育に対する私見を提案させてもらうことにする。

2　職場の変遷

（1）医療の場で

　東京医科歯科大学医学部を卒業後、母校の大学院博士課程に入学し、耳鼻咽喉科学を専攻するようになったのが、1957年4月のこと。同時に入局して耳鼻咽喉科の臨床活動を始めることになった。当時の主任教授の堀口申作先生は音声言語医学の大家で、毎週水曜日の午後には「音声外来」が開かれていたので参加させてもらうことにした。初診は教授の担当で治療が行なわれていたが、再診は私共に任されることもあり、「口蓋裂術後の構音障害」「吃音」「言語発達遅滞」「喉頭摘出後の音声障害」など多くの事例を担当することができ

た。

　当時は言語治療に関する日本語の専門書はほとんどなかったので、医局に置かれていたドイツ語の教科書などを参考にしながら治療を試みていた。そのような経過のなかで、ことばや話し方を教えたり矯正したりする技術だけでは、治療効果の得られない事例のあることにも気付くようになった。

（2）教育の場で

　教授の勧めで、1962年4月に東京学芸大学教育学部に出向し、1994年の定年まで言語障害児教育の研究と臨床の仕事を続けることができた。

　初めは学生に対する講義や演習のみであったが、2年目から現職の先生と一緒に障害児の「教育相談」を担当することとなった。参加された先生はそれぞれに障害児教育の学級担任であり、当時32歳だった筆者より年上の方が多く、教えるよりは教えられることの方が多かったのである。障害児教育には「やる気」は当然であるが、「根気」と「暢気」も必要だということを知ったのも大きな収穫であった。

　一方学部の授業では講義や演習だけではなく、実際にことばに障害のある子どもたちの診断や指導を担当させてその様子をVTRで録画し、それを再生しながらケース会議で授業を進めるという方式を採用した。その経過の中で、家族療法の必要性が感じられるようになり、保護者との面接も重視するようになった。さらに、1974年には大学院修士課程に障害児教育専攻が設置され、障害児臨床講座の主任として、32年間に述べ8千事例に及ぶ障害児の教育相談や治療・指導を続けることができた。

（3）福祉の場で

　学芸大学を定年で退官した後、先輩の勧めで埼玉県立嵐山郷の医療部長として就任することになった。ここは、重い知的障害者（児）のための施設で、一般内科と耳鼻科に加えて、反社会的行為を繰り返す利用者のカウンセリングも担当した。

　最初の事例は、放火を繰り返すことで医療少年院に送られ、26歳で退院す

ることになった男性で、引き続き嵐山郷で治療・指導を続けてほしいという県知事からの依頼であった。これまでの教育相談は幼児から中学生までであったので、成人でしかも知的障害を伴う方のカウンセリングは初めての体験であり、試行錯誤の連続だった。しかし、描画テストや描画療法などを利用したノンバーバルなカウンセリングや、交流分析を活用した方法が有効であり、1年程で治療・指導を終了することができた。その後は利用者の中で反社会的行動の目立つ事例を数人担当したが、同様な考え方で効果を上げることができた。

3　臨床観の変化──CureからCare、そしてCoreに

　筆者が医学部に入学したころの医学教育は、ドイツ医学の影響を大きく受けていた。特に耳鼻咽喉科学は外科系の一分野であり、心の問題などはあまり重視されなかった。医者が患者の病気を治す「Cure」という**権威的な縦関係**であり、言語治療は発声・発語器官を修復し訓練によって治療するということであった。しかし、今から考えれば当然のことであるが、形に表れていることばの問題だけに目を向けていても効果の見られない事例があることに気付いていた。学芸大学への出向はそのような思いに駆られているときだったのである。

　学芸大学では積極的にいろいろな教育活動に参加することにした。例えば、「ことばの教室」での言語治療の様子をじっくりと拝見させていただくと、先生は児童生徒の様子を慎重に観察しながら、心や体の状況に寄り添い、タイミングよく学習の機会を提供しているのだった。これこそ「Care」という横並びで**対等な横関係**を保つ臨床だと、強い感動を覚えたのである。

　早速この対応を取り入れ、大学での教育相談や治療・指導に生かせるための具体的な方法を探ることにした。幸い経験豊かな非常勤講師の諸先生や現場の先生、向学心に燃える研究生や大学院生、そして学部学生の協力が得られ、臨床の実践とそれをもとにした事例研究を進めることができたのである。理論面では特殊教育学会、心身医学会、小児心身医学会、心理臨床学会、描画テスト・描画療法学会などに入会して研鑽を深めた。その結果、言語障害児を対象にした教育相談や治療・指導に「交流分析」や「マズローの欲求階層説」など

が大いに役立つことがわかってきた。そして、「Care」の段階からさらに深化した、心の核心に迫る「Core」という**臨床心理的支持関係**がさらに重要だということに気付かされたのであった。

4 言語障害について

(1) 言語障害の定義

文部科学省では「言語障害とは、発音が不明瞭であったり、話し言葉のリズムがスムーズでなかったりするため、話し言葉によるコミュニケーションが円滑に進まない状況であること、また、そのため本人が引け目を感じるなど社会生活上不都合な状態であることをいいます」と定義している。

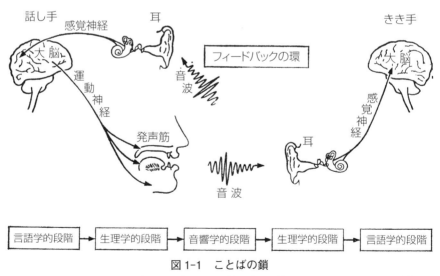

図1-1　ことばの鎖

話し手の伝えたいことが、話しことばとして、聞き手に理解されるまでのいろいろな現象
出典：デニシュ，P. B.・ピンソン，E. N.　切替一郎他（1966）話しことばの科学―その物理学と生物学．東京大学出版会．

（2）ことばの鎖

　言語障害の原因や分類を説明するとき、**図1-1**がよく利用されている。この図はデニシュとピンソン（Denes, P. B. & Pinson, E. N., 1963）によるもので、「ことばの鎖」と呼ばれている。

　まず、話し手の大脳に話そうとする話の内容が作られ、形式を整えて、発声・発語運動のプログラムが作られる（言語学的段階）。このプログラムは運動神経を経由して発声・発語器官の筋肉に送られ、話しことばが作り出される（生理学的段階）。話されたことばは音波となり（音響学的段階）、聞き手の耳から感覚神経を経由して大脳に達し（生理学的段階）、ことばとして理解される（言語学的段階）。一方、話し手の話しことば（音響学的段階）は、話し手自身の耳にも入り、感覚神経を経由して自分の大脳に送られてゆく（生理学的段階）。ここで自分の話したことが正しかったかどうかの判断がなされ（言語学的段階）、必要があれば話の内容、構文、語彙、発音、構音などの訂正が行なわれる。話し手はこのようにして、自分が伝えたいとする情報を、できるだけ正確に表現しようとしているのである。

（3）言語障害の種類

　言語障害はこの「ことばの鎖」のどこかの異常で起こってくることになる。
　言語学的段階の異常で**言語の障害**（disorders of language）が、生理学的段階では**話しことばの障害**（disorders of speech）と**聴覚の障害**（disorders of hearing）が起こってくる。その具体的な表れは、構音障害、吃音、音声障害、言語発達遅滞などである。

5　言語障害児教育の進め方

（1）診断すること

　構音障害や吃音というのは症状名で、医学でいう病名と同様であり、それだけでは診断したことにはならない。筆者は、医学における診断と同じように言語障害児の診断を次のように考えている。

①面接—医学的診断の問診にあたるものであり、保護者や本人から主訴を聞き出し、相談・治療歴があればその情報を確認する。1日の生活の様子を知ることで親子や家族との関係などが確かめられる。生育歴を知ることで、子どもの育ち方や、育児に対する親の考え方などを知ることができる。既往症が診断の大きな手掛かりになることも少なくない。子どもや家族の性格や生活の様子も重要な情報となる。

②評価—ことばや聞こえや関連すると思われるいろいろな検査、調査、行動観察などを行なう。

③診断—上記の①②の情報を基にして、どのような原因でことばの問題が発生し、どのような経過で今日に至ったかの仮説を設定する。

特にことばの問題は、人間の行動の中で最も複雑な要因に支配されているものと考える必要がある。**素因**だけではなく、**維持因**や**促進因**と考えられることにも目を向けなければ、本当の**診断（見立て）**はできないものだと思っている。しかし、初診時の診断はあくまでも仮説であり、経過を見ながら設定を変更することもありうる。

④治療計画—現在示していることばの問題の**素因、維持因、促進因**が推定できれば、それらを取り除くことで治療・指導が始められる。症状によっては再学習が必要になるが、要因が取り除かれていれば学習が成立しやすくなる。

⑤予後判定—ことばの問題の予後判定はなかなか難しい。経験を積めばある程度は見当がつくようになるが、安易に本人や保護者に伝えることは問題であり、非倫理的でもある。「私の経験では……」「教科書によれば……」などと慎重にことばを選ばなければならない。

（2）診断のために筆者が行なっている検査や調査

　1）言語障害のある子どもに対して

①初対面での第一印象は重要である。互いの自己紹介は当然であるが、可能ならば握手などを行なう。身体接触はコミュニケーションの原点である。好きな食べ物や遊び、勉強などについて尋ねながら、共感したり称賛したりすることで好ましい雰囲気を醸し出すように配慮する。苗字や名前の頭文字を利用し

て「ことば集め」や「しりとり遊び」を行ない、語彙の豊富さや頭の回転の速さを知ることができるし、選ばれた語彙から心理状態を垣間見ることもできる。

②「ことばのテストえほん」「PVT-R絵画語い発達検査」「LCスケール」「LCSA」などを活用して問題を発見し評価する。必要に応じて「音読テスト」「構音の掘り下げテスト」「知能検査」「ITPA言語学習能力診断検査」などを行なう。また、聴力検査や発声・発語器官の構造と機能の検査が必要なこともある。専門の医師や歯科医師の応援を求める。

③描画テストを行なう。「S-HTP法」「人物画テスト」「バウム・テスト」「動的家族描画法」「動物家族画」「動的学校画」などが利用できる。

描画テスト（drawing test）は投影法テストの1つで、描画を通して意識的・無意識的な心理的情報を得ることを目的としている。意識されない内的世界が表現されやすいのが特徴であるが、評価・判定が標準化されにくく、検査者の主観に偏りやすいとされているので、解釈は慎重になされなければならない。しかし、心の覗き窓として活用することは可能であり、生育歴や現在の生活の様子に関する情報を確かめた上で解釈すれば、妥当な結果が得られるように思われる。

図 1-2 は難聴と場面緘黙に悩む小学6年生の男児A君がバウム・テストで描いた樹木画である（この事例の詳細は『聴覚障害の診断と指導』［学苑社, 1991］の123～129ページを参照）。

A君は生まれつき手のかからない子どもで、過剰適応させられてきた幼少時の反動から、小学校入学以来生活の乱れが始まり、朝から毎日のように催促したり怒ったりしなければならなくなった。低学年の頃は一応母親の指示に従っていたが、高学年になるに従ってうるさがるようになり、妹にも催促されて毎朝が戦争のようだという。

「実のなる木の絵を1本描いてください」という指示で描かれた絵は、縦位置にした用紙のやや左上の小さい樹木で、地表の線はなく、幹の上下は閉じ、左右の線は並行であり、幹の表面には沢山の節穴が描かれ、上から押さえられているような雲型の樹冠の内部は乱雑な線で描かれ、枝や実はなかった。生育

図 1-2　A君の樹木画（難聴と場面緘黙）

歴や現在の様子から考えられるような、拠り所のない不安と、それを解消しようとしても果たせないでいる葛藤が投影されているようであった。

　図 1-3 は同じA君の動的家族描画である。「家の人皆が何かをしている絵を描いてください」という指示で書かれた家族画には全員登場していたが、用紙の中央にいる両親は背中合わせ、自分は母親に抱き抱えられており、妹は父親を境にして最も遠い位置に描かれていた。デパートの玩具売り場での状況はA君の明らかな退行状態を示しており、背中合わせの両親間の離反感情が表れていた。妹の存在はA君にとって目の上のたんこぶなのであろう。

　これらの図を基にしてA君の悩みを母親に伝え、遅ればせながら表れてきたA君の甘えを受け入れるようにアドバイスした。その後、両親は離婚した

第1章 言語障害児教育を効果的に進めるために　17

図1-3　A君の動的家族描画

が、A君の問題は次第に解決されていった。

　図1-4は、構音障害と吃音のあるB子さんの「S-HTP法」による描画である。

　「家と木と人をいれて、何でも好きな絵を描いてください」という指示で描いてくれたもので、過剰適応させられて悩んでいるB子さんの気持ちがはっきりと投影されている。両親と兄の4人家族であるが、兄は万事だらしなく、朝から催促の連続で不機嫌になり、母親への反発も目立つ。妹のB子さんは、その様子を見て、自分だけは頑張って良い子でなければと思う毎日である。我が強く、気性が激しくせっかちだとのこと。描画では、空の線が画面全体を覆う不安を示しており、家族に拠り所を求めているのに、求めにくい状況に悩んでいる心境を、B子さんが家に接しているのに入りにくい小さなドアで示しており、アンビバレントな感情を犬に投影しているようである。描かれた樹木はやや貧弱であり、根が描かれ樹冠に実がなっているなど、自我の未熟性も投影

図1-4　B子さんの「S-HTP法」による描画（構音障害と吃音）

されてる。バウム・テストや動的家族描画でも同様の結果が得られた。

　④可能であれば「エゴグラム」での評価を行なう。筆者は、言語障害児教育を進めるときに、常に交流分析の理論や方法を活用している。エゴグラムは自己の自我状態を確認するための検査である。自我状態とは、感情、思考とそれらに関連した一連の行動様式を総合した1つのシステムであると定義されている。人が感じたり、考えたり、行動したりするときの基になる心の状態のことである。自我状態は「親の自我状態」（P/Parent）、「大人の自我状態」（A/Adult）、「子どもの自我状態」（C/Child）の3つに分けられ、「親の自我状態」は「批判的な親」（CP/Critical Parent）と「養育的・保護的な親」（NP/Nurturing Parent）に、「子どもの自我状態」は「自由な子ども」（FC/Free Child）と「順応した子ども」（AC/Adapted Child）に分けられている。

　「CP」は親から取り入れた心で、厳しく教える部分であり、自他に対する厳しさの度合いを示すことになり、「NP」も親から取り入れた心であるが、優しく育てる部分で、優しさの度合いを示すことになる。一方、「FC」は自由奔放

な子どもらしい部分であり、自己表現力や積極性の度合いを示し、「AC」はいい子ぶったりする部分で、自分を抑えて相手に合わせようとする度合いを示している。「A」は現実を客観的に見ながら判断するコンピューター的な部分で、他の4つの特性の表れ方を調節する働きがあるものと考えられている。

この5つの自我状態をグラフに表したものが**エゴグラム**である。成人用と小児用のエゴグラムがそれぞれ標準化されて発売されている。

図1-5は難聴があり不登校が続いている中学1年生の女児C子さんのエゴグラムである。CPとNP、Aが低く、FCとACが高い「わがままタイプ」で、親の愛情がうまく受け取れず、子ども時代を引きずっているように思われる。母親から得た情報によると、小学校の頃から不登校があり、中学校の初めの頃は登校していたが、7月から再び不登校になったということである。家ではよく笑うし手伝いもしてくれるが、その反面家族にことばや行動で攻撃的になるという。食事のときに、椅子の上に片足を乗せ、肘をついて食べる。注意するとうるさがる。添い寝しているがなかなか寝ようとしないということであった。後に述べるように、C子さんの母親のエゴグラムは母親の愛情が子どもに伝わりにくいタイプであり、親子の治療・指導に大きな役割を果たすことができた。

⑤行動観察からも重要な情報が得られる。自由な遊びや設定された行動から、心の状態を伺い知ることも可能である。各種の心理検査は、設定された行動観察の場である。働きかけに対する反応の様子、ことばの明瞭さ、手先の器用さ、運動の様子、姿勢、落ち着き、過敏さなどいろいろな角度から観察し評価できる。

2) 保護者に対して

①あらかじめ、子どもに関する調査書への記入と、保護者自身のエゴグラムをお願いしておく。図1-6はC子さんの母親のエゴグラムである。NPとFCが高く、Aが極端に低いM型で、明るくて世話好きであるのに、C子さんに対してタイミングよく優しさを示すことが不得意であるという欠点が災いしているようであった。

②自己紹介の後で、面接を始める前に、記録や録音の許可を求める。「お話

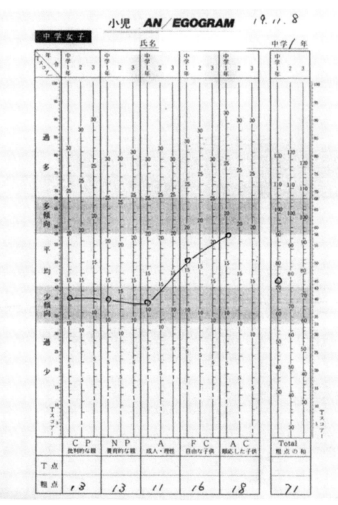

図1-5 不登校が続いているC子さんのエゴグラム（難聴）

はしっかり聞きますが、聞き誤りや聞き落としがあるといけませんので……」

③まず、子どもの長所と思われることを尋ねる。短所ばかりで長所は全くないと答える方もいる。些細なことでもよいからと伝えて考えてもらうが、どうしても見つからないと言うときには、面接の中で発見して保護者に伝える。次

母親の優しさが子どもに伝わりにくいエゴグラム

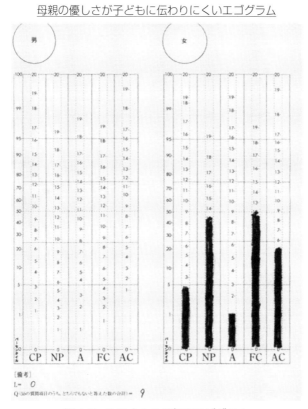

図1-6　C子さんの母親のエゴグラム

いで気になることを確かめてみる。リフレイミングを活用すると効果的なこともある。例えば「万事ぐずぐずで催促が必要なのです」に対して「なかなか慎重なお子さんですね」、「勉強していてもすぐ周りのことに気を取られてしまうのです」に対して「いろいろな事に興味があるのですね。旺盛な好奇心の表れかもしれませんね」、「保育園の頃から1人で着替えができていたのですが、入学してから着替えをなかなか始めようとしなくなってきたのです」に対して「ようやく本音が出てきましたね。親の出番がやってきたのかもしれませんね」などとリフレイミングすることもできる。

④面接によって求める内容は、「主訴とそれに関すること」「相談治療歴」「1日の生活の様子」「生育歴」「既往歴」「子どもと家族の性格」「家族関係」などである。この中で私が最も重視しているのは「1日の生活の様子」であり、この中でことばの問題の維持因や促進因と思われる情報の発見されることが多い。

　例えば、「朝は何時ごろ起きますか？」「1人で起きて来ますか？　それとも起こしますか？」「どのような起こし方をしますか？」「起こすとすぐ起きて来ますか？　何回も催促が必要になりますか？」「その時のお母さんの気持ちはどうですか？」「お子さんの気持ちはどのように思われますか？」「起きてすぐに何か始めますか？」などを聞き出していく。このようにして着替え、洗面歯磨き、排尿・排便、食事、登校（園）そして帰宅してから寝るまでの様子をできるだけ詳細に聞き出していくことが大切である。兄弟姉妹がいればその一人ひとりの生活の様子も必要であり、ご両親の関係も大きな鍵を握っていることもある。

（3）診断結果の伝え方

　初診時の診断は、あくまでも仮説であり、治療・指導の経過の中で訂正する可能性のあることを伝えるとともに、保護者や家族の協力が必要であることを約束しておく。

　例えば、吃音と喘息に悩む小学1年生男児の診断結果を次のように母親に伝えた。

　「素因」吃音や喘息になりやすい気質や体質があったのかもしれない。

　「維持因・促進因」母親からの**禁止令**（自分で考えてはいけない。健康であってはならない）と気持ちのずれ（急がせたい母親対ゆっくりしたい本児）とが考えられた。

　診断結果を母親に伝えてから、次のような説明を加えた。「まず、朝起こしてほしいかどうか聞いてください」「起こしてほしいということでしたら、どのような起こし方がよいか聞いてください」「時間を告げるだけでもよいかもしれません」「眠いでしょうけど起きられますか？　と聞くほうが効果的かもしれません」「『起こしてもらわなくてもいいよ』と言われたときのことも考え

ておきましょう」「任せてしまうことも 1 つの方法です。でも、遅刻するのではないかとお母さんが心配でしたら、子どもと相談してみてください」などである。

　起こしてほしいというのは、親に対する依存であるが、自分の意志で決定した依存は自立の第一歩と考えられる。楽しい依存の体験の上に、本当の自立が確立されることを多くの事例で体験している。

　「**禁止令**」は交流分析の用語の 1 つである。交流分析（Transactional Analysis）は、人間の行動に関する 1 つの理論体系であり、それに基づいた治療法である。エリック・バーン（Eric Berne）が 1950 年ごろから提唱し始めた方法で、精神分析の簡易版ともいわれている。自己への気付きを増し、自律的な生き方をし、真実の交流を回復することを目的としている。先に紹介したエゴグラムは自己への気付きを増すための手段である。

　禁止令は、幼児期に親から与えられる否定的なメッセージである。この事例では、「自分で考えてはいけない」「健康であってはならない」という禁止令が出されていたのである。

　さらに、この事例の母親に伝えたことは、「過去と他人は変えられない」「変えることができるのは、現在と自分である」「自分が変わると、違った相手や世界が見えてくる」「親が 1 ミリ変わると、子どもは 1 メートル変わる」などということである。

　本児は「ことばの教室」で治療・指導を受けていたが、母親の積極的な協力のお陰で、3 年生ごろには、吃音や喘息から解放されたのであった。

（4）治療・指導の進め方
1）基本的な原則

　話しことばは、まず感情の表出から始まり、それが伝達に活用されるようになりながら発達していくのである。従って、言語障害児の治療・指導は、感情豊かによく喋り、人との会話を楽しめるように援助していくことが優先されるということである。

2）診断・治療・指導の心構え
①ストローク

　子どもに対する診断のプロセスはもちろん、具体的な治療・指導にしても、保護者に対する面接にしても、初診から治療・指導が始まっている。そこで筆者は交流分析で用いられている**ストローク**を活用して効果を上げている。

　ストロークとは心の伝え合いで、「相手の存在や価値を認めるさまざまな刺激」と定義されている。**肯定的ストローク**と**否定的ストローク**があり、それぞれに**無条件**のものと**条件つき**のものがある。

　無条件の肯定的ストロークは最高のストロークであり、無償の愛である。このストロークにより心身共に健康に育つのである。頭をなでる、握手をする、おんぶや抱っこをする、褒める、名前を呼ぶ、挨拶する、礼を言う、じっくり話を聞くなど、日常生活の中でいろいろと活用できる。

　条件つきの肯定的ストロークは、相手が自分の期待に添った言動が見られたときに与えられるストロークである。親子の間で言えば、親の言うことを素直に聞くから好き、成績が良いからご褒美をあげよう、よくお手伝いしてくれるからお小遣い増やしてあげようなど、しつけなどに一時的な効果があるが、長続きしないことが多い。

　否定的ストロークは、無条件にしても条件つきにしても、このストロークを与えられ続けていると、非社会的・反社会的行動に走るようになったり、心身の病気になったりする。避けるべきストロークである。

②ストロークの交換──対人交流パターン

　ここでは、母親と子どもとの交流について考えてみよう。

　子ども（発信者）が母親に向かって「着せて」と言ったとしよう。これは子どものFCから母親のNPに向かっての発信である。これに対して母親（受信者）が「はいはい、着せてあげますよ」と答えると、子どもの期待通り母親のNPから子どものFCに向かって発信したことになる。このように素直な交流を**相補交流**と呼んでいて、肯定的ストロークの交換がなされている。

　もし、受信者である母親が「もうお兄ちゃんだから自分で着なさい」と答えたとすると、子どもの期待に反して母親のCPから子どものACに向けて発信

されたことになる。このような行き違いのある交流を**交差的交流**と呼び、繰り返されるとお互いに不快な気持ちが残るようになったりする。

　子ども（発信者）が「明日、部活で早いんだ。6時に起きるよ」と言ったとしよう。表面的には子どものAから母親のAに向かって発信しているように思われるが、本音は「早いから起こしてね」と子どものFCから母親のNPに向けて発信している可能性がある。これに対して母親が「はい、6時なのね」と答えたとすると、表面的には母親のAで受信しているが、本音は「起こしてあげるわよ」と母親のNPから子どものFCに向けて発信しているかもしれない。このように裏のある交流を**裏面的交流**と呼び、実生活では巧みに利用されていることが多い。

　③ストロークの欠乏——病的不安

　ストロークは貯金と同じように積み立てることができる。しかし、いろいろな理由でストロークが赤字になってしまうと、不安や怒りや葛藤が病的に大きくなってしまう。これが病的不安である。

　病的不安を抱えてしまうと、新しい情報を取り入れたり、新しい行動を獲得したりすることが困難になりやすい。また、そのままでは精神的に混乱してしまうので、それを何とか解消しようとしていろいろな症状が現れてくる。

　1人でトイレに入れないという閉所恐怖に悩んでいたり食欲不振が続いていたりした言語発達遅滞児、登校時間が気になって人より早く出かけて学校へ行く場面緘黙児、乳児期から不機嫌な行動が目立っていた構音障害児、夜尿症が長引いていた吃音児、喘息の発作に悩んでいた構音障害児、不登園を繰り返した言語発達遅滞児、生活習慣が極度に乱れていた場面緘黙児など多くの事例を経験している。いずれの事例も、病的不安が解消されるにつれて、治療・指導の効果が上がりやすくなったことは言うまでもないことである。

（5）効果的な両親指導の進め方

1）マズローの欲求階層説

　人間の成長を支える条件については、いろいろな説が発表されているが、筆者はマズローの説を好んで用いている。**図 1-7** の右側はマズロー（A. H.

Maslow）の欲求階層説を図示した三角形である。横軸は欲求の強さを表している。

　マズローによると、人間は生まれつき欲求をもっており、最初に表れ、最も強い欲求が「生理的欲求」であると述べている。これがある程度満たされると、その上に「安全の欲求」が、さらにその上に「所属と愛情の欲求」が、そして「尊重の欲求」が現れ、下の4つの欲求が満たされると、初めて自己実現に向かう高い欲求が表れてくるというのである。ここまでの欲求は「欠乏欲求」とか「基本的欲求」などと呼ばれ、子どもが心身共に健やかに育つために欠かせないものである。その上にある欲求は図示したものだけではないが、成長欲求と呼ばれ、自己の精神生活を高めようとする高次の欲求である。

　生理的欲求は生きてゆくためには欠かせない欲求である。それが満たされるためには、5快が達成される必要がある。5快とは、「快眠」（寝つきの良さ、爽やかな目覚め）、「快食」（楽しい食事）、「快便」（定期的な排便）、「快重」（順調な体重の増加と維持）、「快動」（感覚統合・身体を活発に動かす楽しい遊び）のことである。5快を達成するだけでもことばの治療・指導の効果が上がりやすくなった事例を多数経験している。

　安全の欲求は、親や家庭を安全基地として恐れや不安のない生活を送りたいという欲求である。そのためには、周囲の大人たちが空間的・時間的・対人社会的秩序を保つように心掛けることが必要になる。

　所属と愛情の欲求とは、家族の一員として大事にされたい、両親や兄弟姉妹のようになりたい、皆にもサービスしたいという欲求である。コミュニケーション能力が発達したり、生活習慣が身につくようになったりする原動力となっている。

　尊重の欲求とは、人から認められたい、褒められたいという欲求であり、それによって自己尊重（自尊心）も備わってくる。

　これらの基本的欲求が満たされると、「知ることと理解することの欲求」が生じ、本当の意味での学習意欲が生じてくるので、ことばの治療・指導の効果が上がりやすくなり、勉強しようという意欲も生じてくる。

　図1-7ではその上に「審美的欲求」と記載したが、それ以外にも「信」「善」

「美」「躍動」「個性」「正義」などの欲求が階層状ではなく並列的に存在し、自己実現に向かって成長していくということである。

2）マズローの欲求階層説と大脳の基本的構成

大まかにいうと、大脳は「脳幹」「古い皮質」「新しい皮質」の３つの部分から成り立っている。（図1-7の左側）

脳幹は生命の座と呼ばれ、生理的な調節作用を担っており、身体機能の情報センターであり、中枢神経全体の働きを調節している、元気で健康に生きる脳である。その周りを覆う**古い皮質**は本能と情動の座と呼ばれ、感情をつかさどりたくましく生きる脳である。さらにその周りを大きく覆っている**新しい皮質**は、人間では特に発達した部分で、知性の座と呼ばれ、人間としての高度な能力をつかさどっている脳であり、考えて賢く生きるという働きをしている。

筆者は、大脳の基本的構成とマズローの欲求階層との関係は**図1-7**のように示すことができるのではないかと考えている。

生理的欲求は脳幹の働きと密接に関連しており、脳幹の働きが正常であれば生理的欲求が充足されやすい。また、安全の欲求、所属と愛情の欲求、尊重の欲求は古い皮質の働きと密接に関連しており、古い皮質の働きが正常であれば

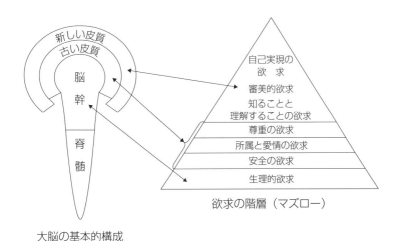

図1-7　マズローの欲求階層説と大脳の基本的構成

これら3つの欲求が充足されやすい。さらに、自己実現の欲求は新しい皮質の働きと密接に関係しており、新しい皮質が正常に働いていれば、自己実現の欲求が充足されやすくなると考えられるのである。

また、病気などで脳幹にその情報が送られてくると、病気を治せという命令が優先され、情報の出入が妨げられてしまうし、不快な経験などで古い皮質に不快な情報が溜まると、それを解消しようとすることが優先されてしまう。つまり、脳幹と古い皮質が正常に働いていると、新しい皮質が活発に働き、ことばの治療・指導の効果が上がりやすくなると考えられる。

6　おわりに――言語障害児教育とは

言語障害児教育とは、ことばを中心とした治療・指導を行なうとともに、子どもの心身の正常な発達を促進するように努め、子どもが持ち前の能力を十分に発揮できるように援助することを目的とした営みである。そのためには、病的不安に起因すると思われる神経症的症状、喘息や胃十二指腸潰瘍などの心身症、不登校や極度のこだわりなどの不適応行動に適切に対処することも必要になる。

また、言語障害児教育の仕事は、学際的な仕事であるので、日頃の研究や研修を欠かすことができないのは当然であり、教師以外のいろいろな職種（医師、歯科医師、言語聴覚士、臨床心理士、作業療法士、音楽療法士など）との協力体制

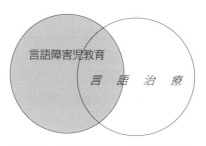

図1-8　言語障害児教育と言語治療

を整えておくことが重要である．在籍学級（通常の学級）の担任や親を中心とした家族に対する配慮や，地域社会への啓蒙も必要になる．

　言語障害児教育と言語聴覚士の行なう言語治療との関係を，筆者は**図 1-8**のように考えている．両者の守備範囲は事例によってはほとんど重なり合っていたり，重なりに差があったりするのであろう．

　章を終わるにあたり，貴重なご示唆を頂いた平井昌夫日言研初代会長（故人），田口恒夫2代目会長（故人），大熊喜代松副会長（故人），山岸次郎元副会長，現会長，副会長と理事の諸先生を始め，言語障害児教育に関係する多くの方々に心から謝意を表する次第である．

文献

ブレム-グレーザー，L．井口由子訳（2009）動物になった家族　子どもの動物家族画テスト．川島書店．
デニシュ，P. B.・ピンソン，E. N.　切替一郎他監訳（1966）話しことばの科学―その物理学と生物学．東京大学出版会．
日比裕康（1986）動的家族描画法（K-F-D）―家族画による人格理解．ナカニシヤ出版．
飯高京子・若葉陽子・長崎勤編（1988）ことばの発達の障害とその指導．学苑社．
三上直子（1995）S-HTP法　統合型HTP法による臨床的・発達的アプローチ．誠信書房．
マズロー，A. H.　小口忠彦訳（1987）人間性の心理学―モチベーションとパーソナリティー．産業能率大学出版部．
日本言語障害児教育研究会編（1979）言語障害児教育の実際シリーズ④難聴．日本文化科学社．
大熊喜代松（2004）愛して育てる心とことば．フィリア．
大熊喜代松・菱沼正（2009）母と子のふれあい育児のすすめ．文芸社．
杉田峰康（1990）交流分析のすすめ―人間関係に悩むあなたへ．日本文化科学社．
田口恒夫（1991）私の言語障害児教育観．学苑社．
田口恒夫・内須川洸・谷俊治（1981）言語障害　発達・人間関係・医学からの解明．旺文社．
高橋雅春・高橋依子（1987）樹木画テスト．北大路書房．
高橋雅春・高橋依子（1991）人物画テスト．北大路書房．
田中志帆（2012）教育臨床アセスメントとしての動的学校画―教育相談・学校臨床への活用をめざして．風間書房．

谷俊治（1984）愛して育てる こころ・からだ・ことばの相談室．有斐閣新書．
谷俊治（1992）言語障害児の指導と母子関係．特殊教育学研究，30(2)，71-80.
谷俊治（2006）救いを求める子どもたち―病気・問題行動が訴えるもの．学苑社．
谷俊治監修（2009）障害の重い子とともにことばを育む．学苑社．
谷俊治他（1982）ことばの発達と指導．全国心身障害児福祉財団．
全国言語障害児をもつ親の会編（1980）ことばの教室　育児とことば．労働教育センター．

第2章

言語発達遅滞とその理解

藤野　博（東京学芸大学）

1　ことばに遅れのある子ども

　子どもの発達上の心配ごととして、ことばの遅れはもっともよくある問題の1つである。ことばの遅れはさまざまな原因によって生じる。知的発達の遅れ、自閉スペクトラム症、聴覚機能の問題など、それらのいずれがあってもことばの問題は生じる可能性がある。一方、それらのどれにも当てはまらないのに、ことばに遅れが生じることもある。

　ことばの発達の遅れは「言語発達遅滞」と呼ばれてきた。文部科学省の「通級による指導の手引」では「話す、聞く等言語機能の基礎的事項に発達の遅れがある」と表現されている。しかし「言語発達遅滞」という用語は、ことばの教室などでは今日でも伝統的に使われてはいるものの、学術的あるいは医学的には使われなくなってきており、それに代わって「言語発達障害」という名称が使われるようになった。

　ただし、言語発達障害は言語発達遅滞と同義ではない。言語発達遅滞はことばの発達が遅れている状態を表したものであり、先に述べたようにその背景はさまざまである一方、言語発達障害は独立した疾患の単位だからである。医学的には「言語症（Language Disorder）」と呼ばれる診断カテゴリーが該当する。かつて先天性の小児失語症という名称が使われていた時代もあったが、今日では小児失語症は言語発達期に生じた脳損傷の結果として生じた後天性の言語障害のみを指し、言語発達障害とは区別される。

(1) 言語症／特異的言語発達障害（SLI）
1）言語面の特徴

「言語症」は精神医学の国際標準的な診断基準である DSM-5 の「コミュニケーション症」の中に位置づけられており、次のような特徴が記載されている（日本精神神経学会，2014）。コミュニケーション症のカテゴリーは平易に言うと言語障害グループである。

A. 複数の様式の（すなわち、話す、書く、手話、あるいはその他）言語の習得および使用における持続的な困難さで、以下のような言語理解または言語産出の欠陥によるもの
   (1) 少ない語彙（単語の知識および使用）
   (2) 限定された構文（文法および語形論の規則に基づいた文章を形成するために、単語と語の末尾を配置する能力）
   (3) 話法（1つの話題や一連の出来事を説明または表現したり、会話をしたりするために、語彙を使用し文章をつなげる能力）における障害などである。
B. 言語能力は年齢において期待されるものより本質的かつ量的に低く、効果的なコミュニケーション参加、学業成績、または職業的能力の1つまたは複数において、機能的な制限をもたらしている。
C. 症状の始まりは発達期初期である。
D. その困難さは、聴力またはその他の感覚障害、運動機能障害、または他の身体的または神経学的疾患によるものではなく、知的能力障害（知的発達症）または全般的発達遅延によってはうまく説明されない。

このようなタイプの言語障害は言語障害研究においては「特異的言語発達障害（Specific Language Impairment, SLI）」として知られている（Leorard, 1998）。本章では言語障害研究の用語法にならい SLI という名称を用いることとする。SLI は日本語圏での研究はまだ少ないが、格助詞や時制の使用などにとくに問題がみられやすいようである（福田・ゴプニック，1994）。筆者が経験した SLI の事例の発話例を紹介する。

- ポケモンに人気がある（正：ポケモンは人気がある）
- 紙で切ってる（正：紙を切ってる）
- 一言は何もないよ（正：一言で言えば何もなかったよ）
- 昔々ある所に、おじいさんとおばあさんがいます（正：いました）。

　この事例では、助詞の使用、複雑な構文の産出、適切な時制の使用などに困難がみられる。本児は、自分のことばの苦手さを友達にも担任にも隠しており、担任はおとなしくて勉強が少し苦手だけれど問題がないと捉えていた。同年齢の子とは話ができず休み時間はいつも 1 人であったという。授業中は友達のやっていることや写真などを見て内容を大まかにはつかめているようであった。話したいことがなかなかことばにならない、単語は出るが文にならないといったことが保護者からの主訴であった。

　SLI という名称やその特徴は学校教育現場ではあまり知られていないが、文部省（現・文部科学省）が定義した学習障害（LD）には SLI が含まれているようである。学習障害は「基本的には全般的な知的発達に遅れはないが、聞く、話す、読む、書く、計算する又は推論する能力のうちの特定のものの習得と使用に著しい困難を示す状態」と定義されているが、このうち「聞く」「話す」ことに困難を示す学習障害児は SLI に相当すると考えられる。DSM では SLI と学習障害（限局性学習症）は別の診断カテゴリーであるが、教育と医学の定義は異なるとの説明がある（上野，2001）。最近ではあまり使われなくなったが SLI と学習障害を包括した「言語性学習障害」という概念もある。読み書き障害の背景にはことばの遅れの問題があり、学習障害はことばの遅れの延長線上にあるものという問題の捉え方である。

　文部科学省が 10 年毎に行っている「通常の学級に在籍する特別な教育的支援を必要とする児童生徒に関する全国実態調査」で使われている学習障害に関係する問題を調べるチェックリストには次のような項目が含まれているが、これは SLI の臨床像に概ね合致する。

〈聞く〉
- 聞き間違いがある（「知った」を「行った」と聞き間違える）

・聞きもらしがある
・個別に言われると聞き取れるが、集団場面では難しい
・指示の理解が難しい
・話し合いが難しい（話し合いの流れが理解できず、ついていけない）
〈話す〉
・適切な速さで話すことが難しい（たどたどしく話す。とても早口である）
・ことばにつまったりする
・単語を羅列したり、短い文で内容的に乏しい話をする
・思いつくままに話すなど、筋道の通った話をするのが難しい
・内容をわかりやすく伝えることが難しい

2）発達初期の徴候と予後

　ことばの遅れが気になる子どもが SLI であるかどうかを早い時期、例えば 2 歳頃に見きわめることは難しい。成長とともに問題なく話せるようになる子どもたちの中にも、語彙が増える時期や二語文で話せるようになる時期が遅れることがあるからである。後に追いつく子どもを含め、話し始めの時期が遅れる子どもは英語圏では"late talker（レイト・トーカー）"と呼ばれている。「ことばの遅い子」といった意味である。「ことばの遅い子」は、ことば以外の面で他の子どもたちと変わったところがないので、放っておいてもやがて追いつくのか、ことばの遅れが残り、言語障害となるのか判断が難しい。

　どの程度の遅れをもって「ことばの遅い子」と見なすかについては、2 歳のときに産出できる語彙数が 50 語以下で、2 語文が話せない（Rescorla, 1989）、などの基準がある。では「ことばの遅い子」の中で、年齢とともに自然に追いつく子どもたちはどのくらいいるのだろうか。2 歳頃にことばが遅れていた子どもたちの 6 割は 1 年後に追いついたとの報告がある（Thal & Tobias, 1994）。そして後に追いつく子どもたちの特徴を調べると、もともとことばの理解力は良好で、身振りによってコミュニケーションできていたという。しかし一方、それらの条件を満たさない子どもの中にも追いつける場合があったり、反対にそれらができていてもことばの遅れが残る場合があったりするなど、当てはまらないケースも少なからずみられるため、この条件は予後判断の大まかな目安に

はなっても、確実な決め手にはならないようである。

　4歳頃になるとSLIの診断ができるようになる。SLIの子どもたちの予後はどうなのだろうか。4歳時にSLIの診断基準を満たした子どもの縦断調査によると、5歳6ヵ月の時点で過半数の対象児は依然としてことばのテストで低成績を示したという（Bishop & Edmundson, 1987）。同じ子どもを8歳6ヵ月時に再評価すると、5歳6ヵ月時にことばの問題が解決していた子どもは話しことばにも読みにも問題がなかったのに対し、5歳6ヵ月時に問題が残っていた子どもは、そのいずれにも明らかな遅れがみられていた。また、100名を超えるSLIの子どもたちを4歳4ヵ月から5年間フォローアップした大規模な調査もある（Tallal, Curtis, & Kaplan, 1988）。その子どもたちは5年後に進歩はみられたものの、話しことばも読みの力も同年代の子どもに比べると低い成績であったという。また、6歳時にSLIと診断された子どもの4年後の状態を調べた調査では、およそ8割の子どもは話しことばとともに読みに顕著な問題を示していた（Stark et al., 1984）。ほかに、10歳の時点でことばの字義通りの理解はできていても比喩の理解ができなかった（Nippold & Fey, 1983）などの報告もある。

　以上の知見をまとめると、SLI児は成長とともに話しことばの力は伸びるものの、遅れはその後も持続し、就学後には読みの障害が問題となったり、比喩のような高度理解力に問題を示したりすることが多いようである。そして、2歳頃のことばの遅れは取り戻せることが多く、4歳を過ぎると遅れが持続することが増え、就学の時点で遅れが残っているとその後も長期間にわたり何らかの問題を示すことが多いとまとめられるだろう。このことは、就学時にことばの遅れを示すこどもに対しては経過観察でなく指導・支援が必要であることを示唆する。ただし、以上に紹介した調査はいずれも英語圏で行なわれたものであり、日本では大規模なフォローアップ調査は行なわれておらず、実態は明らかでない。

（2）自閉スペクトラム症

　「言語発達障害」ではないが、自閉スペクトラム症（Autism Spectrum Disorder: ASD）においても言語の問題は生じる。DSM-5によるとASDは次の特徴に

よって診断される（日本精神神経学会，2014）。

A. 複数の状況で社会的コミュニケーションおよび対人的相互反応における持続的な欠陥があり、以下により明らかになる。
    (1) 相互の対人的－情緒的関係の欠落で、例えば、対人的に異常な近づき方や通常の会話のやりとりができない。
    (2) 対人的相互反応で非言語的コミュニケーション行動を用いることの欠陥
    (3) 人間関係を発展させ、維持し、それを理解することの欠陥
B. 行動、興味、または活動の限定された反復的な様式

　知的障害を伴わない ASD 児は、SLI 児のように語彙、統語、音韻などのことばの構造的側面にはあまり問題がみられない。その一方で、ことばの社会的使用にさまざまな問題がみられ、それは語用の障害としてまとめられている（大井, 2006）。さらにそれらは以下のように分類できるだろう。

【意図理解の問題】
・間接発話の誤解
・相手の発話意図の理解困難
・反語や比喩の理解の困難
・過剰な字義通りの理解

【会話の問題】
・聞き手の注意を得ない
・相手のコメントの無視
・過剰な質問による開始
・既知の事を聞くなど質問の仕方の問題
・話題が維持されない
・ターン・テーキングの合図の失敗

・不適切な発話の交替
・同意を得ない話題の変更
・先行話題への逆行や同一の話題の反復
・要請された明確化の失敗

【情報伝達の問題】
・聞き手に価値のない情報の提供
・聞き手の知識を考慮しない
・重要な情報を後回しにする

【場面や相手に応じた話し方の問題】
・丁寧さの調節の失敗
・年齢差を考慮しない話し方

(3) 社会的(語用論的)コミュニケーション症

　DSM-5には社会的(語用論的)コミュニケーション症(Social [Pragmatic] Communication Disorder：SCD)が言語障害の新たなカテゴリーとして記載されている。それは次のような特徴をもつ(Bishop, 2000)。

A. 言語的および非言語的なコミュニケーションの社会的使用における持続的な困難さで、以下のうちすべてによって明らかになる。
　(1) 社会的文脈に適切な様式で、挨拶や情報の共有のような社会的な目的のために、コミュニケーションを用いることの欠陥
　(2) 遊び場と教室で話し方を変えるような、文脈や聞き手の求めるものに合わせてコミュニケーションを変える能力の障害
　(3) 会話で相づちを打つ、誤解されたときに言い換える、相互関係を調整するための言語的および非言語的な合図の使い方を理解するなど、会話や話術のルールに従うことの困難さ
　(4) 明確に示されていないことや、字義どおりでなかったりあいまいで

あったりすることばの意味を理解することの困難さ

これらはいずれも語用の問題であり、先に述べた ASD におけるコミュニケーション障害の特徴と共通する。SCD は、ASD のように限定された興味と反復的・常同的行動を伴わず、語用の問題を中心とする社会的コミュニケーションの側面にのみ問題を生じる障害といえる。これは言語障害研究では「語用性言語発達障害（Pragmatic Language Impairment）」などとして研究されてきた（Bishop, 2000）。

2　ことばの仕組みと使用のルール

（1）言語構造の処理メカニズム

ことばを話したり理解したりするための情報処理のメカニズムはいくつかの機能ユニットすなわち「モジュール」からなっており、それらが相互に連携して働いていると考えられている。

そのようなモジュールの1つに、語を貯蔵・検索するシステムがある。図2-1 に示した「バナナ」を例にとると、最初にバナナの像が頭に浮かぶ。次いでそれに対応する語が検索され、「ミカン」でも「リンゴ」でもなく「バナナ」

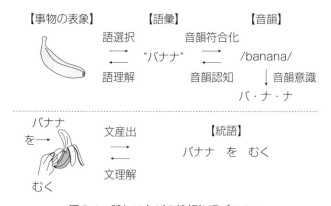

図 2-1　話しことばの情報処理プロセス

という語が選ばれる。これは語選択のプロセスである。それから、選択された語を音声として発するためのモジュールにより、「マナナ」でも「バタタ」でもなく「バナナ」という音列が組み立てられ出力される。このプロセスを音韻符号化という。さらに語を組み合わせて文を作るモジュールがある。語の配列には一定のルールがあり任意に並べることはできない。例えば「バナナをたべる」ことを表すためには、「バナナ」という名詞の後に「を」という助詞を配置し、その後に「たべる」という動詞を置くことのみが許容される。このような複数の語をルールに従って配列するプロセスを「統語」という。また、ことばを聞いて意味を理解する過程もある。たとえば「バナナ」という語を聞き、その像を思い浮かべる。

　また、話しことばは読み書きの基盤にもなる。文字を読むことは、ことばが音の連なりからできていることに気付くことから始まる。例えば「バナナ」ということばは、「バ」「ナ」「ナ」の3つの音からできていて、最初の音が「バ」で、真中の音が「ナ」で、最後の音が「ナ」であるといったことがわかることである。このようなことばを作っている一つひとつの音やその順序を思い浮かべることができることを「音韻意識」という。これはしりとりができるのに必要な力でもある。文字を読んだり書いたりすることは、このような音韻意識の力が必要であり、文字の読み書きができない場合はその力がまだ十分育っていない可能性がある。

（2）ことばの使用における暗黙のルール

　社会的な場面におけることばの使用には一定のルールがある。しかし、それはたいていの場合、規則として明示されているものをどこかで教わって使えるようになるわけではなく、教えられずともそれに従っている、いわば暗黙のルールである。そのような暗黙のルールには次のようなものがある。

1）会話における協調

　会話においては話し手と聞き手とが協力し合い、話題がスムーズに進行するような発話内容の調整がなされる。以下の4つの暗黙の行動原理からなる（グライス，1998）。

〈量の行動原理〉
　相手の求める情報に見合った量の発言をしなさい。情報量は多すぎても少なすぎてもいけない。
〈質の行動原理〉
　真実でないことをあえて言ってはいけない。
〈関係の行動原理〉
　相手の話したことに関連することを言いなさい。
〈様態の行動原理〉
　曖昧な言い方をしてはならない。相手にわかるように話しなさい。
　2）会話の順番交代
　会話においては話し手と聞き手が交互に入れ替わる。話者の順番交替には次のような暗黙のルールがある（サックス他，2010）。最初の話者の話が終わったとき、その話者が次の話者を指名していたら、指名された人は次に発言しなければならない。もし、指名がなされなければ、次に最初に話し始めた人が、話を続けることができる。もし、指名もなされず、次に話す人もいなければ、最初の話者がそのまま話し続けてもよい。
　3）ポライトネス
　誰かに物事を頼むときなど、相手や状況に応じて話し方の丁寧さを調節する必要がある。そのようなことばの丁寧さの調節は、(1) 相手との社会的関係、(2) 相手との力関係、(3) やって欲しいことの負担の大きさ、によって決定される（ブラウン・レヴィンソン，2011）。例えば、会社の上司や学校の先生には友だちに対するように話すことはできないし、逆に親友には話し方が丁寧すぎるとよそよそしくなり不自然である。また、10円借りたいときには気楽に頼めるが、10万円借りたいときには気楽には頼めない。

3　言語発達のアセスメント

(1) テスト
　言語発達のアセスメントでは、語や文の理解と産出の力を評価する必要があ

る。それらの機能毎に能力を調べることのできる既存の検査としてはPVT-RやJ. COSSがある。PVT-Rは語の理解、J. COSSは文の理解を評価できる。また、言語発達を総合的に評価できる検査法として「LCスケール」や「LCSA」などがある。LCSAでは話しことばのみならず読みの力や、読みの基盤となる音韻意識も評価することができる。

（2）チェックリスト

　テストによるアセスメントでは、語や文の理解や産出など言語の構造面の能力は評価しやすいが、語用などの使用面については実態に即した評価が難しい。語用の問題を含め、子どもの話しことばの問題を包括的に評価できるアセスメント・ツールとして「子どものコミュニケーション・チェックリスト (Children's Communication Checklist：CCC)」がある (Bishop, 1998)。CCCは、言語・コミュニケーションの問題の有無と、その特徴がSLI的かASD的かを判別できる。その第2版 (CCC-2) が日本でも利用できるようになった。CCC-2は、10の下位尺度（音声、文法、意味、首尾一貫性、場面に不適切な話し方、定型化されたことば、文脈の利用、非言語的コミュニケーション、社会的関係、興味関心）から構成され、親や教師など子どもをよく知る人が評価する質問紙検査である。場面に不適切な話し方、定型化されたことば、文脈の利用、非言語的コミュニケーションの4つは語用に関連する項目であり、ASDやSCDによくみられる語用の問題を客観的に把握できる。

（3）発話の観察

　自由発話の記録に基づく評価法もある。そのような指標として「平均発話長」が英語圏ではよく使われている。平均発話長とは、発話のサンプルを採取し、全発話に含まれる形態素数を発話数で除した値である。つまり、自発話において平均してどれくらいの長さの文を産出しているかを示すもので、文産出力の指標になる。日本語の場合、形態素に区切ることは簡単ではないため、語や文節で区切る方法もある。

　また、会話を観察に基づいて評価する方法として会話分析の枠組みなどがあ

る（Adams & Bishop, 1989）。これは会話時の各発話を**表 2-1** のカテゴリーに分類するもので、会話の特徴を量的に把握することができる。

表 2-1　会話を評価する視点（Adams & Bishop, 1989 を一部改変）

話者交替の構造		
開始	質問／要求	
	陳述	
応答	最小限の言語的応答（はい／いいえ）	
	最小限の非言語的応答（うなづき／首ふり）	
	拡張された応答	
継続	陳述	
フォローアップ		
ターンテイキング（会話の順番取り）		
応答までの時間的ギャップ		
オーバーラップ（割り込み）		
修復		
明確化の要求		
明確化の要求に対する応答		
明確化への自己修復		

（4）検査場面と日常場面のギャップ

　ことばの遅れのある子の保護者から、この子は上手に話せないが理解はできているという声をよく耳にする。しかし、実際に検査をしてみるとことばの理解にも問題がみられることが少なくない。ことばの理解力を親は過大評価しがちである。検査場面では、子どもはなじみのない場所で初対面の人から、初めて行なうことを指示される。

　これに対し、日常生活場面ではことばを理解しやすくする条件がたくさんある。よくなじんだ状況で親しい人が相手となる。また、日常生活の多くは目的がはっきりしていて、子どもにとって意味のある習慣的なルーチンからなっている。この場面ではこんなことが話されているはずだと見通しをもちやすい。

話題の前提になる知識が共有されていれば聞いて理解することに困難があっても推測によって補える。家族は毎日の生活を共にすることで理解の前提になる情報を共有している。さらに、家庭の中で話されることの多くは具体的な事柄で、さほど複雑な構文も使われない。

　また、同年代の子どもとは話が上手にできないが、大人となら話せるという声もよく聞く。大人は子どもと話すとき、子どもに合わせ、会話をうまく導いてくれるが、子ども同士ではそのような配慮はない。相手の発言を自力で理解し、それに合わせて話を続けなければならないので、大人と話すときのようにうまく会話が続けられないのである。

4　指導と支援のポイント

（1）言語指導

　言語発達障害のある子どものことばの発達を促進するためには個別の指導が必要である。学校教育においては通級指導教室でそのような指導が行なわれる。指導の内容は個々の子どものニーズに応じ、語彙の拡充、文理解力・産出力の向上、会話スキルの向上などの目標が設定される。

　語彙の拡充に関しては次のような発想の指導法もある。まず、既知の語と未知の語をあらかじめ仕分しておき、既習得の語を3つ（例えば、自転車、ヘリコプター、船）、未習得の語を1つ（例えば、モノレール）配置し、提示された語に対応する絵を選ぶ4択問題にする。これは「ノベルワード・マッピング法」という。この方法だと、消去法で未知の語でも正しく選べ、かつ乗り物グループの一種と推測されることにより、意味ネットワークに結びつけられる形で語が習得される。知らない語なのに正しく答えられるため達成感もある。

　文を作る指導においては認知的負荷を減らすことがポイントとなる。文の産出のためには、まず語の想起がなされ、次いで、想起した複数の語が保持され、語の配列の作業がなされる。語の配列の前に、語想起やワーキングメモリに多くのエネルギーが注がれてしまう。練習の際にはそれらの負荷をできるだけ減らす工夫が必要である。例えば名詞、動詞、助詞などの単語が書かれた文

字チップを利用する。文字単語を配列し文を組み立て、それを見ながら口頭産出するという状況を設定すれば語想起や記憶にかかる負荷が取り除かれ、語の配列にのみに集中できる。単語カードの代わりに絵カードを用いると語の処理にかかる負荷はさらに軽減されるだろう（図2-2）。

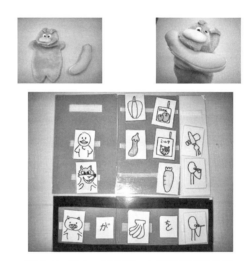

図 2-2　絵カードを使った文産出指導の例

（2）自然な言語発達の促進

　遊びや日常場面などの自然で自由な状況でことばを教える方法として、代弁（パラレルトーク）、拡張模倣（エキスパンション）、リキャストなどがある。これらはいずれもモデリングのバリエーションといえる。代弁は子どもの興味の焦点に合わせて大人がことばを発することである。拡張模倣は子どもの発話の内容や構造を拡げ、少し背伸びするとできるレベルのモデルを示すことである。リキャストは子どもの不正確な発話を正確な表現に直して返すことである。

①代弁（パラレルトーク）

　子どもが注意を向けている対象や活動に沿ったことばの見本を示す

（例　子ども：飛行機を指さす　→　指導者：ひこうきだね）
②拡張模倣（エキスパンション）
　子どもの自発した発話を拡張した見本を示す
　（例　子ども：ひこうき　→　指導者：ひこうき　とんでるね）
③リキャスト
　子どもの自発した不完全／不正確な発話に対し、正しい見本を示す
　（例　子ども：きのう　あめ　ふる　→　指導者：きのう　あめが　ふったね）

　拡張模倣やリキャストによって、子どもは自分が表現したいことの意図や意味を保ちながら、より正確で進んだ表現の仕方を学ぶことができる。
　また、新たな語や文型の学習は、子どもが日常的によくなじんだ見通しのきく場面や活動の中で行なうと学びやすくなる。そのために「スクリプト」を活用できる。スクリプトとは習慣的に繰り返される一連の行為や出来事についての表象や知識のことである。子どもは日常生活や遊びを通してさまざまなスクリプトを習得する。スクリプトは語に意味を与える文脈を提供し、社会生活に必要な生きたことばの学びを支える。
　ふり遊びやごっこ遊びなどではスクリプトがよく使われる。大人が子どもと一緒に遊ぶ中でモデルを示すことで言語の社会的使用が促進される。3歳台の女児がミニチュアの冷蔵庫、飲み物、食器などの玩具を使って遊んでいる場面を例として挙げる。最初はひとりでジュースや氷などをコップに入れて飲むふりをしていた。大人が近づくと「どうぞ」とコップを差し出してくれた。そこで大人はそこから遊びに加わり、お店屋さんごっこに発展させた。同じ日に何度も繰り返された遊びの中でのやりとりの一部を**表2-2**に載せた。
　1回目は大人が客として子どもに注文したり質問したりすることで遊びをリードし、子どもはそれに答えている。2回目には子どもに新奇な質問をし、少し考えさせる場面を作った。3回目にはオープンな質問をし、子どもから新しいセリフを引き出している。4回目になると、子どもは大人と役割を交替したいと要請し、下線を引いた部分にみられるように、それまでに大人が発したセリフを自らのセリフとして再現している。

表2-2　子どもと大人のごっこ遊びでの会話例

【1回目】
大人：ピンポーン。こんにちは
子ども：こんにちは
大人：ジュースをください
子ども：はーい（コップにジュースを入れるふりをする）
大人：（出してくれたジュースを飲むふりをし）あーおいしかった。おいくらですか？
子ども：（ちょっと考えて）2000えん
大人：まあ、たかいのね（とお金渡すふりをする）
子ども：（お金をもらい、レジに入れるふりをする）
大人：ごちそうさま。さようなら
子ども：さようなら

【2回目】
大人：クリームソーダできますか？
子ども：（考え込む）
大人：アイスクリームあったよね？
子ども：あ！（とソーダを入れるふりをした後に、アイスを入れるふりをする）
大人：（飲んだふりをして）あーおいしかった。おいくらですか？
子ども：（ちょっと考えて）200えん

【3回目】
大人：何がありますか？
子ども：フルーツもありますよ
大人：ジュースにフルーツを入れてください
子ども：（フルーツを入れたり氷を入れたりした後混ぜるふりをする）

【4回目】
子ども：こうたいして（自分がお客になりたいとの意）
大人：いいよ
子ども：ピンポーン
大人：はーい。いらっしゃいませ。
子ども：ソーダください。フルーツも乗せてね
大人：（フルーツを入れたソーダを出すふりをする）どうぞ
子ども：（飲んだふりをし）あーおいしい。いくらですか？
大人：500円です。
子ども：（お金を渡すふりをする）さようなら
大人：さようなら

このように、大人と一緒に行なうごっこ遊びは、子どもが社会的な場面でのことばの使い方を学ぶ良い機会になる。遊びの中での大人の問いかけや促しやモデルを足場として、子どもはコミュニケーションのルールやお互いの役割について学び、既有のスクリプトにそれを組み込み発展させていく。遊びや食事など、日常的な活動を指導の文脈として使用すると、習得された言語やコミュニケーション行動は般化しやすくなる。

　養育者にとっても自然なアプローチは訓練的なアプローチよりもストレスが少なく、子どもとより良好なコミュニケーションが取れていると感じることが多いことが報告されている（Koegel, Bimbela, & Schreibman, 1996）。

（3）会話の指導

　会話はソーシャルスキルトレーニング（SST）の手法で指導できる。SSTはインストラクション（教示）、モデリング（範示）、リハーサル（練習）、フィードバック（振り返り）などからなる。以下のようなことが指導の目標となる（藤野, 2010）。

①話の聞き方

　話しかけても応答性に乏しく、聞いているのかどうかわかりにくい子どもや、話している相手に注目するのが難しい場合の指導である。聞くときは相手の顔を見ること、相手の話にあいづちを打つことなどを目標とする。相手の目を見ることが苦手な子どもには無理強いせず、相手の方を向くだけでもよく、相手の口元を見る方法などもあることを伝える。相手に質問し、話を聞く場面を作って練習する。

②声の大きさ

　場面に応じて声の大きさの調整や発声のオン／オフができない場合の指導である。声のボリュームの上げ下げの練習をする。また、さまざまな場面を想定し、そこでの適切な声の大きさについて考えたり、ロールプレイを行なったりする。

③話しかけ方

　人に話しかけるのが苦手な子どもや、急に一方的に話し始めてしまう場合の

指導である。相手の名前を呼んで相手の注意を引くことや、話したい話題を伝えることが目標となる。後ろを向いている人に対して呼びかけ、話したい内容について伝える場面を作って練習する。

④発話の順番交代

交互に話す会話の順番交代のルールがわかりにくい子どもや一方的に自分だけ話しすぎてしまう場合の指導である。「話す人」と「聞く人」の役割交代を意識しながら会話を進める。相手と会話をするとき、自分だけが一方的に話をするのではなく、相手にも話すチャンスを与えることが大切であることを意識させる。

しかし、会話の練習は話題なしに行なうことは難しい。そして、子どもたちに興味のない話題では話を続けたいという動機が起こらないため会話を発展させにくい。会話へのモチベーションを高める場面設定として、テーブルトーク・ロールプレイゲーム（TRPG）と呼ばれるゲームを紹介したい。TRPG は、子どもたちが自分で設定したキャラクターを、他児とともにゲームの進行役に導かれながら演じ、会話をしながら架空の物語を作っていく小集団で行なうロールプレイゲームである。TRPG 場面では日常会話は苦手な ASD の子でも驚くほど上手に会話ができることがある（加藤，2016）。ASD の人はいつでも会話ができないわけではなく、好きなことや興味のあることに関しては豊かな話が自然にできることも多い。会話がはずむかどうかは場面設定や話題次第であり、指導においてはそのような工夫が求められる。

文献

Adams, C. & Bishop, D. V. M. (1989) Conversational characteristics of children with semantic-pragmatic disorder. I: Exchange structure, turntaking, repairs and cohesion. *British Journal of Disorders of Communication*, 24, 211–239.

Bishop, D. & Edmundson, A. (1987) Language impaired 4-year-olds: Distinguish transient from persistent impairment. *Journal of Speech and Hearing Disorders*, 52, 156–173.

Bishop, D. V. M. (1998) Development of the Children's Communication Checklist

(CCC): a method for assessing qualitative aspects of communicative impairment in children. *Journal of Child Psychology*, 39, 879-891.

Bishop, D. V. M.（2000）Pragmatic language impairment: A correlate of SLI, a distinct subgroup, or part of the autistic continuum? D. V. M. Bishop & L. B. Leonard (Eds.) *Speech and Language Impairment in Children*. Psychology Press, Philadelphia.

ブラウン，P.・レヴィンソン，S. C. 田中典子監訳（2011）ポライトネス：言語使用における、ある普遍現象．研究社．

藤野博編著（2010）自閉症スペクトラム SST スタートブック．学苑社．

福田真二・マーナ・ゴプニック（1994）家族性言語障害とは．月刊言語，269，42-49．

グライス，P 清塚邦彦訳（1998）論理と会話．勁草書房．

加藤浩平（2016）テーブルトーク・ロールプレイングゲーム（TRPG）を活用した社会的コミュニケーションの支援．藤野博編著 発達障害のある子の社会性とコミュニケーションの支援．金子書房，94-100．

Koegel, R. L., Bimbela, A., & Schreibman, L.（1996）Collateral effects of parent training on family interactions. *Journal of Autism and Developmental Disorders*, 26, 347-359.

Leonard, L. B（1998）*Children with Specific Language Impairment*. Cambridge, Massachusetts, MIT Press.

日本精神神経学会監修（2014）DSM-5 精神疾患の診断・統計マニュアル．医学書院．

Nippold, M. & Fey, S.（1983）Metaphoric understanding in predolescents having a history of language acquisition difficulties. *Language, Speech, and Hearing Services in Schools*, 14, 171-180.

大井学（2006）高機能広汎性発達障害にともなう語用障害．コミュニケーション障害学，23，87-104．

Rescorla, L.（1989）The Language developmental survey: A screening tool for delayed language in toddlers. *Journal of Speech and Hearing Disorders*, 54, 587-599.

サックス，H.・シェグロフ，E. A.・ジェファソン，G.（2010）会話のための順番交替の組織―最も単純な体系的記述．H. サックス・E. A. シェグロフ・G. ジェファソン 西阪仰訳 会話分析基本論集：順番交替と修復の組織．世界思想社，5-153．

Stark, R., Bernstein, L., Condino, R., Bender, M., Tallal, P., & Catts, H.（1984）Four-year-follow-up study of language impaired children. *Annals of Dyslexia*, 34, 49-68.

Tallal, P., Curtis, S., & Kaplan, R.（1988）The San Diego longitudinal study: Evaluating the outcomes of preschool impairments in language development. In S. Gerber & G. Mencher (Eds.) *International perspectives on communication disorders*, pp.86-126. Gallaudet University Press, Washington, DC.

Thal, D. & Tobias, S.（1994）Relationship between language and gesture in normally developing and late talking toddlers. *Journal of Speech and Hearing Research*, 37, 157-

170.
上野一彦（2001）LD の概念・定義．上野一彦・牟田悦子・小貫悟編著　LD の教育：学校における LD の判断と指導．日本文化科学社，5-15.

第3章

言語発達遅滞児の支援

大伴　潔（東京学芸大学）

1　はじめに

（1）3つの「K」の領域を通して言語指導を考える

　言語を介した活動は、図3-1のように、「ことば」「かかわり」「こころ」という「K」ではじまる3つの領域で理解することができる。「ことば」は、意味を音声や文字で表す記号であり、記号の並び方（文法）もここに含まれる。学齢期の学習は、主にことばを介して行なわれる（図3-1のa）。一方、人とのやりとりに関する「かかわり」には、会釈するといった単に形式的な行為もあれば（b）、挨拶をしたり道を譲ったりするときに「こんにちは」「どうぞ」と言うのは、「ことば」と「かかわり」が重なり合った領域である（c）。また、表に出さない心の領域もあるが（d）、声には出さなくても相手に配慮して道を譲ったり助け合ったりするといった心のこもった交流もある（e）。「ことば」も、自分の気持ちを表現するのは「ことば」と「こころ」が重なる部分である（f）。しかし、最も重要な、生きたコミュニケーションはこれら3つの領域がすべて重なる（g）の部分である。自分だけを中心に置くのではなく、相手にも配慮し、ことばにも心がこもる。このように、語彙を増やしたり複雑な文を言えるように導いたりすることだけが言語指導の到達的ではない。人とのかかわりを豊かにすることを目指しながら活動に参加し、コミュニケーションを介して学びや心の成長を遂げることができるように子どもの発達を後押ししていきたい。

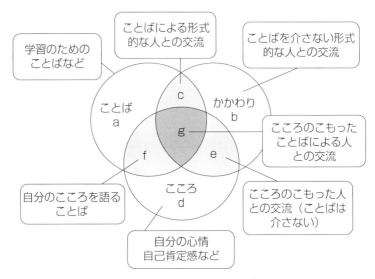

図 3-1　ことばにかかわる 3 つの「K」領域

（2）通級による指導（言語障害）の対象

　通級による指導（言語障害）の対象となる児童には、①口蓋裂、構音器官のまひ等器質的又は機能的な構音障害のある者、②吃音等話し言葉におけるリズムの障害のある者に加えて、③話す、聞く等言語機能の基礎的事項に発達の遅れがある者が含まれている（障害のある児童生徒の就学について（通知）平成 14 年 5 月 27 日文部科学省初等中等教育局長通知 14 文科初第 291 号）。①と②は構音の正確さや発語の流暢性といった音声産出にかかわるが、③「話す、聞く等言語機能の基礎的事項」が指し示す範囲は広い。本章では、はじめに、幼児期からの言語発達過程を概観しながら、学齢児を対象に支援する③の言語領域を整理してみたい。

2　幼児期における言語発達過程からの示唆

（1）名詞のレパートリーの拡大

上位概念の名詞：幼児期の言語発達は、生活や遊びを通した語彙レパートリーの拡大が1つの柱となる。幼児期初期には、「もっと」「いや」「ちょうだい」といった社会的な語彙の他に、身の回りの物を表わす名詞が最初に獲得される。続いて、聞く頻度の高い具体的な名詞（ボール、コップなど）から、より意味的抽象度の高い語彙も身につけるようになる。より大きな概念である**上位概念**の語彙（「りんご」「みかん」を包括する「くだもの」や、「車」「飛行機」を包括する「乗り物」など）を学ぶとともに、含むものと含まれるものとの関係づけも理解していく。上位概念と下位概念を広げていくことにより、「ふえ」と「たいこ」、あるいは「足首」と「ひざ」がどういうとこで似ているのかをことばで説明できるようになっていく。

意味的抽象度の高い名詞：家庭や子どもの集団の中で語彙を学んでいく幼児期と異なり、学齢期は学校での学習活動が言語知識の拡大にかかわる。例えば、「交通」「直線」といった語彙は日常生活ではほとんど経験しない。授業や教科書を通して、漢字の習得も交えながら、意味的抽象度の高い語彙を身につけていく。単に語彙の知識を増やすだけではなく、「ほうき」と「ちりとり」の関係は何かのように、語の意味の類似点や相違点をことばで表現できるようになることが課題となる。従って、学齢期には、抽象度の高い語彙を増やすとともに、ことばの意味について別のことばで表現できるように指導していきたい。

➡**学齢児への指導への示唆**
- 意味が関連する語彙を学び、それらがどのように似ている・異なるのかを自分のことばで表現できるようにする。
- 漢字の学習も交えながら、意味的な抽象度の高い熟語も身につけていく。

（2）動詞・形容詞のレパートリーの拡大

幼児期には「走ってる」「食べる」といった基本的な動作を表わす語彙を学んでいくが、より的確に表現する語彙も徐々に学んでいく。「ドテッてなる」

「グイッてやる」のように擬音語でしか表わすことができなかった動きを「ころぶ」「引く」と表現するようになっていくが、動作語が十分に育っていない学齢児では擬音語や身振りで表現しがちである。手で行なう動きも「にぎる・つまむ・ねじる・折る」など多様であり、「かたい・柔らかい・熱い・冷たい」などの感覚を伴う。これらが使えることで表現に幅が生まれる。学齢期までに、経験を通して動作や感覚、感情を表わす多様な語彙を身につけていきたい。また、幼児期には「行く－来る」のような方向性を表わす語彙を学んでいくが、他者との関係性の理解が難しい児童は、「あげる－もらう」「貸す－借りる」といった関係の方向性に誤りのある表現になることもある。適切な動詞の使用を目指す活動が求められる。また、「速い」に対して「遅い」、「古い」に対して「新しい」を想起するなど、反対語の想起を通して表現の幅を広げていきたい。

➡学齢児への指導への示唆
- 経験を通して動きや感覚、感情、方向を表わす語彙を学ぶ。
- ものの性質を表わす語彙について具体例を挙げたり反対語を想起したりして身につけていく。

（3）疑問詞と疑問文に答える語彙の拡大

一般的に、疑問詞「なに」は2歳台から使われ始めるが、「どこ・どれ・だれ」は少し遅れて3歳前後に使われるようになる。「なに」は耳にする頻度が高いこと、目に見える具体物が答えとなるために意味がわかりやすい。一方、その他の疑問詞は人（だれ）や場所（どこ）などに限定される使い方であることから、出現はやや遅れ、これらの問いに正確に答えることができるのはさらに後になる。

「どこ」に対しては指さしで応答することができても、「上・下・横・右・左」といったことばで正確に応じるには位置を表現する語彙の獲得を待たなければならない。「上・下・横」は4歳台までに獲得されるが、空間認知の困難のある子どもは左右などの獲得が遅れる。さらに、「いつ」「どうして」の理解と適切な応答には、時間の概念、因果関係の概念という認知発達が土台とな

る。学齢児の場合には、カレンダーを用いて視覚的な支えを用いながら「おととい」「あさって」「来週」などの語彙を導入していく。「どうしてそんなことをしたの」と問い詰めても、説明する表現力が育っていなかったり、状況理解自体ができていなかったりする場合には、子どもには答えようもなく、大人の問いは叱責でしかない。子どもの理解力や表現力を含めた発達水準を見きわめながら問いかけをしていく配慮が必要である。

➡学齢児への指導への示唆
・疑問文の理解と使用の正確さを高め、位置や時間、理由や因果関係にかかわる表現を増やしていく。

(4) 文法と談話の発達

　幼児期には、一語文を中心とした初期段階から二語文、三語文へと語連鎖形成が進展し、さらに格助詞などの使用や修飾節などにより高次の表現形態になっていく。1つの文に含まれる文節数も増加し、文法的にも複雑な文へと進展していく。前後の文と内容に整合性のとれた複数の文がつながって、1つのエピソードを作り上げるようになる。このような語り表現（ナラティブ）の熟達は、学齢期に入っても言語表現スキルの重要な一側面として注目される。

➡学齢児への指導への示唆
・与えられたテーマについての発表や作文の活動を介して、文法的に適切で、内容的一貫性のある言語表現力を高めていく。

3　指導目標を設定するためのアセスメント
　——LCSA（学齢版言語・コミュニケーション発達スケール）

　これまで述べてきたように、ことばの発達は、語彙や文法、語りなど多面的である。そのため一口に「ことばの遅れ」と言っても、その現れ方は一人ひとり異なり、指導目標は個人の実態にもとづいて設定される必要がある。本節では、ことばを多側面から評価するツールとして、学齢期の言語発達に焦点を当てたLCSAを紹介する。

LCSAは、小学校の通常学級に在籍する児童で言語・コミュニケーションに支援ニーズがある4年生までの児童の長所と課題を明らかにするアセスメントであり、特に通級による指導を受ける児童を想定して作られている。LCSAは、10の下位検査から成り、文・文章の聞き取り、語彙や慣用表現、発想力にかかわる柔軟性、仮名文字による文章の読み（リテラシー）を下位検査ごとに評価する。下位検査の成績（評価点）をプロフィール化することにより、子どもの個人内の長所と課題が明らかになり、支援の方向性が見いだされる。

　WISC-IVの言語理解指標は平均以上であっても、全体の指標であるLCSA指数やリテラシー指数が低かったり、特定の下位検査の評価点に落ち込みが見られたりするケースも多い。**図 3-2** は小学2年生の児童のプロフィールの例である（LCSA指数78、リテラシー指数82）。粗点の評価点への変換や、プロフィールグラフの作成には、出版元である学苑社のホームページからダウンロードできるツール「えるしー君」が活用できる。**図 3-2** の事例では、「語彙知識」「慣用句・心的語彙」の成績に特に落ち込みが見られ、「柔軟性」「口頭指示の理解」や、リテラシー関連では「音読」と「音韻意識」にも苦手さが窺える。

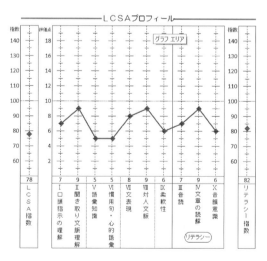

図 3-2　LCSAプロフィールグラフの例（「えるしー君」で作成）

なお、LCSA は通常の学級で学ぶ児童を想定しているため、通級を利用するが全般的な知的発達にも課題があり、LCSA が難しい場合には、言語発達の初期段階を中心とする LC スケール（言語・コミュニケーション発達スケール）を利用する方法もある。LC スケールは乳児期から学齢前の幼児期を対象とし、「語彙」の豊富さ、語連鎖や格助詞等の文法面にかかわる「語連鎖・統語」、推論したり複数の文から成る文脈を理解したりする「語操作・談話」、文字習得の前提となる「音韻意識」といった言語面の領域の課題を設けている。これらのほかに、対人場面における語の使用、勝ち負けや状況の理解といった「コミュニケーション」の課題を設定し、多面的に発達を評価する。課題ごとの通過・不通過を整理し、子どもの発達的なバランスを視覚的にプロフィール化する「領域別まとめシート」を用いて、苦手なところを探っていく。

4　語彙の拡大を目指す指導

　ことばの発達に遅れのある児童の多くでは、語彙の乏しさが認められる。しかし、学齢期の語彙数は数千語あると言われており、辞書を暗記するように1つずつ語を覚えていくのは現実的ではない。そこで、語彙学習には何らかの方略が必要である。ここでは、(1) 指導する語彙を選択する、(2) ことばの意味を考え、別のことばで置き換える、(3) ことばを学ぶ方法を学ぶ、という3つの方略を紹介する。

(1) 指導する語彙を選択する

　子どもは1歳台で有意味語を言うようになってから、最も習得の速い時期には、1日に7語ほども学ぶと言われている。しかし、言語発達に遅れのある子どもの場合は、新しい語を数回耳にした程度ではなかなか習得できない。そこで、習得を目指す語彙をあらかじめ選定し、高頻度で、いろいろな角度から経験してもらう必要がある。指導を通して習得を目指す語彙をどのように選ぶかにあたり、1) 教科書などの文章に登場するが子どもの理解が不十分と思われる語や、2) 時間を表わす語、位置を表す語など、意味的に関連する語、3)

自由会話の中で子どもが言い淀んだ語を取り上げて指導するということが考えられる。

1) **教科書などの文章の中の語は自分の語彙になっているか**：文章で使われる語には「文脈の支え」があるので、前後関係から、おおよその意味を推測することができる。その反面、子どもはわかったつもりになっており、実際には正確に理解していないこともある。例えば、「花屋の店先に」の「店先」の意味を「店の遠く先の方」と考えているかもしれない。文章を読んだり聞いたりする前に、なじみが少なそうな語を拾い出して、正しく理解しているか確認してみるとよい。

2) **意味的に近い語を関連づけて指導する**：語彙学習では、お互いに関連のない複数の語を学習するよりも、何らかの意味的な文脈がある方が導入しやすい。例えば、学校で調理実習をする際に、調理用具や食材、調味料などの名称について導入すると、調理場面を思い起こしながら料理に関することばを想起しやすい。同じように、意味的な関連性のある語を揃えて教えていく方法が有効である。意味的に関連する語としては以下のような語がある。

  時間を表わす語：あした、あさって、きのう、おととい、今週、来週、先週

  場所を表わす語：右、左、表、うら、かど、正面

  工作に関する動きを表わす語：折る、貼る、ねじる、つまむ、のばす、測る

  気持ちを表す語（心的語彙）：信じる、うたがう、くやしい、うらやましい、はずかしい、あわてる、落ち着く

 関連する語の意味の違いや似ているところを説明し合ったり、例文を作ってみたりしながら、聞いて理解できるだけでなく、実際に使える語彙にまで高めていきたい。そのために、カードに書いて自分だけの辞書を作るのもよい。漢字で表記することによって、必要に応じて漢字の学習にもつなげていく。

3) **子どもが言い淀んだ場面を捉えて語を教える**：子どもの「言い間違い」、「言い淀み」はどのような語彙を指導すべきかについてヒントを与えてくれる。例えば、友だちに貸したという場面について、「お友だちに借りたんだ」

と子どもが言えば、「貸す－借りる」という方向性を示す語彙が十分に身についていないことが示唆される。「あげる－もらう」「する－させる－させられる」といった使い分けも苦手かもしれない。また、子どもが身振りをつけながら「ほら、こうやって、ぐいってやった」と言う場面があれば、動詞のレパートリーが十分に育っていないことが窺える。

このような場面を捉えて語の指導につなげることができるが、子どもはせっかく話をしているのに誤りを指摘されたり話の腰を折られたりしては、話す意欲が萎えてしまう。そこで、次のようなステップを心がけたい。

①共感的・肯定的に受け止める

「お友だちに借りたんだ」に対して、「お友だちに貸してあげたんだね」と言い換えで応じる。同様に、「ほら、こうやって、ぐいってやった」と子どもが言えば、「ひねったんだね」と適切な表現で返してあげる。このような言い換えを**リキャスト**と呼ぶ。ただし、子どもと会話を楽しむことを優先するため、この段階では子どもに模倣を求めることはしない。

②会話がひと段落したら、類義語や対義語を提示する

「借りる」の反対語（貸す）を考えてもらったり、借りると貸すとの違いは何かを話し合ったりする。あるいは、「ひねる」に似た手の動作として何があるか（折る、まげる）を子どもと一緒に考えたり、実際に手を動かしながらこれらがどのように異なるのかを話し合ったりする。

③ロールプレイや動作と合わせながら語を使い分ける

②で提示した語を実際に状況設定を考えたり、ジェスチャーを伴わせながら使ってみる。

なお、子どもによっては、自分が知らない語があることを指導者に指摘されるのを嫌がるかもしれない。意味を正しく理解していないことを責めるのではなく、知らないことばを探してみよう、先生にもわからないことばがあるから一緒に調べてみよう、などと、「知らないことば探し」を楽しむ雰囲気を作ることが大事である。語の意味がわからないことは世界を広げるチャンスだと前向きにとらえる姿勢を育てていきたい。

（2）メタ言語的指導——ことばの意味を考え、別のことばで置き換えてみる

　読んだり聞いたりする文章の中に理解が不確かな語彙がありそうならば、あらかじめこれらの語の意味について話し合い、そのあとで文章全体を経験する。特定のことばの意味について、別のことばを使って表現してみる学習の方法を「メタ言語的アプローチ」と呼ぶことができる。メタ言語的活動とは、「ことばについてことばを使って考えてみる」プロセスであり、辞書を使ってことばの意味を調べることもメタ言語的活動である。子ども自身が類似した別のことばに置き換えようとしたり、反対の意味のことばを想起したりするといった、ことばを使って自らが試行錯誤する経験が重要である。自分が考え出した定義に対して、辞書や指導者はどのような定義を提供するのかを比較してみることで、意味の理解が深まる。

　同じように、『「これってどんなもの」クイズ』と称して、物の形、色、素材、用途、上位概念などについて、指導者と説明し合うこともできる。ただし、見た目の形や色などだけに関する表現にならないように導きたい。例えば、「自動車」ならば、「人より大きくて、乗り物の仲間で、タイヤで道路を走る。人を乗せたり、物を運んだりする」というように、物の機能についても語ってもらいたい。相手の説明を聞いて、その物を推測するゲームにもなるが、子どもと大人が、交互に1つずつ説明を列挙し合いながら書き出していくと、さまざまな観点から説明することができることに気付く。

（3）ことばを学ぶ方法を学ぶ

　ことばに苦手さを感じている子どもは、知らないことばに出会ってもそれらに向き合うよりも、避けて通りがちである。ことばに対するバリアーを取り除き、学習を重ねることで知らないことばがわかるようになるという満足感を感じてもらい、知らないことばを集める意欲をもってもらいたい。そのためには、大人は、子どもが語を知らないことを責めるのではなく、知らないことばに出会えてよかったと子どもと一緒に喜ぶ態度を示すことが大事である。本の中で知らない語に出会ったら線を引く、意味を大人に質問する、辞書で調べてみる、さらにはカードに書いて「マイ辞書」を作るといった具体的な行動で、

語彙が増えていく過程を実感してもらいたい。

(4) 語彙指導のポイント

　子どもに語彙を身につけてもらうためには、単に子どもに語を聞かせるだけではなく、子ども自らが「語を想起しようと努め」「想起できた語を使う」経験を用意することが重要である。また、通級を利用する子どもは新しい語彙や表現を1、2度経験するだけではなかなか自分のものとならない。そこで、**振り返り**と**繰り返し**が重要となる。自然な文脈で、繰り返し経験し、授業の最後には、当日学んだことの振り返りを行なう。また、次の週にも前回学んだことの復習の時間も設けたい。

5　表現力を高める指導

(1) 柔軟に語を想起する

　表現力を高めるには、豊富な語彙をもっていることが重要であると考えられがちである。しかし、辞書を丸暗記するように「語彙を覚えること」だけでは表現力の向上には必ずしもつながらない。大事なのは、会話のトピックや作文のテーマに応じて、語彙知識の中から臨機応変に「語彙を想起すること」である。つまり、表現は〈語彙知識〉と〈語想起〉によって支えられていると言える。

　言語表現が乏しくなりがちな子どもは、LCSAでは、「語彙知識」の成績が低下しているだけでなく、「柔軟性」の成績も低い子どもが少なくない。子どもによっては、「語彙知識」は豊富であるのに、語想起にかかわる柔軟性が低いこともある。そのような子どもでは、話しことばだけでなく、作文も含めて表現内容が広がりにくい。

(2) 「ひらめきマップ」の活用

　語想起が苦手な児童には、与えられたキーワード「白いもの」「走るものなど」)に関係することばをできるだけすばやく、たくさん想起するという活動

が考えられる。図 3-3 のような、テーマを中心に四方に広がる「ひらめきマップ」の枠組みを用意して、キーワードに関連することばを考えていくとよい。子どもだけに想起を求めるのではなく、大人と交互に埋めていってもよい。その場合、大人は子どもが想起できそうな語を避けて、子どもが自力では思いつきそうにない語を挙げるようにしたい。あるいは、大人が子どもに助けを求めたり（「白い食べ物で、四角い柔らかいもの、何だったっけなあ」）、わざと誤った答えを出して子どもに不適切さを指摘してもらったりしてもよい。

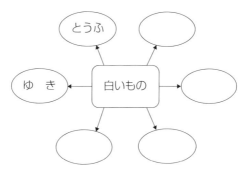

図 3-3　語想起課題で用いる「ひらめきマップ」のワークシートの例

（3）想起した語を文章に発展させる

　テーマを与えて語りや作文を求めても、表現する内容が思いつかない子どももいる。あるいは、話したり作文したりする意欲はあるが、聞き手・読み手として理解しやすい文脈として表現できない場合もある。そのような子どもへの展開として以下のような流れが考えられる。

　①**語想起力を高める**：話したり書いたりしようとするテーマが決まったら、順番はランダムでよいので、まずはテーマに関連する語をスムーズに想起できるように練習する。ひらめきマップを使ったり、カードに1つずつ書き出したりする。

　②**構成力を高める**：①で想起した語の中から、特に話したい・書きたいひとまとまりの語を取り出して、複数枚から成る一組のカードにする。そのカード

を筋が通るように並べ替える。
　③**文章として表現する**：②のカードを手がかりにしながら、文章として話をしたり、書き起こしたりする。
　「表現する内容が思いつかない子ども」には①のステップが重要であり、聞き手（読み手）が理解しにくい文章で話す（書く）子ども」では②のステップがポイントとなる。

（4）発語が少なく、表現内容が乏しい子どもへの指導
　このような子どもの場合、次回の指導で週末に家で経験したことについて語ってもらうことを予告しておく。保護者の協力も得ながら、教室に来る前に、話す内容を決めておいてもらう。指導の当日は、指導者は最終的にどのようにまとめるかを考えながら児童に質問し、話を引き出し、子どもの発話内容をキーワードあるいは簡単な文の形で記録していく。最後にその記録を子どもと一緒に見ながら振り返り、文章として形を整えていく。子どもにとっては、自分の発話内容が聞き手に受け入れられ、さらに整った形に仕上がることで、達成感を得ることにもなる。

（5）話が飛んでしまい、言いたいことが聞き手に伝わりにくい子どもへの指導
　子どもが話したことは口から出た瞬間に消えてしまい、子どもは振り返ることができない。そのため、相手から「よくわからない」と言われても、何が良くないのかは本人には理解ができない。そこで、子どもの語りの内容を、大人がキーワードの形でカードやホワイトボードに書き留めていく。黒板やホワイトボードに記録していく場合には、図3-4のように、子どもの語りが筋道だっている場合には、縦につなげていくが、話題が飛んだと思われる所で少しずらして書いていく。子どもの話がひと段落したところで、子どもの語りの内容に共感したり、感心したりしながら一緒に記録を見ながら振り返っていく。キーワードをたどりながら子どもの話の内容に沿ってつなげていく。しかし、ずらして書いたところにさしかかると、「なんでこの話になったのだっけ？」と話の筋が飛んでいることに気付きを促す。カードにキーワードを書き留めている

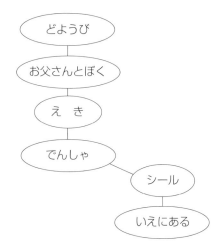

図 3-4　キーワードによる子どもの発話の記録の例

場合には、子どもと一緒にカードを話に沿って縦に並べながら内容を振り返るが、話が飛んだところで、ずらして置いておく。このようにして、筋道だった話であれば一列の並びになることを子どもに視覚的に伝えていく。この活動を繰り返し、一列に並ぶ話になることを意識付けていく。

6　聞き取りの力を高める

　聞いて理解する力は、LCSA の「口頭指示の理解」のように、比較的短い指示文を理解する力と、「聞き取りによる文脈の理解」のように、いくつもの文が連なった文章を聞いて理解する力とに分けられる。授業で教師の説明を理解したり、説明文や物語文といった文章を聞いて理解したりするには、相手の発話に注意を向けることや、聴覚的ワーキングメモリーの他に、文章を追っていき、先に語られたことを踏まえてその後の内容を理解していく文脈理解の力が求められる。「この」「それ」といった指示語が参照する箇所がわかり、語られていない部分の「行間を読む」といったことも求められる。従って、指示文は理解できても、文章になると難しい子どもも少なくない。

指導にあたっては、以下の点に配慮を行ないたい。

①**注意が語り手に十分に向いているか**：文章の場合は、文章の長さを調節したり、文章にタイトルや挿絵がついていれば、前もってそれを見せたりして、聞く構えをもたせる。文章を聞く前に、タイトルや挿絵から、どのような内容の文章なのかを想像してもらい話し合うことも楽しい。

②**文や文章に出てくる語彙を正しく理解しているか**：なじみの少なそうな語彙を拾い出し、メタ言語的な活動を通して、語彙の理解を高めておく。

③**一つひとつの文を聞き落とさずに追って文脈を理解しているか**：文章の聞き取りの場合、「場所はどこですか？」「誰が出てきましたか？」といった基本的な内容について尋ねて、理解の確認を行なう。必要に応じて繰り返し語り聞かせ、徐々に細部や推論を必要とする質問「どうして○○したのですか？」に移行していく。ただし、質問攻めになってしまうと話を聞いたり読んだりする楽しさが損なわれる。子どもが答えられなかったり、間違えたりしても深入りせず、再度聞かせて間違ったところを再質問し、今度は正しく理解できたことを褒めるようにする。

7　音韻意識を高める

音韻意識はことばを構成する音の組み合わせを意識化する力のことを指す。例えば「いす」は2つの拍（モーラ）からなることを意識し、「い」と「す」に分解したり、逆から言うことを求められて「す・い」と言ったりすることは音韻意識を使った活動である。

音韻意識は促音、撥音、長音といった特殊拍の表記の基礎となる。特殊拍の文字は書き落とされることが多い（「ロケット」→「ロケト」；「おとうさん」→「おとさん」；「しんぶん」→「しぶん」）。このような書き誤りのある子どもに対しては、誤りのあった語をドリル形式で繰り返し書いて覚えさせるという方法が取られることが多い。しかし、苦手意識をもちながらも努力して書いたのに、さらに誤りを指摘されて繰り返し書かされるとなれば、学習意欲は高まるはずはない。書き落としの背景には、語の拍数を正確に捉える音韻意識に苦手さがあ

ると考えられる。そこで、鉛筆を持つ前に、まずは音韻意識を高める活動を行なう。

特殊拍の書き落としを改善する指導には以下のようなものがある。

①**特殊拍が含まれているかどうかを判断する**：「きって」「きて」と一語ずつ書いたカードを用意する。「『切手』に『っ』は入っていますか？」「『きて』に『っ』は入っていますか？」と口頭で尋ねる。大人が正誤の判定を下すのではなく、読み上げたカードを子どもに見せて、子どもに自分の判断が正しかったかどうかを見極めてもらう。50％の確率で正答するので、苦手意識のある子どもにも取り組みやすい。

②**特殊拍の位置を判断する**：拍数に相当する○の列を見せて、「『ロケット』の『ッ』はどの○にありますか？」と尋ね、促音の位置を指さしてもらう。

③**ことばを拍の単位に分解する**：図3-5のような○の列を見せて、「『ロケット』はどの列になりますか？」と尋ねる。子どもが選んだら、ことばを拍に分けて発音しながら（「ろ・け・(無音)・と」）、○を1つずつ指さして、自分の選択が正しいかを判断させる。図版ではなく、色を塗った卵パック（ウズラの卵用のパックでもよい）で作成した教材であれば、発音しながら凹面に指を入れていくことで、拍のリズムを視覚と運動の両方で体感できる。

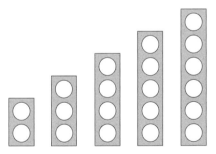

図3-5　拍への分解に用いる図版の例

④**ワーキングメモリーを使った音韻意識課題を行なう**：音韻意識を高めるには、頭の中で語音を操作するワーキングメモリーの活用が求められる。一般的に、書き落としが多い子どもほどワーキングメモリー課題に苦手さが見られ

る。そこで、「『さかな』を反対から言うと？」といった逆唱（さかさことば）を使った音韻意識課題も取り入れたい。なお、大人が提示する語は最初に逆の並びにしておき（「な・か・さ」）、子どもが反対に並びかえると有意味語になると、「暗号ゲーム」として楽しめ、動機付けが高まる。

8　言語発達の支援の全般にかかわる原則

①**子どものリードを尊重しながら、考える機会を提供する**：大人から指示されて話す・書くのではなく、話したい・書きたいという気持ちを育てたい。そのために、子どもの自発性を最大限に保障する。大人は正答か誤答かを判定する指導者ではなく、子どもと一緒に考え、子どもが自ら正答に至るように後押しをする役目を果たす。大人自身が考えに苦慮するような場面を作り（「えーと、ほらなんて言うんだったっけ？」）、子どもにメタ言語的な活動の機会を提供する。

②**会話の中で子どもに適切なフィードバックを与えていく**：何気ない会話も、大切な指導の機会である。子どもの発話に対して、子どもの表現を拡大するフィードバックを与えていきたい。子どもの発話における誤りを修正したり（「お菓子が食べる」→「お菓子を食べる」）、子どもの発話のより良いモデルを提示したりする（「ドテッてなる」→「ころんだんだね」）。リキャストを通して、さりげなく正しい格助詞や適切な語彙を入れた文のモデルを提示していきたい。子どもの発話に共感しながら、ことばを修正したり、つけ足したりする。「先生はこう思うけどな」などと、子どもと違う観点を提示することで、見方を広げる機会ともしたい。

③**文字を活用する**：文字を使うことができるのが学齢児の強みである。会話はすぐに消えてしまうために、子どもは自分の発話を振り返ることはできないが、大人が子どもの発言をキーワードなどとしてメモ書きしておくことで、文字を視覚的なフィードバックとして振り返りの機会を提供できる。

④**ヒントカードを活用する**：指導場面では、子どもは大人から「ちょっと違いますね」「もう一度考えてみて」などと正誤の判断を受ける場面が多い。困

難の大きい子どもでは、誤りの指摘を数多く受けることで学習意欲が落ち、自己評価が低下しがちになる。そこで、大人が正誤を判断したり、正答を教えたりするのではなく、あらかじめヒントをカードに書いた「ヒントカード」などを用意しておき、子ども自身に「合っているか確かめてみて」とか、「わからなかったら見てもいいよ」と伝え、子どもが必要に応じてヒントカードを参照できるようにする。これによって、大人から評価を受ける前に、子どもに自己修正の機会を与え、自力で正答や正しい表現にたどりつけるようにする。このような工夫によって、大人から褒められる頻度が増す。

⑤ヒントを段階的に使用する：語彙が想起できない場合に、大人は口頭でヒントを与えることがあるが、口頭でのヒントにもいくつかの種類がある。子ども自身に考える機会を提供するために、ヒントの出し方にも工夫を凝らしたい。

意味的ヒント：「イチゴ」という語が想起できずに言い淀んでいる場合、関連する「くだもの」という語を提示して、自力での想起を促す。友だちが挙げた話題に沿って関連することばを想起するのは日常会話場面で最も要請される力である。

視覚的ヒント：これで想起できなければ、視覚的なイメージを喚起するヒントを与えたり（「赤い」「つぶつぶがついている」）、絵に描いて見せたりする。

音韻的ヒント：最後に、「『い』で始まるもの」「3つの文字からできていることば」という音韻的ヒントを与える。音韻的手がかりを最後に与える理由は、『い』という語頭音で、「いす」「いか」「いぬ」と文脈と無関係な語も多数列挙する中でこれという語を探すプロセスは、日常の会話場面とは異質な作業となるためである。

9　おわりに

一口に「ことばの遅れ」と言っても実態は多様である。アセスメントを通して、どこに苦手さがあり、何を指導目標とするのかを個別に判断していくことが効果のある指導を立案するには重要である。誰にもあてはまる指導プログラ

ムがあるのではなく、子どもの実態に合わせて臨機応変に指導方法や教材を考えていきたい。

　通級指導の場において言語発達面の指導を行なう場合、構音障害の場合と異なり、支援が全く不要になることは生じにくく、いつ退級とするかについての判断は容易ではない。子どもが、大人の助けを借りなくてもこれからは自分でやってみる、と思えるかどうかが1つの判断基準となるであろう。また、子どもの実態について在籍学級の担任の理解が得られ、学級での個別的配慮が得られるかどうかも判断材料となる。

文献
大伴潔・林安紀子・橋本創一・菅野敦（2008）言語・コミュニケーション発達の理解と支援プログラム―LC スケールによる評価から支援へ―．学苑社.
大伴潔（2011）メタ言語的アプローチによる言語指導の効果（2）―語彙学習課題に視覚イメージ化を介在させた検討―．東京学芸大学紀要総合教育科学系II　第62集, 319-32.
大伴潔・大井学（2011）特別支援教育における言語・コミュニケーション・読み書きに困難がある子どもの理解と支援．学苑社.
大伴潔・林安紀子・橋本創一・池田一成・菅野敦（2012）LCSA（学齢版 言語・コミュニケーション発達スケール）．学苑社.

第4章

構音障害児の支援

山下夕香里（帝京平成大学）

1 評価・指導の前に知っておくこと

(1) 構音障害とは

　構音（発音）とは、喉頭でつくられた声帯の振動音と肺からの呼気流がいろいろな口の形によって変化し、一つひとつの音となる過程である。正しい舌の形や呼気（息）の出し方を指導することにより、誤った音を正しい音に治すことができる。構音障害（発音障害）とは、話しことばの中のある音（例：カ行音）が正しく発音されず、それがある程度固定化（習慣化）している状態である。

　構音障害があると、ことばの明瞭度が損なわれ聞き手に伝わりにくくなり、そのためにコミュニケーションに支障を来す。子どもの場合は、構音障害があると何回も聞き返され、言い直しすることで、発言しない子どもになり、不適応行動につながることも少なくない。成人の場合は、就職活動や仕事で悩み、心理的ストレスの一因となることが多くみられる。

(2) 正常な日本語の音

　構音障害の評価と指導を行なう場合は、正常な日本語の音の仕組み（発音方法）を理解していることが重要となる。

　日本に生まれ育った人々は、日本語の発音について誰かに教えられたという経験はほとんど無いであろう。ましてアナウンサーのような職業以外は、正しい発音をしようと意識することもない。しかし、カ行音が構音できない子ども

に指導を行なう場合は、カ行音の正しい発音方法を知っていなければならない。構音指導を行なう場合は、子どもが構音障害になりやすい代表的な音（例：パ行音、カ行音、タ行音、サ行音、ラ行音）の正しい発音方法を知っていなければならない。

　日本語の音の最小単位は、音節「子音＋母音」である。構音障害の評価・指導を行なうためには、子どもの構音の誤りが、「子音の誤り」なのか、「母音の誤り」なのか、「子音と母音の両方の誤り」なのかについて知っている必要がある。

　日本語の母音は構音時の舌の位置と顎の開き方により「ア、イ、ウ、エ、オ」の5種類に分けられる。

　「ア」は口を開けて舌を動かさないで声を出すと言える。しかし、母音「イ」は、「ア」より前に舌を移動し、さらに舌と上顎を近づけて声を出す。このことから、母音「イ」は上顎に舌がつきやすい音という理由で側音化構音になりやすいと考えられている（**表4-1**）。

　また、側音化構音や鼻咽腔構音では、列に誤りがみられる。側音化構音では、「イ、キ、シ、チ……」のようにイ段に誤りがみられることがある。このような場合は、母音「イ」の指導を最初に行なうと、イ列音にみられた側音化構音（例：「シ」「キ」など）が短期間で治る場合が多い。

　日本語の子音は、構音位置と構音方法によって分類される（**図4-1**）。

　構音障害の評価・指導を行なう場合は、子どもが誤って構音した音について、構音の位置の誤りか構音の方法の誤りか、両方なのかについて知っておく

表4-1　日本語の母音（今井・山下，2016）

舌の高さ（顎の開き）	舌の位置		
	前舌	中舌	奥舌
高（狭）	イ [i]		ウ [u]
中（半広）	エ [e]		オ *[o]
低（広）		ア [a]	

＊口唇の丸め

構音方法＼構音位置		両唇音	歯茎音	歯茎硬口蓋音	硬口蓋音	軟口蓋音	声門音
破裂音	無声 有声	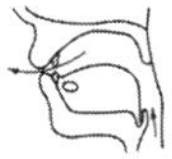 [p]パ行 [b]バ行	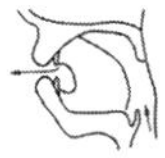 [t]タ行 [d]ダ行			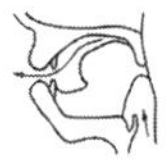 [k]カ行 [g]ガ行	
摩擦音	無声	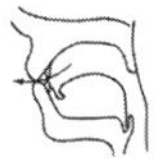 [Φ]フ	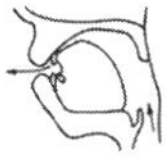 [s]サ行	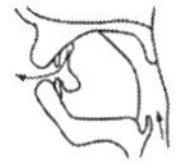 [ɕ]シャ行	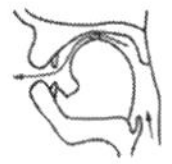 [ç]ヒャ行		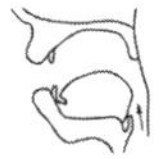 [h]ハ行
破擦音	無声 有声		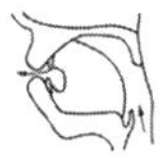 [ts]ツ [dz]ザ行	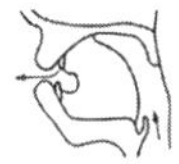 [tɕ]チャ行 [dʑ]ジャ行			
弾き音	有声		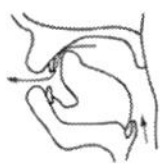 [r]ラ行				
鼻音	有声	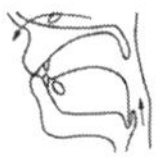 [m]マ行	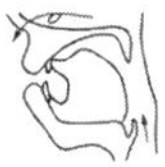 [n]ナ行				
接近音	有声	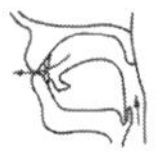 [w]ワ				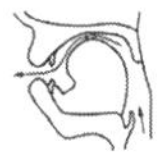 [j]ヤ行	

図 4-1　子音の構音位置と構音方法の分類（道，2000）

必要がある。

　口蓋化構音になりやすいサ行音、タ行音は、歯茎音に分類される。つまりサ行音、タ行音の誤りは「子どもが舌先を使っていない」ことが共通しているので、舌先を鍛える「舌のトレーニング」をはじめに行なう。

　サ行音がタ行音に置換している子どもでは、サ行音（摩擦音）に必要な舌先の息の通り道が作れず、舌先をそのまま上あごにつけてしまうため空気が流れずにタ行音（破裂音）になる。指導としては、サ行音に必要な息の通り道を作り、舌先の通り道から息が流れるようにする。指導する音の構音位置や構音方法を理解していると「なぜサ行音がタ行音に置換されるのか」がわかり、適切な指導内容を考えることができる。

2　構音障害の評価

　構音障害の評価では、構音検査を実施し、誤り音を分析して、構音指導計画を立てる。新版構音検査（構音臨床研究会編, 2010）を実施することが望ましい。

　子どもの構音障害は、言語発達の過程で何らかの原因により誤った構音習慣を習得した発達性の構音障害である。構音障害の評価や指導法を考える場合には、必ず子どもの発達的側面を考慮しなくてはならない。

（1）構音の発達

　子どもの構音発達には一定の順序性がある。子音は大体6〜7歳頃に完成する。比較的獲得が遅い音は、［s, ts, dz, r］（歯茎音の摩擦音、破擦音、弾き音）である（今井, 2011）。従って、舌先を使って構音することは、正常な子どもにとっても難しい課題であることがわかる。

　発達が遅い子どもで、音の脱落（ミカン→カン）、音位転換（エレベーター→エベレーター）、同化（ハッパ→パッパ）、音の付加（デンワ→デンワン）がみられることがある。これらは「語の音の配列の誤り」といい、言語発達とともに自然改善するので、構音指導は行なわず経過観察する。

（2）構音の誤り

構音の誤りは省略、置換、歪みに分類される（表4-2）。
子どもの構音障害の代表的な誤りは以下の通りである。

1）発達途上の誤り（いわゆる幼児音）

正常な構音発達の過程でみられる誤り（いわゆる幼児音）である。口蓋裂、舌小帯短縮症、舌癖、発達の遅れなどを伴う子どもにもみられる。知的能力に問題がなければ、発達に伴い6～7歳くらいまでに自然治癒する。自然治癒がみられない場合は、構音訓練を行なう。置換の誤りが多い。

カ行音→タ行音、キ→チ、キャ行音→チャ行音など
サ行音→タ行音、サ行音→シャ行音、ラ行→ダ行など

2）歯間化の音の誤り

構音時に舌先が前方に出て歯と歯の間で音が作られるため、サ行が英語のthのような音（[θ]）に聞こえる。舌癖を伴う場合も多くみられる。
サ行音、タ行音などの歯茎音に多くみられる。発音しているとき口元をよくみて、舌が出ているか観察する。

3）特異な構音操作の誤り（異常構音）

口蓋化構音、側音化構音、鼻咽腔構音などは、発達途上でみられる誤りとは異なり、自然治癒しにくく長期間の構音訓練が必要となる。舌尖を使用せず舌背（舌の真ん中）と硬口蓋で構音するという特異な舌運動様式（通常ではみられない舌運動）が共通してみられる。舌の先を表す用語として、音声学では「舌

表4-2　構音の誤り

	定義	代表例
省略	子音部分がぬけて母音だけ聞こえる。	ハッパ→アッパ［ha］の［h］が抜けて［a］になる。
置換	子音部が他の子音に置き換わる。置き換えられた音は、正しい日本語である。	サカナ→タカナ［s］が［t］に置き換わる。
歪み	省略、置換のいずれにも分類されない誤りであり、わずかな歪みから著しい歪みまで多様である。発音の誤りの大部分は歪みと判定されることが多い。	サカナ→フャカナ「サ」が「フ」と「ヒャ」の中間の音に聞こえる。

先」、医学領域では、「舌尖」という用語を使う。特異な構音操作の誤りの定義や舌運動訓練では、舌の尖端部分を限定して指導するという意味も含めて、「舌尖」という用語を使用する。

　これらの構音障害をもつ子どもは、舌尖の力が弱く、音の指導の前に舌運動訓練（舌のトレーニング、舌トレ）を行なって舌尖や舌を横に広げる力を強化する必要がある。耳で聴いた音の特徴（聴覚的特徴）だけでは判定が難しいので、舌の動きや呼気の流れを観察する必要がある。

　評価のポイントは、なりやすい音、聴覚印象、視覚的特徴である。これらのポイントを観察して、総合的に評価を行なう。視覚的特徴の観察では、ペンライト、鼻息鏡を用いる。

　①口蓋化構音

　　歯茎音（タ行、サ行など）の構音位置が後方移動した歪み音。呼気は口腔の正中から流出する。口蓋裂にみられることが多いが、機能性構音障害にもみられる。自然治癒することは少ない。改善するまで長期間の指導を要する。

なりやすい音：タ行音、ダ行音、ナ行音、ラ行音、サ行音、ツ、ザ行音（シャ行音、チャ行音、ジャ行音）である。

聴覚的特徴：タ行音、ダ行音、ナ行音、ラ行音、ザ行音がカ行音、ガ行音に近い歪み音に聞こえる。サ行音は口腔の奥から呼気を出すヒャ行音に近い独特の歪み音に聞こえる。カ行音に近く聞こえることもある。

視覚的特徴：構音時に舌尖が下を向く。舌尖を使用せずに舌背が挙上している。呼気は、口の中央から出る。舌を前方に挺出させると、すぐ引っ込む、細長く尖った舌、舌先がひらひらする、舌全体が波打つなど特徴的な舌の形をしている。

判定方法：「タ」の音節を連続して早く発音させると「タ」と「カ」の中間の歪み音と聞こえる。「サ」の音節を連続させると「ヒャ」のような歪み音に聞こえる。聴覚的な判定が難しい場合は、舌の形で判定する。カ行音の置換と誤って判断しない。ペンライトで口の中を照らす。

　②側音化構音

　　舌が口蓋のほぼ全面に接触した状態で、舌側縁と臼歯部で作られる歪み音。

呼気は、口腔の中央部でなく、歯列の頬側部を通って口腔前庭（ほっぺたの内側と歯の間の隙間）から流出する。同時に舌や下顎を横にずらせ、反対側の口角を横に引き、呼気を流出させる。自然治癒が少なく、構音訓練が長期間になり、治りにくい構音障害である。機能性構音障害で最も多くみられるが、口蓋裂、舌小帯短縮症、発達障害に伴う構音障害でもみられる。

なりやすい音：母音「イ」、イ列音、拗音、「ケ、ゲ」「サ、ソ、セ、ス」「ツ」「ザ、ゾ、ゼ、ズ」である。子どもによって側音化構音になる音が異なる。母音「イ」とイ列音だけの場合は、比較的短期間で治りやすい。一番多くみられるのが、イ列音、拗音、「ケ、ゲ」である。サ行音、ザ行音が置換の誤り、歯間化の音の誤り、側音化構音の場合は舌尖が非常に弱く、改善するのに数年かかる。諦めないで地道な指導が必要となる。

聴覚的特徴：「シ」が「ヒ」に、「チ」が「キ」に、「ジ」が「ギ」に近く聞こえ、全体にこもった響きで、唾液の混じった独特の雑音を伴う。

視覚的特徴：呼気の流出側の舌と下顎が側方に偏位する。同時に口角が横に引かれ、呼気が口の側方から流出する。構音時に舌先が丸くなり、上あごにつき、舌の中央にくぼみがみられない。構音時に口角が引かれるというだけでは側音化構音とは判定しない。

判定方法：母音「イ」は「聴覚的には問題なし」と誤って判定をすることが多い。母音「イ」を長く伸ばしてもらい、舌の中央部の凹みの有無を観察する。上下の歯をかみ合わせると舌が見えないので、口を少し開けた状態で観察する。さらに鼻息鏡を用いて呼気が口の横から出ていることを確認する。「キ」「シ」を長く伸ばして言ってもらい、舌の中央の凹部みがないこと、呼気が口の横から出ていることの両方を確認する（図4-2、4-3）。

「チ」「リ」は独特の歪み音となるので、側音化構音と気付きやすい。聴覚判定だけでなく、舌の形を観察する。舌尖が下を向くこと、舌尖から少し上の部分が上あごに「ぺったり」とはりつき、舌の中央からの呼気の流れがないことをペンライトで照らして確認する。口角が横に引かれることや下顎が横にずれることだけで、側音化構音と判定しない。必ず、舌の中央部の凹みの状態と鼻息鏡の呼気の流れを確認する。舌の中央部の凹みの状態を観察する場合は、子

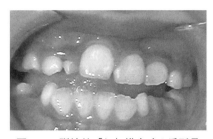 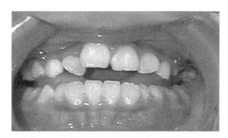

図 4-2　訓練前「シ」構音時の舌所見　　図 4-3　訓練後「シ」構音時の舌所見

どもに「音が少し変になってもいいから、口を開けたまま歯でカチンとしないで○○と発音してね」という指示をする。

③鼻咽腔構音

　舌が口蓋のほぼ全面に接触した状態で、軟口蓋が挙上し、軟口蓋と咽頭後壁で音がつくられる歪み音。呼気は、すべて鼻腔から流出する。発話全体は鼻音化の印象があるため、鼻咽腔閉鎖機能不全による子音の歪み音との鑑別が必要である。口蓋裂術後、機能性構音障害の両方にみられる。自然治癒も多く、指導期間が短い場合もある。

なりやすい音：母音「イ」、母音「ウ」、イ列音、ウ列音、サ行音、ツ、ザ行音である。

聴覚的特徴：母音「イ」「ウ」が「ン」に近い歪み音。破裂音、破擦音は、「クン」に近い音、摩擦音は、鼻音化された音に聞こえる。

視覚的特徴：母音「イ」「ウ」やイ列音、ウ列、サ行音などを発音するときに鼻から呼気が流出する。鼻孔を手指で閉鎖すると音が作れない。

判定方法：構音時に鼻息鏡を鼻孔の下にあてて、呼気が鼻腔から流出するか確認する。鼻咽腔構音の場合は、母音「イ」と母音「ウ」は鼻漏出がみられるが、母音「ア」「エ」「オ」は鼻漏出がみられない。同時に鼻孔を手指で偏差し、音が作れないか観察する。ブローイング検査を実施し、ブローイング時に呼気の鼻漏出がないか確認する。ブローイング時に呼気の鼻漏出があり、すべての母音で呼気の鼻漏出と開鼻声がみられたら、鼻咽腔構音ではなく鼻咽腔閉鎖機能不全が考えられる。この場合は、医師などの専門家に相談する。

3　構音障害の指導法

　ここでは、口蓋化構音と側音化構音について述べる。発達途上の構音誤り（置換など）については、他の教科書を参照されたい。

（1）構音指導の流れ
　1）構音検査

　構音指導の前に必ず構音検査を実施する。「どの音が側音化構音または口蓋化構音なのか」「舌の状態」「呼気の流出方向」などの情報を収集し、指導案を作成する。

　2）舌運動訓練（舌のトレーニング、舌トレ）

　舌運動訓練だけ行なっても、構音障害は改善しない。舌運動訓練を行なって構音指導ができる舌の状態を作ってから音の指導を開始する。音の指導法は、機能性構音障害児の指導として記載されている一般的な方法に準じて行なう。舌運動訓練はあくまでも構音指導の準備段階と考える（山下，2012）。

　3）音の指導

　口蓋化構音や側音化構音の基本的な流れは、置換などのお子さんの指導と同じである。指導をしても改善が得られない場合は、（2）の舌運動訓練に戻って舌の状態を徹底的に改善する。

　音を作る段階では、目標音の基本動作を獲得させ、子音をつくる。子音に母音を後続させて音節をつくる。音節で言えるようになったら、単語、句、文、文章へと段階的に進める。

　日常会話に移行する段階では、訓練場面で獲得した目標音を日常生活に定着させる。子どもが自分の発音の正誤に気づき自分で修正できるような「自己モニター」を確立する。初回の構音検査で指導が必要とされた音が、日常場面で無意識に使いこなすことができ、後戻りがみられないことが確認できたら、指導は終了となる。

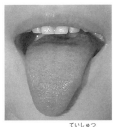
図4-4 舌を挺出すると細長い

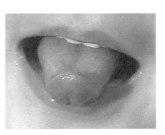
図4-5 舌を前方に挺出すると舌尖が反り返る

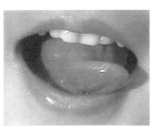
図4-6 舌尖が細く奥舌が盛り上がる

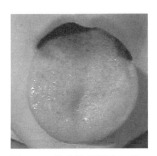
図4-7 舌全体が薄くヒラヒラしている

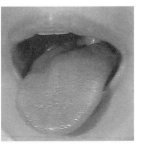
図4-8 舌の中央部が盛り上がる

(2) 舌運動訓練

　側音化構音や口蓋化構音の子どもには、「舌を前に出せない。舌がすぐ引っ込む。舌を前に出そうとすると細長くなる。舌を出そうとすると舌先が反り返る。舌先が極端に細く、舌の奥が盛り上がる。舌全体が波打つような不随な動き、ピクピクした動きになる。舌の端がひらひら動く」(図4-4～4-8) などの特徴がみられる (山下, 2012)。

　このような舌の場合は、舌平らの訓練、舌尖のコントロール訓練、舌尖をとがらす訓練、舌挙上訓練、舌位の訓練を基礎訓練 (表4-3～4-5) として行なう (山下, 2012)。

表 4-3　舌平らの訓練

課題	指導内容	終了のめやす・注意点
舌を前に出す	1. 口を大きく開けて、閉じる。 2. 口を大きく開けて、舌を前に出す。 3. 口を大きく開けて、舌を前に出してそのまま維持する。最低 30〜60 秒	・連続して行なっても口の開き具合が小さくならない。 ・舌の形は問わないが、維持している間に舌が引っ込まないこと。 ・必ず口を大きく開けてから行なう。
舌平ら	1. 口を大きく開けて、舌を前に出す。 2. 舌を横に広げて先が丸い舌（丸ベロ）を作る。 3. 下記の場合は舌圧子で舌の表面を軽く触り、舌の中央から後方部の力を抜く。 側音化構音の舌　　正常な舌	・指示に従って、2 が安定してできる。 ・舌圧子で強く押すことはしない。
舌平らでお皿	1. 口を大きく開けて、平らな舌を作る。 2. 舌の先を少し上に向けて、中央部を凹ませる。 3. 2 の状態を維持する。	・指示に従って、2 が安定してできる。 ・舌尖が反り返らない。 ・舌の後方部も平らになる。
奥まで舌平ら	1. 舌の奥を押し下げ、維持する。 　ペンライトと鏡で舌の奥の形を確認する。 2. 舌の中央部が盛り上がらないようにして、維持（約 5 秒）する。	・指示に従って、3 が安定してできる。 ・「口蓋垂（子どもがわからない場合は指導

	3. 2の状態で「アー」と声を出す。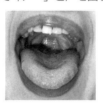	・者が追加説明する)を見せて」と指示するとわかりやすい。 ・「あくび」する感覚に近い。 ・声を出すと舌の奥が盛り上がる場合があるので、注意する。

表 4-4 舌尖のコントロール訓練

課題	指導内容	終了のめやす・注意点
左右口角接触	1. 口を大きく開けて、舌尖をとがらせ、左右の口角に正確に接触する。 2. 舌尖を上向きにして、維持する(約5〜10秒)。 3. 舌の側縁部がストレッチされることを意識する。 4. 舌尖で口角を押す。	・指示に従って、2が安定してできる。舌尖が口角に正確に接触できる。 ・舌尖が丸くなる場合、口角から外れる場合は不可とする。 ・舌尖が丸くなる場合は、舌圧子で触って先をとがらせる感覚を補助する。
舌尖挙上	1. 口を大きく開けて、舌尖で上顎前歯裏(歯茎)に触る。 2. 1の状態を維持する(5秒)。	・口の開きが小さくならない。 ・舌尖が反転しないようにする。

舌尖上下左右接触	1. 口を大きく開けて、指示に従って、上（上顎前歯歯茎）、下（下顎前歯歯茎）、右（右口角）、左（左口角）の順に正確に触る。 2. 1を「ゆっくり」または「はやく」行なう。徐々にランダムな指示に変える。	・指示に従って、安定してできる。 ・舌尖で歯茎に触れることができない場合は、舌尖を尖らす訓練を行なう。 ・下顎前歯の歯茎を左右にゆっくりなめる。 ・下顎前歯の裏を舌尖で押す。
口唇トレース	1. 口を大きく開けて、左右口角をポインティングする。 2. ポインティングする点を増やす。 3. 指示に従ってゆっくり上唇、下唇を正確になめる。	・指示に従って、10秒間で3が安定してできる。 ・なめる速度が一定である。 ・正確になめることができる。

表4-5 舌尖を尖らす訓練（ティップアンドスティック）

課題	指導内容	終了のめやす・注意点
ティップアンドスティック	1. 舌尖に対して舌圧子を垂直に持つ。 2. 舌を前方に出し、舌先をとがらせ舌圧子で触る。 3. 2の状態で押し合う。 4. 舌圧子の方向を変えて行なう。 ストローの先を使うなどいろいろ工夫する。 5. 舌圧子なしでも舌尖を水平に突出させることができる。	・指示に従って、4が安定してできる。 ・最初は、舌圧子を舌尖にあてて維持する感覚で行なう。 ・舌尖が舌圧子に対してつぶれない形になるまで続ける。

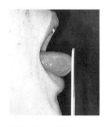

表 4-6　舌挙上訓練（ポッピング）

課題	指導内容	終了のめやす・注意点
ポッピング	1. 舌尖を上顎歯茎につける。 2. 舌全体を口蓋に押しつけるようにして、舌を横に広げて吸い上げる。できない場合は、「ゆっくりした舌打ち」を練習してから行なう。 3. 舌小帯を伸ばして、舌全体を挙上させ、維持する（5〜10秒）。	・指示に従って、3の状態が安定してできる。 ・舌側縁部が左右均等にすい上がる。 ・口角を横に引いて、舌側縁部がすい上がっているか確認する。 ・子どもによっては、長期間の練習が必要な場合がある。

（3）音別の指導法

　側音化構音「イ」「シ」の指導の実際の例を**表 4-7、4-8** に示す。構音障害の指導は子どもの状態によりさまざまである。表と同じ指導をするのではなく、表を参考にして子どもに合わせた指導を工夫しながら行なっていただきたい。

表 4-7 側音化構音「イ」の指導例

ステップ	指導内容	終了のめやす・注意点
1	開口して、舌を前方に挺出させた状態で維持する。 　舌挺出・舌平らで維持できる。 →できる場合は舌出し「イ」の指導へ →できない場合は舌平らの指導へ	
2	舌運動訓練の指導（詳細は 81～84 ページ参照）	「舌平らでお皿」「奥まで舌平ら」が安定してできる。
3	舌出し「イ」の舌の形の指導（声は出さない） 1. 舌を少し前に出して、平らな舌をつくる。 2. 舌の中央部に凹みをつくる。 3. 口を少しずつ閉じて、舌の横側と奥歯が触る状態を保つ。舌の中央部が挙上しない。声を出さないで、舌の形を作ることに集中する。舌の中央部を舌圧子や、細い棒で触り、中央部を凹ませる感覚を教える。 《できない場合》 　舌を前に出し、舌圧子で舌の横側を触りながら、「ここ（舌の横）をここに（奥歯）につけてみましょう」と具体的に示す。	舌を少し出した状態で、舌の中央部に凹みができる。 舌の中央部の凹みができない場合は、舌運動訓練に戻る。
4	舌出し「イ」の指導 1. 口を開けた状態で舌出し「イ」の形をつくる。 2. 舌を前に出した状態で「イー」と長く言う。極端に舌を出す必要はない。 　指導者が子どもに手本を示し、模倣させる。 　出た音は「イ」と「エ」の中間音になってしまってもよい。声を出したときに舌の中央部が挙上しないことをペンライトで確認する。 　上下の歯を完全に閉じないようにして、舌の中央部の凹みを観察する。 　「イー」と言っても舌の中央部が挙上しない。	「イー」と声を出しても舌出し「イ」の舌の形が安定している。 子どもの音は「イ」と「エ」の中間でもよい。 口の開きを小さくしてもできる。 舌の形を作ってから、「イ」と声を出すことができる。「イ」と声をだしても、中央部が挙上しない。
5	舌出し「イ」の無意味音節の指導 1. 舌出し「イ」の前後に母音「アイウエオ」をつける。 ①「イ」＋母音 → ②母音＋「イ」→③母音＋「イ」＋母音の順で行なう。 　　　あ　　　あ 　　い　　　い 　う　舌出し　う 　　　「イ」 　　え　　　え 　　　お　　　お	舌出し「イ」の無意味音節が安定して言える。安定してできる場合は、「イ」のときに舌の中央部の凹みが安定してできる。

	はじめは、前後の母音も舌を出して行なう。慣れてきたら、「イ」のみ少し出し、その他の母音は通常の舌の位置で行なう。 2. 上手になったら、意味と結びつける。例 「イエ」を「家」に近づける。 意味がある「イエ」になると、これまでの習慣で「イ」の部分が側音化構音になる場合があることを説明する。 自己モニターの指導	有意味語になると誤ることがある。子どもが自分の誤りに気付き、自ら修正するように指導する（自己モニターの指導）。
6	舌を引っ込めた状態の「イ」の指導 1. 舌が下顎の歯列内に収まるように舌を徐々に引っ込める。 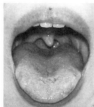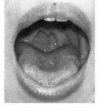 舌出し「イ」　　　舌を引っ込めた状態 2. 1の状態で口の開きを小さくして、「イ」を言う。 （バタフライポジション） 舌の中央の凹みを観察するために歯と歯は完全に閉じない。 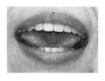 舌を後ろに引っ込めると奥舌が挙上する場合は、舌平らの訓練の「舌を前に出す」課題ができていないことが多い。「舌を前に出して、維持する」課題に戻る。次に「奥まで舌平らの訓練を再度行なう。舌の奥を意識的に下げることが理解できると舌を引っ込めた状態の「イ」が安定してできるようになる。それでも舌尖が挙上したり、舌尖が奥に引っ張られるなど舌尖の力が弱い場合は、舌尖のコントロール訓練、舌尖を尖らす訓練、舌挙上訓練を追加する。	舌を引っ込めた状態で安定して「イ」が言える。

第4章 構音障害児の支援

7	「イ」の単語の指導 1. 舌を引っ込めた状態の「イ」で単語を指導する。 2. 「イ」で舌の中央の凹みが安定しない場合は、舌出し「イ」で行なう。「イ」は常に長めにして、舌の中央の凹みができているか確認する。 3. 「イ」が語頭につく単語、語末につく単語、語中につく単語の順で行なう。 自己モニターの指導 〈子どもが舌を出さず、側音化構音で単語を言った場合〉 「今 どうだった？ べろの真ん中の凹みあった」と問いかける。 《子どもが正しく答えた場合》 「その通り、よくわかっているね」とたくさん褒める。次の単語に進む。 《子どもが答えられなかった場合》 先生が単語で「イ」の正誤のパターンを示し、鏡を用いて説明する。 　正しい：舌の中央の凹みがある 　誤り：舌が引っ込む。舌の中央が丸まり、凹みがない。 該当する単語をゆっくり丁寧に繰り返して指導する。その後次の単語に進む。	「イ」の単語が安定していえる。 舌の中央部の凹みが安定している。 指導者は、子どもの構音を注意深く聞き、誤っている場合は、勇気をもって子どもに「どうだった？できていた？」と問う姿勢をもつ。 判断に迷う場合は、「先生 わからなかったけど、今どうだった？できていた？」と聞いてみる。 単語リストをそのまま読ませるという指導をしないように心がける。

表4-8 側音化構音「シ」の指導例

STEP	指導内容	終了のめやす
1	「イ」の舌の形（バタフライポジション）を作る指導（舌の形をつくるだけで、声は出さない） 舌出し「イ」の場合は、舌尖を歯列の内側に引っ込めた状態の「イ」の舌の形の指導を行なう。 1. 舌尖を下顎前歯の歯茎につけて、舌を左右に広げるようにして、中央部を凹ませる。さらに、口蓋垂がみえる程度まで奥舌を下げてそのまま維持する。ペンライトで奥舌が挙上していないことを確認する。 2. 1. ができない場合は、舌運動訓練に戻る。	舌を歯列の内側に引っ込めた状態で、舌の中央部に凹みができる。 舌の中央部の凹みができない場合は、舌運動訓練に戻る。
2	「シ」の風（摩擦性）の指導（「シ」の音節ではなく、「シ」の風（摩擦性）のみであることに注意する） 1. 「イ」の舌の形を作り、上下の奥歯で左右の舌の横側を咬むようにして、舌の中央部の凹みを保つ。凹みはペンライトで確認する。	「シ」の風（摩擦性）が安定してできる。 舌の中央部の凹み安定している。 唾液が混じるような雑音が聞こえない。

	2. 1の状態のまま、少しずつ、「シ」の風（摩擦性）を出す。口角を気持ち引くようにする。舌の側方を歯列につけて、風を出しているときは舌の中央の凹みが保たれるように踏ん張る。凹みはペンライトで確認する。風（摩擦性）は弱くても構わない。「シ」と言うのではなく、「シ」の風を出すことを行なう。 3. 2が安定してできない場合は、「イ」の舌の形を作り、「イ」の音を作り、続けて2を行なう。「イ」の音を先に出すようにすると舌の中央の凹みが作りやすい。	
3	「シ」の音節の指導 1. 「イ」の舌の形を作る。 2. 「イ」の舌の形のまま「イー」と長めに声を出し、舌の中央の凹みを確認し、「シ」の風（摩擦性）を少しずつ出す。「イー」と「シ」は切らないでつなげる。この段階では、「シ」と言わないで、「シ」の風のみ出す。 　「シ」の風（摩擦性）の部分で、舌の中央部が膨らみ、凹みがなくなる場合があるので、ペンライトで確認する。できない場合は、「イ」の指導に戻る。「イーシ」と言うのではなく、「イー」口形をとり、わずかな「シ」の風を短く出し、様子をみながら徐々に「シ」の風の部分を長くしていく。 「イーー　シ（風、摩擦性のみ）　イーーーー」 3. 2の状態のまま、「イー」と長めに声をだす。最後の「イー」を長めに言うと、舌の中央の凹みが強化される。 4. 「シ」の音に近づける。 5. 「イ」が前後に付かなくても「シ」が言える。 6. 「シ」を繰り返して安定して言えるようにする。 自己モニターの指導	「シ」の音節が安定して言える。舌の中央の凹みを作るための「イ」を前後に配置して、「シ」の風（摩擦性）の舌をサンドイッチする。「イ」の舌の凹みが安定しない場合は、「イ」の指導に戻る。舌運動訓練も追加する。
4	「シ」の無意味音節の指導 「シ」の前後に母音をつけて、無意味音節の指導を行なう。「シ」の風（摩擦性）が弱くならないようにする。風を強く意識すると、舌の中央部の凹みも安定してできる。 自己モニターの指導	「シ」の無意味音節が安定して言える。
5	「シ」の単語の指導 1. 単語の指導では、「シ」の「イ」の部分を少し長く伸ばすようにすると安定する。	「シ」の単語が安定して言える。語頭、語尾、語中で言える。

	例 シマ → シイーマ　アシ→アシイー 　「イ」を強調することで、舌の中央部の凹みを意識する指導につながる。 2. 語頭、語末、語尾の順序で行なう。 自己モニターの指導	
6	「シ」の句・短文の指導 「おーいーしーいー」という単語を練習すると「○○がおいしい」という子どもにとって、楽しい課題が作れる。 　おいしい、たのしい、うれしいなど 自己モニターの指導	「シ」の句、短い文章が安定して言える。
7	「シ」の本読みの指導 シャ行音の音節、単語、句の指導 自己モニターの指導	「シ」に気をつけて本読みができる。 「シャ」「ショ」「シュ」の音節、単語、句が安定して言える。

文献

今井智子（2011）小児構音障害　廣瀬肇監　言語聴覚士テキスト第 2 版．医歯薬出版．

今井智子・山下夕香里（2016）歯・顎・顔面の構造と機能．道健一・今井智子・高橋浩二・山下夕香里編　言語聴覚士のための臨床歯科医学・口腔外科学―器質性構音障害．医歯薬出版．

構音臨床研究会編（2010）新版　構音検査．千葉テストセンター．

道健一（2000）言語聴覚士のための臨床歯科医学・口腔外科学．道健一編　医歯薬出版．

山下夕香里（2012）前段階に舌運動訓練を用いた側音化構音の指導．加藤正子・竹下圭子・大伴潔編　特別支援教育における構音障害のある子どもの理解と支援．学苑社．

第5章

吃音の基礎知識と新たな視点

伊藤友彦（東京学芸大学）

1 吃音の基礎知識

（1）吃音とは？

1）吃音の定義と中核的な言語特徴

　吃音は従来から話しことばにおける流暢性ないしはリズムの障害とされてきた。しかし、その定義は研究者の間で必ずしも一致していない。その理由として表に現れた言語特徴の背後にある問題をどのように捉えるかが異なることがあげられる。吃音の定義は吃音を話しことば（speech）の問題とみなす立場からの定義と話しことば以外の問題も含んだものとみなす立場からの定義に分けることができる。しかし、どちらの立場も吃音の言語特徴に共通点がみられることについては異論がないと思われる。音・音節の繰り返しや引き伸ばしなどは古くから（Wingate, 1964など）吃音症状の中核とされてきた。Bloodstein and Bernstein Ratner（2008）は吃音は伝統的に「話しことばにおける「リズム」または流暢性が中断やブロックによって妨げられる障害」とみなされてきたと述べている。わかりやすい定義として、「話しことばの流れが、音・音節の繰り返しや引き伸ばし、異常な中止（abnormal stoppages）によって妨げられるコミュニケーションの障害」というアメリカ吃音財団（Stuttering foundation of America）のホームページのものがある。このように吃音の定義は確立されているとはいえないが、中核的な言語特徴が音・音節の繰り返し、引き伸ばし、ブロックであるという点は従来から広く知られている。

2）吃音のその他の特徴

音・音節の繰り返し、引き伸ばしなどの吃音の中核的な言語特徴の他にも吃音の特徴とされるものがある。上記のアメリカ吃音財団ホームページでも吃音の定義に続いて、「話そうとする努力による、不自然な顔や体の動きを伴う場合もある」ことが加筆されている。このような特徴は随伴運動ないし随伴症状と呼ばれている。よく知られている随伴症状は、顔をゆがめる、手を固くにぎる、目をとじる、腕を振る、足を動かす、などである。「工夫」も吃音の特徴として知られている。「工夫」とは吃音症状が出現しないようにするための独自の方略ともいうべきもので、話し初めに「あのー」をつけることや言いやすいことばに置き換えて言うことなどが含まれる。また、吃りやすい音がしだいに固定してくることや、吃音が高い頻度で出現する時期と、あまり出現しない時期が存在することも知られている。

（2）吃音はいつごろ、どれだけの人に出現し、その後どうなるのか？

1）Andrews and Harris（1964）の研究

吃音がどれだけの子どもに発生し、その後どうなるのかを検討するためにはできるだけ多くの子どもを誕生から長期間に渡って継続的に観察し続けることが必要になる。これは大変な研究になるわけであるが、そのような研究が行なわれたことがある。

図 5-1 は Andrews and Harris（1964）の 15 年間の縦断研究結果である（Bloodstein & Bernstein Ratner, 2008 を一部改変）。

この図からも明らかなように、Andrews らの結果では 15 年の間に吃音症状がみられた子どもは 1,000 名中 43 名であった。この 43 名のうち 16 名（対象児番号 1 〜 16）の吃音は短期間（6ヵ月以内）で消失し、残りの 27 名のうち 18 名（対象児番号 17 〜 34）の吃音も研究期間内に消失している。つまり、吃音が出現した 43 名の中で 34 名の吃音が消失したことになる。9 名（対象児番号 35 〜 43）の吃音は研究終了時でも消失していない。

2）吃音の発生率、有病率、回復率

吃音の発生率（Incidence）は吃音が消失した人も含めた値であるが、従来か

第 5 章　吃音の基礎知識と新たな視点　93

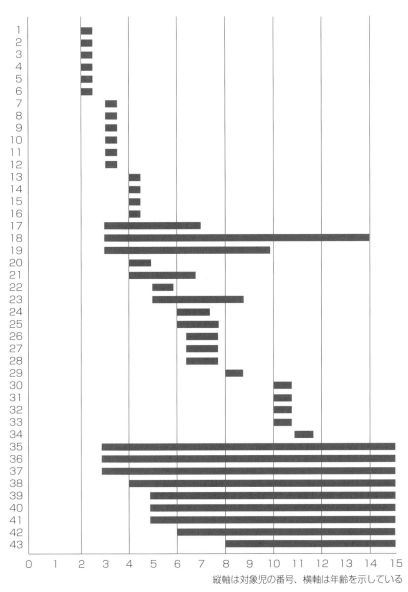

縦軸は対象児の番号、横軸は年齢を示している

図 5-1　Andrews and Harris（1964）の 1000 人を対象とした縦断研究において吃音が発生した子ども（Bloodstein & Bernstein Ratner, 2008 を一部改変）

ら約 5 ％といわれてきた。しかし、最近の知見はそれよりも高く、8 ％かそれ以上であることを示唆している（Yairi & Seery, 2011）。一方、有病率（Prevalence）は、ある時点においてどれだけの人に吃音がみられるかという値である。これまで約 1 ％とされてきたが、最近の知見では 1 ％よりもやや低く、0.7 ％に近いこと、幼児期の有病率は 2 ％以上で、全体の有病率の約 3 倍の値であることが指摘されている（Yairi & Seery, 2011）。回復率は一旦発生した吃音が消失する人の割合のことである。Yairi and Seery（2011）によると、最近の研究では吃音が消失する人の割合は学齢前は 68 〜 94 ％（11 個の縦断研究データに基づく）、学齢後は 36 〜 52 ％（3 つの縦断研究に基づく）である。

　また、発生率、有病率ともに吃音は男性に多く、吃音を呈するリスクは男性の方が女性の 2 倍であり、吃音が長期間持続するリスクも女性よりもかなり高いといわれている（Yairi & Seery, 2011）。吃音がある子どもの男女比は幼児期では最も低く、加齢とともに増加するといわれている。これは女児の方が吃音が自然回復する割合が高いことを示している。

　3）吃音はいつ、どのように始まるのか？

　科学的な研究方法による最近 30 年の研究結果として Yairi and Seery（2011）は吃音の 60 ％以上が 3 歳より前に、85 ％が 4 歳までに発生していると述べている。これらの値は Yairi らが指摘しているように、従来の知見よりも吃音の発生は早く、かつ狭い範囲におさまることを示していると同時に、吃音は幼児期に発生する障害であるという考え方を強く支持している。また、Yairi らは幼児の非常に早い時期の吃音の特徴に関する最近の知見は吃音の発生に関する従来の見方を退けるものであるとし、以下の点を指摘している。①吃音の始まりの時期の言語特徴および始まりの様子は多様である。②吃音の始まりは突然であり、両親が思いもしなかったことである。③初期の吃音も、さまざまな吃音の特徴を含む、進展した段階のものであり、子どもによってはきわめて重い症状を示す。④語頭の音節の繰り返しや短い語（short words）の繰り返しはほとんどの子に普遍的にみられるが、音の引き伸ばしやブロック、付随的な身体の緊張、吃音に対する自覚や情緒的反応を併せ持つかどうかは子どもによって異なる。Yiari らはこれらの初期の吃音の特徴は診断起因説、すなわち、吃音

が正常な非流暢性に対して親が過剰な反応を示すことによって生じるとする説を否定するものであると述べている。吃音は正常な流暢な発話とは明らかな違いを示すので、親はその後の吃音の進展を心配するのだと Yairi らは述べている。

4）吃音の発生後の経過は？

吃音の発生後の経過について Yairi and Seery（2011）は、子どもによって著しい違いがあり、しだいに重度で複雑な吃音の特徴を示す子どももいれば、あまり重くないレベルで吃音が持続する子どもや吃音がまったく消失してしまう例もあると述べている。Yairi らは最近の確かな知見は吃音という障害が常に複雑化し、重度化していくという伝統的な描写に異を唱えるものであると述べている。Yairi らによれば、最近の研究結果は明らかに以下のことを示している。①初期の吃音のもっとも典型的な発達傾向は吃音の減少、重症度の軽減である。②吃音を示した多くの子どもは臨床的介入を受けることなく、完全に回復する。つまり、幼児期はほとんどの吃音が発生する時期であるのみならず、その障害が自然に消失する時期でもある。

図 5-2 は吃音が自然に消失した例、すなわち自然回復の例である（伊藤，

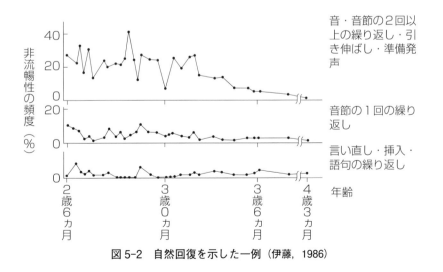

図 5-2　自然回復を示した一例（伊藤，1986）

1986)。母親からの情報によると、対象児の吃音の発生は 2 歳 0 ヵ月であった。図は 2 歳 6 ヵ月から 1 週間に一度の割合で自然発話にみられた発話の非流暢性の頻度を記録したものである。上の図が吃音症状で、中央と下の図は幼児期に一般的にみられる非流暢性である。対象児の吃音は 4 歳 3 ヵ月までに消失していることがわかる。

なお、これまでの研究によると、吃音が自然回復せず、進展した場合は一般的に以下のような段階を経るといわれている。**図 5-3** は大橋（1976）に基づいたものである。最初は言語症状（繰り返し・引き延ばし・ブロック）のみであるが、吃音の持続期間が長くなるにつれて、随伴症状が出現し、困難な語音や場面が固定化するようになり、さらに、工夫が現れるという結果が得られている。

言語症状（繰り返し・引き伸ばし・ブロック）のみ
↓
随伴症状の出現
↓
「にがて」な語音、場面の固定化
↓
工夫

図 5-3　吃音の進展

（3）吃音はなぜ生じるのか？　吃音の説明理論
1）吃音研究の歴史の概略

まず、これまでの吃音の原因論に関する研究の歴史の概略を Bloodstein and Bernstein Ratner（2008）に基づいて、みてみたいと思う。

Bloodstein ら（2008）によると、20 世紀のかなりの期間にわたって広まっていたのは吃音は神経症的障害（psychoneurotic disorder）であるという考えであっ

た。この考えは吃音がある人のパーソナリティに関する多くの研究を生みだした。しかし、この理論はやがて消滅（downfall）した。吃音がある人とない人でパーソナリティなどに違いがあるのかどうかについて長期にわたる徹底的な研究が行なわれてきたが、主たる違いは見つかっていない。

次に、吃音は子どもの正常な発話の非流暢性を親が吃音とみなし、過剰に反応することによって生じるという考え（診断起因説）の時代になる。アイオワ（Iowa）研究という大規模な研究が行なわれたが、最終的にこの仮説も信用を失った。

吃音が情緒的（emotional）な障害でないとすると、神経学的な障害であることになる。もしそうであれば、神経学的な障害は、話しことばの機能に選択的に影響を及ぼすようなものであるはずである。そこで、吃音は話しことばの運動調節（speech motor control）の障害であるとする見方が広がり、多くの研究が行なわれてきた。吃音の神経言語学的、神経運動学的基盤について必ずしも一致した知見が得られているわけではないが、吃音が発話メカニズムにかかわる問題であることを示唆する知見が蓄積されてきている。

2）発話過程に視点をあてた原因論──心理言語学的要因について

吃音の原因は残念ながら解明されていない。従って、吃音の原因論ないし、吃音に対する説明仮説には複数のものがある。近年、Bloodstein and Bernstein Ratner（2008）は、吃音は言語の符号化や運動調節など、話すメカニズムに関する問題である可能性を指摘している。そこで、以下では発話過程に視点をあてた原因論を2つ紹介する。吃音の心理言語学的要因に関する研究ともいえる。

フォールトライン仮説（the fault line hypothesis）はWingate（1976, 1988）によって提唱されたものである。Wingateは吃音を言語産出の問題として捉え、音節構造（**図5-4**参照）における頭子音と核母音との間に音声の移行を妨げるフォールトラインがあり、その結果、吃音が生じると考えた。吃音を音声の移行の問題として捉えるこのような立場は音声移行障害説とも呼ばれる。

潜在的修正仮説（the covert repair hypothesis）はPostma and Kolk（1993）によって提唱された。この仮説はLevelt（1983）の自己修正の定義に基づいている。

図 5-4　音節構造の基本的なモデル（窪薗, 1998 を一部改変）

Levelt は発話の自己修正を次のように定義している。それによると、まず、原発話（original utterance）があり、そのあとに編集用発話（editing term）が入り、最後に修正発話（repair）が産出される。なお、編集のための発話はないこともあり、修正発話は原発話（の一部）と一致する場合もあるとされている。原発話と異なる修正発話が産出された場合は顕在的修正（overt repair）と呼ばれ、産出されない場合は潜在的修正（covert repair）と呼ばれる。a) は顕在的修正の例で、b) は潜在的修正の例である。

a)　<u>おんぶ</u>　　<u>あっ</u>　　<u>だっこ</u>　（顕在的修正）
　　（原発話）　（編集用発話）（修正発話）

b)　<u>お</u>　　　<u>おんぶ</u>　　　　（潜在的修正）
　　（原発話）　（修正発話＝原発話）

　吃音症状の特徴とされる音・音節の繰り返しは修正発話が原発話と一致した場合に相当し、新たな修正発話が産出されないことから、潜在的修正に相当することになる。潜在的修正仮説によれば、吃音は音韻的符号化の遅れに対する、音声化前の修正（潜在的修正）であることになる。

2 新たな視点——最近の吃音研究から

(1) 初期の吃音に関する新たな仮説——統語基盤仮説（syntax-based hypothesis）

1）仮説の特徴

ここでは新しい仮説として初期の吃音（incipient or early stuttering）についての統語基盤仮説（syntax-based hypothesis）を紹介する。この仮説はBloodstein（2001, 2006）によって提案されたものであり、初期の吃音と持続性の吃音（persistent stuttering）を異なるものとみなす点に特徴がある。

統語基盤仮説では、初期の吃音は非吃音児が示す発話の非流暢性と同様、統語獲得と密接に関係しており、統語構造（文、節、動詞句、名詞句）をつくること（formulation）に対する自信のなさ（uncertainty）に起因すると考えられている。Bloodsteinは初期の吃音は本質的に言語の障害であるとも述べている。これに対して、持続性の吃音は、話そうとする努力の中で体験するフラストレーションや、非流暢な発話に対する聞き手の態度への学習された予期葛藤反応（anticipatory struggle reactions）であると考えた。つまり、持続性の吃音は子どもが話すことの困難さを予測し、この予測が心の中に葛藤を引き起こすことよって生じるとみなすわけである。

2）仮説の根拠となったデータ

初期の吃音は統語獲得と密接に関係していると考えるに至った根拠としてBloodstein（2001, 2006）は従来の吃音研究で得られた知見を以下のようにまとめている。

まず、言語発達過程との関係では、①一語発話段階で吃音が生じたという証拠はないこと、②吃音のもっとも早い発生の報告は文法発達が始まる18ヵ月であること、③吃音の発生の報告がもっとも多いのは2～5歳であり、統語獲得の時期と一致すること、をあげている。さらに、④初期の吃音ではかなりの自然回復がおこること、⑤ほとんどの初期の吃音は一時期的であり、学齢期までに消失すること、⑥吃音の自然回復の時期が統語獲得を終える時期と一致すること、をあげている。加えて、発話の長さや構造との関係では、⑦初期の

吃音は一語発話ではめったに生じない（単語呼称でもめったに生じない）こと、⑧初期の吃音は統語構造の最初の語で生じる（多くが語全体の繰り返し）こと、⑨初期の吃音は発話の長さや文法的複雑さの影響を受けること、⑩初期の吃音は語に関連した要因（長さ、子音で始まるか母音で始まるか、機能語か内容語かなど）の影響を受けないようにみえること、を指摘している。さらに、⑪初期の吃音は非吃音の定型発達児の非流暢性に似ていること、⑫幼児期の吃音児はなんらかの言語スキルの障害（非語の復唱など）をもつことにも言及している。これらの知見は、初期の吃音が統語発達と密接に関係していることを示唆している。

　一方、進展した段階の吃音については、①統語構造の最後の語でも生じる（語全体の繰り返しはめったにない）こと、②統語構造よりも語の開始の困難さによって特徴づけられること、③語に関連した要因（長さ、子音で始まるか母音で始まるか、機能語か内容語かなど）の影響を強く受けること、を指摘している。これらの知見から、進展した段階の吃音は統語よりも単語に関連して生じていることが示唆される。

　Bloodsteinは、このような、初期の吃音と進展した段階の吃音の違いのデータに基づいて、初期の吃音に関して統語基盤仮説を提唱した。

（2）これまでの吃音研究から示唆されるもの

　ここでは、Bloodstein and Bernstein Ratner（2008）に基づいて、これまでの長年にわたる吃音研究から示唆されることをまとめてみたい。

1）吃音は言語の符号化の問題として始まる可能性

　吃音研究の歴史の概略のところで述べたように、近年、吃音は発話過程の問題である可能性が示唆されている。発話過程には少なくとも何を話すかを考える過程（思考過程）、思考を一定の言語形式に移し替える過程（符号化の過程）、言語形式を音として表出する過程（構音の過程）、が含まれていると思われる（図5-5）。

　吃音が発話過程の問題である場合、その困難さはどのレベルにあるのかが問題となる。最近では吃音は発話過程における言語の符号化（encoding）の障害として始まるという仮定に基づいた研究が進展してきている。その背景として

```
思考レベル
   ↓
符号化のレベル
   ↓
構音のレベル
   ↓
  音声
```

図 5-5　発話過程

吃音と言語発達との関係に関する研究によって明らかになってきた以下の知見があげられる。①吃音は一語発話ではめったに生じない。②吃音の発生が複数の語からなる句（multiword phrase）の獲得の前であることは稀である。③吃音は幼児が統語要素を獲得しつつある年齢で生じる。④比較的多くの子どもにおいて、統語獲得が実質的に完了する年齢で吃音が消失する。

　また、①吃音がある人は、しばしば言語発達が遅れること、②彼らは幼児期に他の子どもよりも言語スキルにおける軽度の障害を示すこと、③彼らは構音発達の遅れや構音障害を示す傾向があること、などが明らかになっている。従って、吃音は少なくとも部分的には言語能力（language ability）の微妙な（subtle）弱さによって出現する可能性が強く示唆されている。加えて、①平均的に見て、吃音がある子どもは、ない子に比して言語発達が遅れ、多くのタイプの言語評価でやや低いレベルを示すこと、②吃音がある人は言語学的ストレスが強いときに特に安定を失いやすい発話運動システムをもっている可能性、などが指摘されている。これらの知見から初期の吃音には言語発達、特に発話過程における符号化の問題がかかわっている可能性が示唆される。

2）初期の吃音と幼児期に一般的にみられる非流暢性が連続的である可能性

　吃音の原因論と直接かかわる問題として初期の吃音と正常な非流暢性との間に関係があるのかどうかという問題がある。両者の違いは種類の違いなのか、程度の違いなのかという問題が残されているが、Bloodstein and Bernstein

Ratner（2008）は、すべての研究者が同意しているわけではないが、程度の違いと考える多くの理由があると述べている。その理由としては、①初期の吃音と幼児期の正常な非流暢性は、両者とも統語構造の最初の語（普通、接続詞や代名詞）で生じ、主たる非流暢性タイプは語全体の繰り返しであること、②吃音は稀にしかみられない現象ではなく、幼児の親はしばしば短期間の吃音のエピソードを報告していること、などがあげられている。

なお、吃音がある子どもの初期の非流暢性と吃音がない子どもの非流暢性には重なり（overlap）がみられることはJohnson and Associates（1959）の研究が既に明らかにしている。正常な非流暢性と異常な非流暢性との明確な区別は簡単にはつけられないと、Bloodsteinらも述べている。

3）初期の吃音と進展した吃音との関係に関する研究の必要性

Bluemel（1932）以降、初期の吃音と進展した吃音は異なることが示唆されているが、統語基盤仮説のところでも既に紹介したように、初期の吃音と進展した段階の吃音についてかなり明確な違いが明らかになってきた。

初期の吃音の特徴として、統語構造の最初の語で生じる、語の長さなど語に関連した要因の影響を受けない、などが指摘されており、進展した段階の吃音の特徴としては、語の特徴への反応として生起すること、吃音の頻度は状況によって異なること、主として、コミュニケーションのプレッシャーや、自分には吃音があるという認識などの要因に影響されること、などの点が指摘されている。

初期の吃音と進展した吃音の特徴を比較すると、吃音は、統語単位の困難さから語の困難さへと変化することになり、初期の吃音は統語構造の産出の困難さであるのに対し、進展した吃音は語の困難さである（Bloodstein, 2006）ことになる。Bloodstein（2001）は、進展した段階の吃音が語の困難さになるのは、単語は、言語の専門家でなくても容易に意識できるため、困難さや不安の対象になりやすいことによると考えている。このような初期の吃音と進展した吃音の困難さの違いはなぜ生じるのか。この点が今後の吃音研究の重要な研究課題の1つになると思われる。

以上、Bloodstein and Bernsteun Ratner（2008）に基づいて、これまでの吃音

研究から示唆されることをまとめてみた。

(3) 言語処理に視点をあてた最近のわが国の吃音研究
1) 日本語の吃音に関する松本（島守）の仮説

吃音の言語処理に視点をあてたわが国の最近の体系的な研究として松本（島守）・伊藤の一連の研究（Shimamori & Ito, 2007, 2008; 島守・伊藤, 2009, 2010）がある。松本（島守）は博士論文（島守, 2010）において日本語の吃音について興味深い仮説を提案している。**図 5-6** は、その仮説の理解を容易にするために松本（島守）の博士論文（島守, 2010）を踏まえて作成したものである。

図 5-6（a）における「か」のように、日本語の音節の多くは頭子音と核母

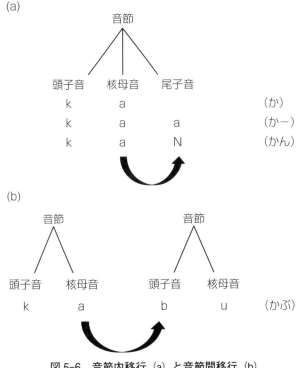

図 5-6　音節内移行（a）と音節間移行（b）

音から成り立っているが、「かー」や「かん」のように、尾子音を含むものもある。「かー」における核母音 /a/ から尾子音 /a/ への移行、「かん」における核母音 /a/ から尾子音 /N/ への移行は1つの音節の中の移動なので、音節内移行と呼ぶ。「かー」と「かん」はどちらも音節内移行であるが、「かー」は同一分節素への移行（/a/ から /a/）、「かん」は異なる分節素への移行（/a/ から /N/）である点が異なる。これに対して、**図 5-6**（b）における「かぶ」のように、2つの音節からなる語の場合、最初の音節の核母音 /a/ から2つ目の音節の頭子音 /b/ への移行は、音節をまたいだ移行となるので音節間移行である。なお、「か」における /k/ や /a/ のように、音節を構成する要素は分節素と呼ばれる。

　松本（島守）の博士論文（島守, 2010）において提案された日本語の吃音についての仮説は以下の通りである。
　①核母音から後続する分節素への移行に困難さがある。
　②語頭音節における移行の影響が語中・語尾の音節よりも大きい。
　③音節内の移行の方が音節間の移行よりも容易である。
　④同一分節素への移行の方が異なる分節素への移行よりも容易である。
　2）発話の流暢性を促進する指導法への示唆

　わが国では、教育実践や臨床の場において話し方に直接働きかける指導法の開発が求められている。松本（島守）は上記①〜④の仮説を用いると、1モーラずつ発話する方法や、ゆっくりと引き伸ばし気味に発話する方法などわが国において発話の流暢性を促進する方法として有効とされてきた指導法の効果は核母音からの移行をなくす方法、または核母音からの移行をより容易な移行へと変化させる方法として説明できると述べている。つまり、1モーラずつ発話する方法が有効なのは核母音からの移行をなくすからであり、ゆっくりと引き伸ばして発話する方法が有効なのは核母音からの移行をより容易な移行（同一分節素への移行）へと変化させるからであることになる。

　また、松本の博士論文では上記の仮説から予測される日本語の産出の困難さの順序が提示されている。その順序は優しい方から順に次のようになる。
　①語頭音節の核母音からの移行のない刺激語（例：か）

②語頭音節の核母音からの移行が音節内であり、同一分節素への移行である刺激語（例：かー）

③語頭音節の核母音からの移行が音節内であり、異なる分節素への移行である刺激語（例：かん）

④語頭音節の核母音からの移行が音節間である刺激語（例：かぶ）

この順序は、日本語を母語とする吃音に対する直接的な指導法を考える際の1つのてがかりになると思われる。

文献

Andrews, G. & Harris, M.（1964）*The Syndrome of Stuttering. Clinics in Developmental Medicine*, 17, Heinemann, London.

Bloodstein, O.（2001）Incipient and developed stuttering as two distinct disorders: Resolving a dilemma. *Journal of Fluency Disorders*, 26, 67-73.

Bloodstein, O.（2006）Some empirical observations about early stuttering: A possible link to language development. *Journal of Communication Disorders*, 39, 185-191.

Bloodstein, O. & Bernstein Ratner, N.（2008）*A handbook on stuttering*（6th ed.）. Thompson Delmar, New York.

Bluemel, C. S.（1932）Primary and secondary stammering. *Quartely Journal of Speech*, 18, 187-200.

Johnson, W. & Associates（1959）*The onset of stuttering*. Minneapolis, University of Minnesota Press.

伊藤友彦（1986）高頻度の非流暢性を一過性に示した幼児1例における非流暢性の変化と言語発達．音声言語医学，27，273-279.

窪薗晴夫（1998）音韻構造の普遍性と個別性．中右実編　音韻構造とアクセント．研究社，1-108.

Levelt, W. J. M.（1983）Monitoring and self-repair in speech. *Cognition*, 14, 41-104.

大橋佳子（1976）小児の吃音の進展過程に関する横断的研究．児童精神医学とその近接領域，17，57-68.

Postma, A. & Kolk, H.（1993）The covert repair hypothesis: Prearticulatory repair processes in normal and stuttered disfluencies. *Journal of speech and Hearing Research*, 35, 472-487.

島守幸代（2010）吃音の生起に関わる心理言語学的要因に関する研究．東京学芸大学連合学校教育学研究科博士論文．

Shimamori, S. & Ito, T.（2007）Syllable weight and phonological encoding in Japanese children who stutter. *Japanese Journal of Special Education.* 44, 451-462.

Shimamori, S. & Ito, T.（2008）Syllable weight and frequency of stuttering. *Japanese Journal of Special Education.* 45, 437-445.

島守幸代・伊藤友彦（2009）単音節産出課題における軽音節と重音節の吃音頻度の比較―音声移行の視点から―．音声言語医学，50，116-122.

島守幸代・伊藤友彦（2010）核母音から後続する分節素への移行が吃音頻度に与える影響―2音節目に視点を当てた検討―. 音声言語医学，51，32-37.

Stuttering Foundation of America F. A. Q. http://stutteringhelp.org/faq（2016 年 9 月 20 日閲覧）

Wingate, M. E.（1964）A standard definition of stuttering. *Journal of Speech and Hearing Disorders*, 29, 484-489.

Wingate, M. E.（1976）*Stuttering: Theory and treatment.* Irvington. New York.

Wingate, M. E.（1988）*The structure of stuttering: A psycholinguistic analysis.* Springer-Verlag, New York.

Yairi, E. & Seery, C.（2011）*Stuttering: Foundations and clinical applications.* Pearson, New York.

第6章

吃音児の支援

小林宏明（金沢大学）

1 はじめに

　学齢期には、幼児期の吃音の特徴が残る低学年から思春期・青年期の吃音の特徴が現れ始める高学年まで、さまざまな吃音の進展段階にある子どもがいる。また、認知の偏りなどの発達の課題がある、情緒・情動が不安定、家族や友だちとの関係がうまくいかないなど、それぞれの子どもの状況もさまざまである。そこで、これら多様性に富む子ども一人ひとりの実態に応じた支援を可能にするものとして、吃音の言語症状に加え、吃音に対する感情や態度、子どもを取り巻く環境などを総合的に取り扱う多面的・包括的アプローチが注目されている（小林他，2013）。

　筆者は、国際生活機能分類（ICF）に基づいた学齢期吃音の多面的・包括的アプローチである「ICFに基づいたアセスメントプログラム（アセスメントプログラム）」を発表した（小林，2014）。本章では、アセスメントプログラムに基づくことばの教室における吃音のある子どもへの支援を提案する。

2 支援のめあて

　支援では、「子どもの吃音をこうしたい」「このような子どもに教育したい」といっためあてが必要である。

　筆者は、支援のめあての設定には、次の2点が必須と考える。

第1は、後述する「3　実態把握」を通して、子ども一人ひとりのニーズや実態を十分踏まえることである。

第2は、指導を担当する教師それぞれが抱く「吃音観」「吃音支援観」を改めて熟慮することである。筆者は、「吃音観」「吃音支援観」を考える観点には、以下の3つがあると考える。

（1）吃音や吃音のある子どもの支援に関する知識や技術

言語症状や態度・感情の特徴、進展過程、疫学、原因論などの知識や、評価法や指導法などの技術は、子どもの支援に不可欠である。

子どもの支援で必要な吃音に関する知識は第5章に詳説されている。また、吃音のある子どもの支援の最近の研究や実践を**表6-1**にまとめる。なお、吃音や吃音のある子どもの支援に関する研究や実践は、日進月歩で進められている。そのため、これらの動向には、常に関心を払う必要がある。

（2）吃音のある子どもの困難や思い、ニーズの理解・共感

吃音のある子どもが毎日の生活の中でどのような困難を抱えているか、吃音や吃音のある自身のことをどのように思っているか、支援に何を望み、何を望まないかなどを理解し共感することは、真に子どもの役にたつ支援を行なうための前提条件である。

吃音のある子どもが抱えやすい困難の例を**表6-2**に示す。ただし、子どもが抱える困難は多種多様である。そこで、すべての子どもがこれらの困難を抱えているわけではないことに留意する必要がある。

（3）学校教育や特別支援教育に関する規定や制度

ことばの教室における支援は、学校教育の一環として行なわれる。そのため、教育基本法や学校教育法、学習指導要領などの学校教育や特別支援教育に関する規定や制度を把握することが求められる。特に、ことばの教室の支援の内容や方法を定めた特別支援学校学習指導要領の自立活動や、障害者権利条約批准に伴うインクルーシブ教育システムについては、その趣旨や内容をしっか

表6-1 吃音のある子どもの支援の研究や実践（小林他, 2014）

- 多面的・包括的アプローチ
  CALMSモデル、ICFに基づくアセスメントプログラムなど
- 言語症状への対応
  流暢性形成法、吃音緩和法、統合的方法、リッカムプログラムなど
- 態度・感情への対応
  系統的脱感作、認知行動療法など
- 環境への対応
  からかいへの対処など

表6-2 吃音のある子どもが抱えやすい困難の例（小林, 2015）

- 授業中
  教科書の音読でつかえる、答えが分かっても発表できない、かけ算九九の口唱テストに合格できないなど
- 学級・全校活動
  健康調べや日直当番の号令をすっと言えない、全校集会の発表で下級生から笑われる、学芸会の劇や卒業式の呼びかけができるか不安など
- 仲間関係
  友だちとの会話に入っていけない、吃音の不安や劣等感から友だちとの関わりを避けてしまう、吃音をからかわれるなど

りと把握する必要がある。

3 実態把握

　実態把握では、子どもや保護者との面談や検査などを通して、支援を行なう上で必要な情報を収集する。

　ただし、実態把握は、単に情報収集だけを目的にしているわけではない。例えば、子どもや保護者との面談で、吃音についての困難やニーズを尋ねることで、「ここでは、吃音の悩みを話したり、相談したりしてもいいんだよ」というメッセージを伝えることができる。また、言語症状や態度・感情の検査を行なうことで、子どもに自身の言語症状の客観視や、態度・感情の自己洞察を促すことができる。このように、実態把握には、すでに支援の要素が含まれている。そこで、実態把握では、このことを意識し、単なる情報収集に終わらないようにする。

　筆者は、実態把握の観点には、以下の3つがあると考える。

（1）子どもの吃音

子どもとの面談で吃音の困難や思い、ニーズなどを尋ねたり、言語症状や態度・感情などの検査を行なったりする。

子どもとの面談では、子どもが吃音で大変な思いや辛い経験を重ねていたり、勇気を振り絞って話してくれたりしている場合があることに思いを馳せ、子どもの話を傾聴し、大変さや辛さを共感的に受け止めたり、勇気を出して話してくれたことをねぎらったりする。

子どもに吃音の困難や思いを尋ねる際は、「毎日の生活の中の得意なこと、苦手なこと」(**図 6-1**)、「ことばの教室に通っているお友だちからの手紙」(**図 6-2**) が利用できる。「毎日の生活の中の得意なこと、苦手なこと」は、家庭や学校などにおける様々な活動（母や父と話す、学校の授業や学級活動など）につい

1　毎日の生活の中の得意なこと、苦手なこと

「記号」に、一番あてはまるものを書いてください。

◎ とても得意　○ 得意　△ ふつう　× 苦手　×× とても苦手

家庭

場面	記号	場面	記号	場面	記号
母親と話す		きょうだいと話す		いとこと話す	
父親と話す		祖父・祖母と話す		親戚と話す	

学校

場面	記号	場面	記号	場面	記号
朝自習		書写		日直当番	
朝の会		家庭科		係活動（　　）	
国語		道徳		クラブ（　　）	
算数		総合		委員会（　　）	
生活		学活		全校集会	
理科		休み時間		運動会	
社会		給食		遠足	
音楽		昼休み		学習発表会	
体育		そうじ		6年生を送る会	
図画工作		帰りの会			

放課後や休日

場面	記号	場面	記号	場面	記号
学童保育		友達と学外で遊ぶ		近所の人と話す	
習い事（　　）		地区の行事や集まり		買い物に行く	

図 6-1　毎日の生活の中の得意なこと、苦手なこと

2　ことばの教室に通っている子どもからの手紙

ことばの教室に通っているたかしさんから、このような手紙を受け取りました。

ぼくは、金沢山小学校3年2組の山田たかしです。ぼくは、授業中に発表する時や、友だちと話す時に「ぼ、ぼ、ぼくは」と音をくり返したり、ことばがつまって出てこない時があります。いつも、話せないわけではなくて、じょうずに話せる時もあります。ことばが出てこない時は、あせったり、イライラした気持ちになります。また、友達の中にぼくの話し方をからかう人がいて、いやになることがあります。

図 6-2　ことばの教室に通っている友達からの手紙

て「とても得意」から「とても苦手」の5段階で評定させるものである。子どもにそれぞれの評定をつけた理由や評定づけへの吃音の関与の度合いを尋ねることで、吃音が毎日の生活に及ぼす影響の大きさを検討する。また、「ことばの教室に通っているお友だちからの手紙」は、架空の吃音のある子どもが自身の吃音の言語症状や感情・態度を記したものである。子どもにこの手紙を読み聞かせ、「こんな手紙を書いたお友だちがいるんだけど、どう思う？」と尋ねることで、子どもの吃音の気づきや認識を検討する。さらに、スコット（2016）で紹介されているワークシートも、吃音の困難や思いを尋ねる際に有用である。

わが国では、吃音の言語症状を調べる検査として吃音検査法が広く使われている（小林他, 2013）。吃音検査法は、自由会話、絵カード説明、音読について単語から文章までの様々な長さの発話課題で構成されている。そのため、子ども一人ひとりの苦手、あるいは得意な発話条件を細かく検討できる。また、態度・感情を調べる検査には、コミュニケーション態度テスト（CAT）などがある（小林他, 2013）。

（2）保護者

保護者との面談で、わが子の吃音について保護者自身が抱える困難や思い、ニーズなどを尋ねたり、発吃から現在までの吃音の状況、子どもの全般的な特徴などを尋ねたりする。

保護者との面談では、**表6-3**にあるような保護者ならではの困難や思い、ニーズがあることを踏まえ、子ども同様、保護者の話を傾聴したり、大変さや辛さを共感的に受け止めたりする必要がある。

また、保護者の情報は、子どもの実態を把握する貴重な資料であるが、言語症状や態度・感情などを捉え違えている（例えば、難発を言語症状と捉えない、子どもは既に吃音を意識し気にしているのに「気付いていない」と捉えるなど）場合も少なくない。そこで、実態把握をする際は、保護者からの情報への過度な依拠をしないよう注意する。

(3) 子どもの全般的な特徴

子どもとの面談や検査、あるいは保護者や学級担任からの情報収集で、**表6-4**にあるような子どもの全般的な特徴を把握する。

子どもの意欲や能動性を高めるには、子どもの得意なことや好きなことに注目する必要がある。そこで、子どもの苦手なことや嫌いなこと、できないことだけでなく、得意なことや好きなこと、できることも実態把握する。

また、吃音のある子どもの中には、構音障害や発達障害などの他の障害を併せもっていたり、対人過敏性や欲求不満耐性の低さなどの気質・情動の問題があったりする子どもがいる(小林, 2015)。そこで、これらが懸念される場合は、必要に応じて、構音や発達、情緒・情動に関する検査を実施したり、スクールカウンセラーや都道府県・市町村の教育センター、医療機関などに紹介したりする。

表6-3 保護者の抱える子どもの吃音の困難や思い、ニーズの例

- 育て方が悪いから、子どもに吃音が出たと思う
- 周囲から、「子どもの吃音は、保護者のせい」と責められる
- 家族の吃音が遺伝したのではないかと思う
- 友だちにからかわれないか心配
- 園や学校の先生がきちんと吃音の理解や配慮をしてくれない
- 進学や就職ができるか心配
- 子どもに吃音の話し方で話されるとイライラする

表6-4 子どもの全般的な特徴の実態把握項目の例

- 得意なこと、好きなこと
- 苦手なこと、嫌いなこと
- 性格
- 言語・認知・運動発達
  ※必要に応じて構音検査や知能検査などを実施したり、他機関に紹介したりする
- 気質・情動
  ※必要に応じて性格検査や社会性の検査などを実施したり、他機関に紹介したりする
- 家庭や学校での周りの人の対応

4 支援

支援では、実態把握の結果を踏まえて作成する支援の計画に基づき、在籍学

級の環境調整やことばの教室での指導、面談による保護者支援などを行なう。

　大半のことばの教室では、年度や学期の開始時に作成する個別の指導計画に基づき支援を行なっているのではないかと思う。個別の指導計画は、中長期的な展望をもちながら一貫した指導を行なうために欠かせないものである。ところが、実際の支援では、個別の指導計画通りに支援が進まなかったり、当初想定しなかった新たな困難やニーズが生じたりすることがある。その場合は、個別の指導計画との一貫性や整合性を考慮しつつ、支援の内容や方法を随時変更する柔軟さが求められる。筆者は、毎回の指導の際に、子どもに**図6-3**、**6-4**にあるアンケートを実施し、新たな困難やニーズが生じてないか確認している。

　以下に、7つの学齢期の吃音のある子どもの支援例を紹介する。なお、これらはあくまでも例であり、吃音のある子どもの支援は、他にもさまざまある。

（1）保護者支援

　筆者は、保護者支援には、(a) 第2のクライエントとしての保護者への支援、(b) 支援のパートナーとしての保護者への支援の2種類があると考える。

　(a) では、**表6-3**にあげたような独自の困難や思い、ニーズを抱えた保護者を第2のクライエント（支援対象者）と捉え、保護者独自の困難の緩和やニーズの充足を目指す。具体的には、保護者との面談で**表6-5**にあげた吃音の基礎情報を伝える、保護者からの質問に丁寧に答えるなどをする。

　(b) では、保護者を吃音支援のパートナー（共同支援者）と捉え、家庭での環境調整法などを伝えたり、話し合ったりする。具体的には、保護者との面談で家庭での接し方（**表6-6**）のガイダンスをする、子どもが保護者に吃音の話をしてきた時の対処法を共に考えるなどをする。

（2）在籍学級担任との連携

　吃音のある子どもが安心で充実した学校生活を送るには、在籍学級担任の理解と支援が必要である。そこで、在籍学級担任と、吃音や支援に関する情報提供、支援の協議などの連携を図る。

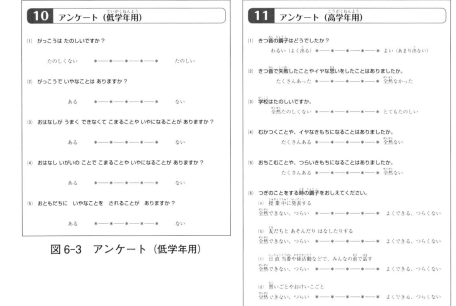

図 6-3　アンケート（低学年用）

図 6-4　アンケート（高学年用）

表 6-5　吃音の基礎情報（保護者向け）

- 育て方の悪さが子どもの吃音の原因ではない
- 吃音の問題は将来的には軽減していくことが多い
- 適切な対処をすることで、毎日の生活や将来（進学、就職、結婚）に支障をきたす大きな問題になることを防げる
- 吃音のお子さんの育てにくさに配慮した特別な育児が有効

表 6-6　家庭での接し方の例

- 「ゆっくり、ゆったり」と話す
- 子どもが話し終えるまで待つ
- 「ゆっくり話してごらん」「落ち着いてはなしてごらん」などの声かけは避ける
- 子どもが話しているときは、子どもの顔を見たり、うなづきやあいづちをしたりする
- 話し方ではなく、話す内容に注目する
- 可能な範囲でじっくりとお話を聞いてあげる時間を作る

表 6-7　学級での接し方の例（小林, 2015）

- 「ゆっくり」、「ゆったり」した話し方で接する
- 吃音で言葉が出ない時は、ことばが出てくるまで待つ
- 「ゆっくり話しなさい」「落ち着いて」などの声かけはかえって子どもを緊張させるので避ける
- はきはき話す、大きな声で元気に話すなどに価値を置きすぎない
- あいづちやうなづきなどできちんと聞いていることを記す
- 話し方ではなく内容に注目する
- 吃音のからかいを許さない毅然とした態度で対処する

表 6-8　学級での支援の例（小林, 2015）

- 教科書の丸読みや日直の号令を 2 人以上で声を合わせてする
- 健康調べや日直の号令、全校集会の発表のセリフを吃音が出にくいものに変える
- かけ算九九の口唱で、吃音によるつっかえを許容したり、時間制限をなくしたりする
- 子どもと担任との間で「答えはわかるけど吃音で言う自信がない」時のサイン（4 本指の挙手など）を決める
- ゆっくり、はっきり話すことを学級のめあてにする

　吃音や支援に関する情報提供では、吃音の基本情報として、吃音のある子どもが周囲が思っている以上に深刻な困難を抱えている場合があること、話したくても話せないこと、慌てたり緊張したりしているわけではないこと、吃音の不安と闘いながら一生懸命話そうとしていること、保護者の育て方の問題や本人の努力不足ではないことなどを伝えるとともに、学級での接し方（**表 6-7**）について説明する。

　支援の協議では、子どもが学校生活で感じている困難について**表 6-8** にあるような具体的な支援策を検討したり、後述する「（5）作戦会議」をことばの教室と在籍学級と協同で実践したりする。

（3）吃音の勉強

　吃音の勉強では、（a）吃音の一般的な知識を得る、（b）自身の言語症状や態度・感情を内省する、（c）効果的な吃音への対処法を考える、などを行う。
　（a）では、言語症状と態度・感情の特徴や吃音が「悪い、いけない、駄目な」ことではないこと、吃音が出やすい発話条件（発声発語器官に力が入るなど）、

疫学と原因論（吃音の人は人口の1％いる、吃音の原因はよくわかっていないなど）といった吃音の一般的な知識を学ぶ。

（b）では、自身の言語症状（言語症状の種類、吃音が出やすい語や場面など）や態度・感情（吃音の認識、吃音が出るときの身体と気持ちの状態）を振り返る。

（c）では、自身の吃音の困難を軽減・緩和する効果的な方法（発話の工夫、態度・感情の転換、周囲の環境への働きかけなど）を試行錯誤しながら考える。

吃音の勉強の具体的な指導には、以下のようなものがある。また、クメラら（2016）や伊藤ら（2010）にも具体的な指導が多数紹介されている。

1)「きつ音」ってどんなもの？

図6-5のワークシートを用いて、吃音の言語症状や態度・感情の特徴を説明する。また、ワークシートにある言語症状や態度・感情の有無を尋ねることで、子どもの言語症状や態度・感情を確認したり、これらの認識を促したりできる。

2)「きつ音」って悪いこと？

吃音が「悪い、いけない、駄目な」ことではないことを伝える。

なお、吃音のある子どもの多くは、吃音で話すことを恥ずかしいと思っている。そのため、「吃音は恥ずかしいことではない」と伝えると、「吃音を恥ずかしい、と思ってはいけない」と捉え、恥ずかしいと思う本心を隠しかねない。そこで、「吃音を恥ずかしい」と思うのは自然な感情で、隠さず周りの人に伝えてよいことをしっかりと伝える必要がある。

3) 声を出して話すときの「からだ」のしくみ

図6-6のワークシートを用いて、①声を出して話すときは、胸とお腹、喉、口と鼻といった発声発語器官を使うこと、②発声発語器官に力が入ると声を出して話しにくくなることを説明する。説明の際は、教師が実演する力を入れた発話と入れない発話の違いを観察する、子ども自身に力を入れた発話と入れない発話で話す体験をしてもらうなど、子どもが実感的に理解できるように工夫する。

第6章　吃音児の支援　117

12 「きつ音」ってどんなもの？

みなさんは、「きつ音」ってことばを、聞いたことがありますか？　ここでは、「きつ音」がどんなものかをお話しします。

きつ音とは、

ことばが　言いにくくて　困ること

です。

ことばが　言いにくい とは、つぎのようなことです。

- ✓ 最初の音をくり返す
    「わ、わ、わたし」
- ✓ 最初の音が伸びる
    「わーーーたし」
- ✓ ことばがつまって出にくい
    「……わたし」

こんなふうになることもあります
- ことばの一部をくり返す（「わた、わたし」）
- ことば全体をくり返す（「わたし、わたし」）
- 余分なことばが入る（「わたし、えいと，」）
- 言い間違える（「わたしの、わたしは」）

困るとは、次のようなことです。

- ✓ 友だちに、変なことを言われたり、からかわれたりする
- ✓ 授業で発表したり、教科書を読んだりできるか心配になる
- ✓ 答えがわかっても、手をあげられない
- ✓ 言いたいことがうまく言えずイライラする
- ✓ 本当は話したいのに、話すことをやめてしまう。
- ✓ 日直や係活動などをするのが嫌になる
- ✓ 健康調べの、「はい、げんきです」の「は」が出なくて、毎日つらい

…他にも　いろいろ　あるよ

図6-5　吃音ってどんなもの？

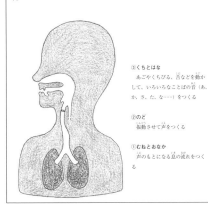

図6-6　声を出して話す時の「からだ」のしくみ

（4）言語症状へのアプローチ

筆者は、言語症状へのアプローチを以下のように捉えている。

① 吃音は「悪い、いけない、駄目な」ことではない。従って、言語症状自体をなくさねばならないとは考えない。
② ただし、子どもの言語症状による困難や発話時の不安・緊張、「言語症状を何とかしたい」いう願いには、きちんと応じる必要がある。
③ 言語症状へのアプローチが、これらを緩和・軽減、あるいは解消する方法として有効である場合は、②に対処する手段の1つとして導入する価値がある。

筆者は、言語症状へのアプローチには、（a）吃音の出にくい発話場面で話す体験を積む、（b）吃音の出にくい発話方法を用いて話す体験を積む、の2種類があると考える。

（a）では、言語症状が出にくい発話場面を設定し、その中で発話する経験を積むことで、力が入らず滑らかに発声発語器官が動く感覚を体感したり、発話への不安や不全感の軽減、発話に対する有能感の増大を図ったりする。

（b）では、流暢性形成法や吃音緩和法、統合的方法などに基づき、子ども一人ひとりにとっての言語症状の出にくい発話方法を探索し、その発話方法を用いて発話する体験を積むことで、言語症状の困難や発話時の不安や緊張に対処する手段の1つを得ることを目指す。

言語症状へのアプローチの具体的な指導には、以下のようなものがある。

1）言語症状が出にくい発話場面の設定

ことばの教室や在籍学級において、言語症状が出にくい発話場面を設定する。言語症状が出にくい発話場面には、**表6-9**にあげたようなものがある。ただし、言語症状が出にくい場面は、子ども一人ひとり異なる。また、同じ子どもでも、言語症状の出にくい場面が変わっていくことがある。そこで、実態把握や毎回の指導時に行なうアンケート（**図6-3、6-4**）の結果に基づき、子ども一人ひとり、あるいはそのたびごとに設定し直す必要がある。

表6-9　吃音の言語症状が出にくい発話場面の例

- 言語症状が出にくい語音や語彙、言い回しで話す
- Yes／Noや選択肢がある質問に答える
- 斜め向かいに座って話す
- 散歩や作業（折り紙を折るなど）をしながら話す
- 言い換え可能な語句（固有名詞や数字、挨拶などの決まった言い回しでない語句）を話す
- 原稿を読む、もしくは原稿なしで話す（子どもにより異なる）

2）斉読読みと影踏み読み

　言語症状が出にくい発話場面である斉読読みや影踏み読みで呼称や音読をする。斉読読みでは、子どもと同じ大きさか少し小さい音量で、子どもと一緒のタイミングで読み合わせる。影踏み読みでは、子どもより小さな声で、子どもより少しタイミングを遅らせて読み合わせる。

3）「ゆっくりゆったり、そっとやわらかく」話すゲーム

　言語症状が出にくい発話方法である「ゆっくりゆったり、そっとやわらかく」話す方法の習得を目指し、以下のようなゲームをする。

①かめさんとうさぎさん

　Ranyan（1993）をアレンジしたゲームで、「ゆっくりゆったりした」発話方法の習得を目指す。「ゆっくりゆったりした」話し方のかめさんと、「はやくあわてた」話し方のうさぎさんになりきって、呼称や音読、質問応答などをする。

②ぬいぐるみとロボット

　見上（2007）をアレンジしたゲームで、「そっとやわらかい」発話方法の習得を目指す。「そっとやわらかい」話し方のぬいぐるみと、「力んだ堅い」話し

方のロボットになりきって、呼称や音読、質問応答などをする。
　③おじいさん・おばあさんの耳
　Ranyan（1993）をアレンジしたゲームで、耳が遠く「はやくあわてた」「力んだ堅い」話し方が聞き取れないおじいさん・おばあさんに伝わるように、「ゆっくりゆったり」「そっとやわらかい」話し方を使って、呼称や音読、質問応答などをする。

（５）作戦会議
　毎日の生活で感じる困難について、教師と共にその対処策を考える。
　作戦会議は、以下のような手順で行なう。

① 困難の概要（いつ？、どこで？、誰が（と）？、何を？、どのように？、どんな気持ち？　など）を教師に伝える
② 困難の対処策について、めあて（なにをしたいか）や具体的な方法（どのようにしたいか）を考える
③ ②で考えた対処策を実施する
④ ③の実施を振り返り、②の対処策を再検討する（以下、③と④を繰り返す）

　作戦会議では、以下の３点に留意する。
　１つは、子どもの困難をきちんと把握することである。そのためには、子どもの困難の訴えをしっかり聴くとともに、必要に応じて、保護者や在籍学級担任などからも情報を得る必要がある。
　２つは、実現可能性のあるめあてを設定することである。子どもの中には、「全くどもらないで話す」など実現可能性が低いめあてを考える子どもがいる。その場合は、例えば、松（一番理想的）、竹（できればこれくらい）、梅（最低限これだけは）の３つのめあてを考えるなど、子どもの考えためあてを尊重しつつも、実現可能性の高いめあての設定に努める。
　３つは、多様で具体的な方法の選択肢を用意することである。困難の対処策には、発話の工夫や態度・感情の転換、周囲の環境への働きかけ、効果的な発

話・コミュニケーション態度や技能の習得といった子ども自身が取り組むことだけでなく、在籍学級担任や保護者の理解や配慮、支援といった周囲の人が取り組むこともある。そこで、具体的な方法を考える際は、子ども自身が取り組むことだけでなく、周囲の人が取り組むことも含めた多様な選択肢を考える（表6-10）。

表6-10　具体的な方法の例

・「おはようございます」の「お」がつまって出ない。在籍学級担任に変に思われないか心配 **子ども** 　・吃音の出にくい発話方法について考えたり練習したりする **在籍学級担任** 　・吃音の不安と闘いながら挨拶をした勇気と努力を認め、褒める 　・元気に大きな声で挨拶をすることを求めない	・クラスメイトにからかわれる **子ども** 　・からかわれたときの対処法を考える（無視をする、「からかうな」と注意する、在籍学級担任や保護者に言うなど） **在籍学級担任** 　・からかう子を注意する 　・朝の会で吃音の説明をする **保護者** 　・子どもの話をよく聞き、受け止める

（6）発話・コミュニケーションの指導

　発話やコミュニケーションの目的は、「どもらないで話す」ことではなく、「気持ちや情報などを相手が了解できるように伝えたり、相互に伝え合ったりする」ことにある。そこで、わかりやすく伝えたり、円滑に相互の伝え合いをしたりするのに必要な、発話・コミュニケーションの態度や技能の習得を目指した指導を行なう。

　発話・コミュニケーションの指導には、以下のようなものがある。また、学習指導要領の国語の内容にある「話すこと・聞くこと」も参考になる。

1）話しやすい、伝わりやすい話し方を考える

　自身の話し方の特徴（発話速度、声の大きさ、抑揚、滑舌など）や、より話しやすい、伝わりやすい話し方の自己洞察を目指す。自身の普段の話し方（「ふつう」の話し方）を確認した後に、例えば、「少し速い」「とても速い」「少し遅い」「と

ても遅い」など「ふつう」と違う話し方で発話する。そして、どの話し方が、より話しやすい、より相手に伝わりやすいかを考える。

2）いろいろな話し方ゲーム

堀（2000）をアレンジしたゲームで、さまざまな話し方で話す楽しさや気持ちよさを経験したり、話し方を工夫することでさまざまな発話表現が可能なことを体感したりすることを目指す。いろいろな話し方（例えば、大きい、小さい、ゆっくり、せかせか、はっきり、ぼそぼそ、やさしい、怒ったなど）で、呼称や音読、質問応答などをする。

3）人前で話すことに挑戦しよう

気持ちや考えを相手にわかりやすく伝える方法を考え実践する体験をしたり、不安や緊張を乗り越え課題を達成することで得られる達成感や自己有能感を体感したりすることを目指す。授業や学級活動の模擬練習、何でも発表（子どもが興味・関心を示していることを発表する）、後述する「（7）グループ活動」の司会などの人前で話す活動に挑戦する中で、わかりやすく発表する方法や不安や緊張への対処法について考えたり、試行したりする。

（7）グループ活動

筆者は、吃音のある子どものグループ活動には、①自分以外の同年代の吃音のある子どもの存在を実感できる、②吃音のある者同士ならではの共感体験が得られる、③言語症状や態度・感情の客観視や自己洞察が促進される、④頑張っている仲間の存在を意識することで毎日の生活への意欲がわく、といった個別指導にはない効能があると考えている（小林, 2014）。

現在ことばの教室などで行なわれているグループ活動は、大きくイベント型と常設型に分けられる。イベント型は、子ども同士が出会うことを主な目的としている。そのため、年に1〜数回程度の開催で、支援の継続性は考慮されないことが多いようである。常設型は、これまで述べてきた吃音のある子どもの支援を行なうことを目的としている。そのため、1ヵ月〜数ヵ月に1回程度の頻度で定期的に開催され、年間計画などに基づき継続した支援が行なわれる。

グループ指導に、ことばの教室で指導を受けたOB、OGや吃音のある人のセルフヘルプ・グループのメンバーがメンター（信頼のできる相談相手）として参加することで、子どもがより深く吃音を理解したり、自身の将来像をイメージしたりするのを支援できる。また、グループ指導の際に、保護者のグループ活動を行なうことも効果的である。

文献
堀彰人（2000）ことばの教室における吃音指導．日本言語障害教育研究会第33回大会資料集，103-110.
伊藤伸二・吃音を生きる子どもに同行する教師の会（2010）吃音ワークブック―どもる子どもの生きぬく力が育つ．解放出版社.
見上昌睦（2007）吃音の進展した幼児に対する直接的言語指導に焦点を当てた治療．音声言語医学，48, 1-8.
小林宏明（2010）学齢期吃音に対する多面的・包括的アプローチ―わが国への適応を視野に入れて―．特殊教育学研究，49, 305-315.
小林宏明（2014）学齢期吃音の指導・支援―ICFに基づいたアセスメントプログラム．改訂第2版．学苑社.
小林宏明（2015）「吃音」に対する心理面も含めた理解と学校現場における対応．実践障害児教育，2014年1月号，20-23.
小林宏明・川合紀宗編（2013）特別支援教育における吃音・流暢性障害のある子どもの理解と支援（シリーズ　きこえとことばの発達と支援）．学苑社.
Runyan, C. M. & Runyan, S. E.（1993）Therapy for School Age Stutterers: An update on the Fluency Rules Program. Curlee, R. F.（Ed.）*Stuttering and Other Disorders in Fluency*. Thieme Medical Publishers, 101-114.
スコット，L編　クメラ，K. A.・リアドン，N.　長澤泰子監訳　中村勝則・坂田善政訳（2015）吃音のある学齢児のためのワークブック―態度と感情への支援．学苑社.

第7章

聴覚障害とその理解

濱田豊彦（東京学芸大学）

1 聞こえがもたらすもの

　動物は常に捕食の連鎖の中にあり、可能な限り早く外敵や獲物の存在を知ることが生存には欠かせないことである。本来、離れたところにいる対象を音（空気などの振動）としていち早く察知する器官として発達したのが、耳（聴覚）ということが言える。しかし、今日われわれの回りにあふれている音は単に捕食の連鎖以上の意味をもっている。車の警笛は危険を教えてくれるし、清流のせせらぎは心に爽快感を呼び覚ます。また、音楽は情緒に働きかけ生活を豊かにしてくれる。なかでもことば（音声）は、コミュニケーションを支え人間が社会生活を営む上で最も重要な音である。コミュニケーションは、意思の伝達はもちろん情緒の安定や知的な発達をも保障するものとなっている。

　それゆえ聴覚の発達は視覚などと比べても早く、胎児は7ヵ月になると音に反応するようになる。新生児が泣いているときに母親の子宮内の音を聞かせると安心して泣き止むことも、胎児はおなかの中にいるときから音を聞いている証拠である。社会的な存在としての人にとって、生まれてすぐに（あるいはその前から）ことばのシャワーを浴びる経験がその後の言語の獲得に関係していくのである。

　それ故、聴覚からの情報入力に制限のある聴覚障害児は、単に音声によるコミュニケーションに困難があるにとどまらず、言語獲得やそのことをベースに行なわれる知識の拡大、社会性の習得などにも影響を受けることになるのである。

2 耳の仕組みと難聴

(1) 聴覚器の仕組み

音が脳に届くまでの仕組みは、音の振動を伝える「伝音系」と、その振動が神経を伝わる電気信号に変換され伝わる「感音系」に大別される（図7-1）。

伝音系は「外耳」と「中耳」から構成され、耳介で集められた音は外耳道を通って鼓膜に届く。音は空気の分子の密度が高い部分と低い部分を繰り返す疎密波であるために、鼓膜を前後に動かす振動を生じさせる。ところで、われわれはトンネルや洞窟の中で普段より声を大きく感じることがあるが、これはトンネルが共鳴器となり特定の周波数成分が増幅されるからである。外耳道も空洞であるので共鳴器の働きをもち2000〜4000Hzの音が増幅され（外耳道共鳴）、その結果、音圧の小さい［ʃ］［t］などの無声子音の成分が増幅され聞き分けやすくなっているのである。

音を脳に届けるためには神経を通る電気信号に切り替える必要がある。そのための器官である内耳はリンパ液で満たされており、液体の振動を電気信号に切り替える仕組みになっている。ところが、密度の小さい媒質（気体）から大

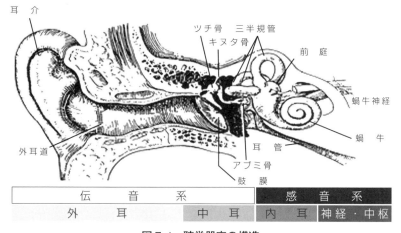

図7-1　聴覚器官の構造

きい媒質（液体）に伝わる際には反射が起き、振動が小さくなってしまう（60dBの減衰）。水生生物が陸上生活に適応する進化のプロセスの中で、この伝達のロスを防ぐために誕生したのが中耳である。中耳は鼓膜と耳小骨からなり効率よく内耳に振動を伝えている。

　神経を伝わる信号を伝える感音系は「内耳」および内耳から脳までの「後迷路」からなる。内耳は平衡機能を司る前庭と聴覚を担当する蝸牛に分かれるが、中耳の耳小骨より伝わった振動が蝸牛内のリンパ液を振動させることで感覚受容器である有毛細胞が興奮をし、神経にパルス（電気信号）を生じさせる。その信号が聴神経や脳幹を通って最終的に大脳の側頭葉に送られるのである。

（2）3つの難聴

　外耳から聴覚中枢にいたるまでの聴覚経路の中でどの部位が損傷をうけても聴覚障害は生じる。そして、いずれの部位が損傷を受けたかによって障害像が異なり、そこで必要とされる教育上・医療上の対応も異なる。

　難聴の分類法には、程度によるもの（軽度難聴、高度難聴など）、原因によるもの（薬物性難聴、騒音性難聴など）、発症時期や聴力型などさまざまにあるが、最も一般的に用いられているのが、聴覚のどこが障害を受けているのかによる分類である。伝音系に原因があるものを伝音難聴、感音系に原因があるものを感音難聴、そしてその両方に原因のあるものを混合難聴という。

　伝音難聴の主たる原因は耳垢栓塞や中耳炎、耳小骨離断などである。音の振動が伝わりにくくなるために音が小さくしか聞こえなくなるが、神経の障害はないので補聴器などで音を増幅すると比較的よく聞き取れる。また、医学的に治療が可能なものが多い。

　それに対して、感音難聴は単に音が小さく聞こえるだけでなく、わずかな音圧の変化にも過敏に反応（うるさく感じる：補充現象）したり、最も聞きやすい音圧に増幅しても明瞭度が上がらないなどの特徴があり、補聴器を装用しても感音系の障害の程度によって不明瞭で聞き取れないことが少なくない。また、神経系の障害であるために医療による改善も伝音難聴に比べると限定的である。

　混合難聴は、伝音系にも感音系にも障害がある場合で、同じ聴力レベルの場

合は、聴取弁別力は感音難聴と伝音難聴の間に来ることが多い。

(3) 聞こえの評価
　標準聴力検査の結果はオージオグラム（図7-2）で示される。オージオグラムの縦軸は音の大きさ（単位はデシベル（dB））を、横軸は音の高さ（単位はヘルツ（Hz））を表す。周波数ごとの聴力レベルを右耳は○で、左耳は×で表記する。通常難聴の程度は左右それぞれ平均聴力レベルで示されることが多く、学校教育法や身体障害者手帳の等級には4分法による平均聴力レベル[1]が用いられる。

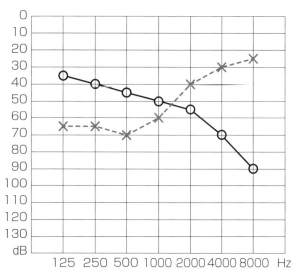

図7-2　オージオグラム

---

1) 平均聴力レベル
　　500Hzの聴力レベルがa、1000Hzがb、2000Hzがcのとき、下記の式で算出される
$$\frac{a + 2b + c}{4}$$

3　聴覚活用の発達

（1）聴覚活用とは

　「音が聞こえる」ということと「音を聞き取る」ということは異なる。例えば、飼い主の乗っている自動車の音が聞こえてくると玄関に迎えに出るイヌがいるが、これは自動車の音の有無を単に判断しているだけではない。さまざまな音の中から飼い主の自動車の音を区別して聞き分け、その音に対して「飼い主が帰って来た」という"知識や情報"が付加されて、はじめて迎えに出るという行動に結び付くのである。このように「音を聞き取る」という行為は、後天的な音を聞く経験（学習）によって形成される。

　生活音だけでなくわれわれが使用する音声言語（語音）の聞き取りも、後天的な経験の影響を受けている。例えば、日本人の多くは英語のＬとＲの音の聞き分けが苦手であるが、それはいずれも日本語の語音の「ラ行音」と聞き取ってしまうためである。音声を物理的に分析してみると、性別や年齢によって日本語の「ラ」でも個人差がある。異なる音を同じ「ラ」と捉えるということは「ラ」という音に対して一定の広さをもったカテゴリーを聞き手が頭の中にもっているということである。すなわち、私たちは音声をカテゴリー分けして聞き取っているのである（カテゴリー弁別）。このカテゴリーは各言語に特有のもので音韻という。

　私たちは日本語に触れる（耳から聞く）ことを通して自然と日本語の音韻体系を身につけている。ところが言語獲得前から重い聴覚障害をもつ幼児はどうだろうか。聴覚障害のために音声を聞き分ける生理学的な機能にも制限がある上に、補聴器や人工内耳を装用しなければ、耳からことばを聞くという経験そのものを欠いてしまうことになる。このために、補聴器をはじめて装用したときは音や声が「聞こえた」としても、それを「聞き分け」たり「聞き取る」ことは困難なのである。ことばの聞き取りをはじめ、音を聞き取って自らの生活に役立つ"知識"をそこから得る能力のことを「聴覚活用」という。そしてこの「聴覚活用」は後天的な学習によって形成されていく能力である。聴覚障害児に補聴器の装用を行なう際の重要な目的の１つは、聴覚活用能力の形成を促

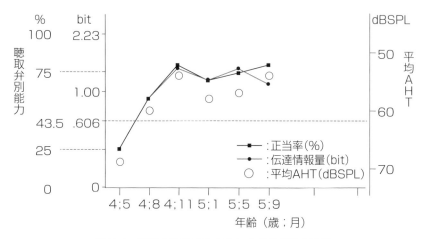

図7-3 利得を改善することによる弁別能の変化

し、それによって可能な限り言語獲得に寄与するということなのである。

　図7-3は、ハウリングのために十分な利得を得られず、語音聴取検査で無作為反応のレベルであった聴覚障害児の語音弁別力の変化を示したものである。イヤモールドを交換しハウリングを防いで利得を上げたあとは同じ閾値上の音圧で提示した語音に対して聞き分ける力がついてきていることがわかる（濱田，1987）。

（2）聴覚障害児の音韻意識の発達

　読み書きの前提として、一定の音韻を単語の中から抽出したり、語の音韻構造を分析したりする能力が話しことばの段階で準備されてくることが必要であるとされている。このように音の連鎖からなる話しことばの（意味的な側面ではなく）音韻的な側面に注目し、音韻構造を把握し、その中の音韻的な単位に気付き、操作する能力を音韻意識と言い、その形成は読み書きの力を習得するには欠かせない。この音韻意識は音声を聴取する経験を通じ自生的に獲得されていく。音韻意識の発達について、天野（1970）は聴児を対象に音韻分解課題を行ない、自然条件下で、日本語の基本的音節を分解できる概略的年齢は4歳

半であると示している。また、原（2001）は音韻分解・抽出が可能となる年齢以降の音韻意識の発達を調査し、就学前の年長児の1年間に音削除・逆唱課題の遂行能力が大きく伸びていることから、音韻意識は就学前に特別な指導を受けることなく自生的に形成されることを示している。これらの研究から聴児においては、音韻意識は介入がなくても自然に形成されていくと言える。

　これに対し、斎藤（1978）は聴覚障害児の音韻分解行為の特徴について検討し、その結果、聴児と比較して遅れるが、直音については6歳台から7歳台にかけて、ほぼ全員が正しく音節分解できるようになると示した。また、近藤（2011）は聴児に比べて発達の仕方は緩慢ではあるが、4歳前半頃から6歳後半にかけて聴覚障害児の音韻分解能力が発達することを示し、発達し始める時期は聴児と変わらないことを指摘している。本来、音韻は音声と切り離して考えることができないが、このように、音声入力に制限がある聴覚障害児も音韻意識が形成されることがわかっている。

　図7-4 は最重度の聴覚障害で手話でコミュニケーションを行なっている児童の音韻分解と指文字、仮名文字書字の発達を見たものである。音韻意識の発

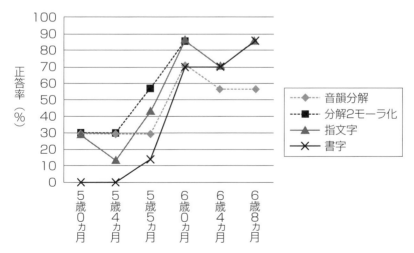

図7-4　最重度の聴覚障害児の音韻分解と指文字、仮名文字書字の発達

達を表す音韻分解課題と指文字の成績が先行してその後仮名文字表記が発達することが示されている。このことは、重度の聴力障害があっても、音には依存しない形で言語の分節単位としての音韻をメタ的に意識する能力が発達することを示している（近藤, 2011）。

4　聴覚障害が発達にもたらす影響

(1) 言語獲得

　われわれは耳からさまざまな情報を得ている。聞こえないことは単にコミュニケーションに不自由するということばかりでなく、子どもの発達に大きな影響を及ぼす。その最たるものが言語獲得であり、それに付随してくる情緒の安定や知識の拡充、心理社会学的な問題である。

　言語獲得というときの言語は「自然言語」といわれるもので、広辞苑には「人が特別な訓練なしに自然に習得し使用する言語」と記されている。われわれがすでに獲得し使用している日本語や英語圏の人にとっての英語（手話の環境で育った人の日本手話）などが自然言語ということになる。

> ① 兄　は　帰ったら　宿題をやります
> ② 兄　が　帰ったら　宿題をやります

　上の例文で考えてみると、①では宿題をするのは兄であり、②では話し手などの兄以外の人であることが日本語を獲得している者には容易に判断できる。しかし、なぜ助詞「は」のときには行為者を兄と判断し、「が」のときは兄以外の者と判断したのか説明を求められると多くの人は回答に窮するであろう。このことは、われわれが日本語を意図的に学習をして身につけたわけではないことの証である。われわれの言語の獲得や運用は意識に上らないままに行なわれており、「学習では説明できない無意識的な言語ルールの獲得」こそが言語獲得の本質ということができるのである。それ故、習ったことのない新しい語彙に出会ったときにも獲得している言語ルールを活用することができるし、どんなに長い文でも生み出すことができるのである。

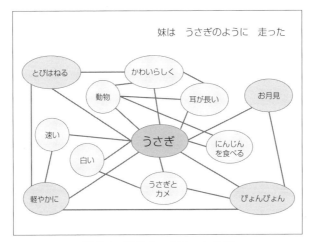

図7-5　意味ネットワークの例

　言語獲得の条件は（1）言語を運用できるだけの知的能力があり、（2）周囲にその言語を用いる人がおり、（3）その言語を聞くこと（手話であれば見ること）ができるということの3つだけである。聞こえてさえいれば自然に獲得される能力を、聴覚障害児は聞こえないために、それらを意図的に学習しなければならないのである。

　また、「妹はウサギのように走った」という文を理解するためには、「ウサギ」ということばから単に兎という動物を想起させるだけでなく、「跳ねる」「素早い」などのウサギの特徴を表すことばが同時に想起されないと正しい理解は得られない（**図7-5**）。聴覚活用ができているとされる比較的難聴の軽い者でも、聴覚障害があると日常経験の中でことばを受容する（聞く）ことが少ないために、経験から得た知識とことばが結びつきにくい。そのため、語彙の意味ネットワークがせまく、ことばからイメージを広げることに苦手さをもつことも少なくない。文法だけでなく語彙力の拡充なども言語獲得上の課題となっている。

(2) 社会性の形成

　言語獲得には狭い意味での日本語の獲得（書きことばの習得）という側面とコミュニケーションの道具としての言語の獲得という2つの側面がある（**図7-6**）。コミュニケーションの確立が阻害されると親子の心理的交流がうまく図れず、情緒の安定を欠く原因となったり、同世代の子どもの集団に参加することが困難になることから、ルールのある遊びや子ども同士の葛藤（けんかなど）を通して無意図的に獲得できるはずであった社会性の発達が阻害されることがしばしば生じる。特に集団参加が阻害されると、勝ち負けに強くこだわりをもったり、自分勝手なルールを相手におしつけてしまったり、状況に応じたさまざまな役割を主体的に果たすことが苦手だったりといった課題を中等教育段階以降になっても持ち続けてしまうことがある。

　いかにスムーズに同世代の集団の中に参加させることができるかを考えるときに重要なことは、子どもの集団の選択肢に聴児の集団だけでなく聞こえない子どもたちの集団もあるということである。個々の子どもにとって対等に関われる集団の確保という観点は、社会性の発達を含め全人格的な成長を考えるときに重要である。

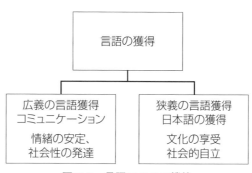

図7-6　言語の2つの機能

5　障害認識と障害受容

　言語獲得と並んで、早期から聴覚障害者にとって重要な課題となるのが障害認識と呼ばれる障害の受け止めの問題である。人生半ばで難聴になった中途失聴・難聴者（以下、中途難聴者）の場合は、「聞こえていた自分」から「聞こえなくなった自分」への渡りを経験する。「聞こえない自分を当たり前の自分」として受け止めていく過程には何らかの喪失感を経験し精神的にも苦しい思いをする。このプロセスを「障害受容」という。

　それに対して、生まれつきまたは幼児期から聴覚障害がある場合は、中途難聴者のような聞こえない自分への渡りに伴う心理的葛藤はない。しかしこのことは逆にいうと「聞こえる世界を知らない」ということでもある。私たちの暮らすこの社会は圧倒的に聞こえている人が多い。大多数が聞こえているこの社会（聞こえると便利な社会）で暮らすためには、聞こえないために生じる不利益を聴覚障害児自身が認識し、改善する方法を学ぶ必要がある。このことを「障害認識」と呼ぶ。

　就学前から90dB以上（平均100dB台）の重い難聴があった成人104人（聾群とする）と90dB未満（平均70dB台）の111人（難聴群）に実施した障害認識に関するアンケート調査によると「自己の障害のことで、とても悩んだことがあるか？」の質問に対して、「はい」とする回答が聾群で74％、難聴群で69％と両群とも多くの者が悩んだ経験をもつことが示された。「とても悩んだ」と回答した者に対してその時期について尋ねたところ、聾群は中学時代にピークがありその後悩んでいるものの数は減少していたのに対して、難聴群は青年後期になっても「とても悩んでいる」としている者が多かった（図7-7）。

　また、「悩んだ事柄」に関する質問では、いずれの群もコミュニケーションを挙げているものが一番多かった。コミュニケーションの悩みの中には聞き取れないことに関するものもあるが、「自分の声に自信がもてなくなって恥に思うこともあった」など発声発話に関わる悩みも多くみられた。「障害の受けとめ」に関して悩んだとする割合は聾群が10％弱であったのに対して難聴群は20％弱と約2倍に上った。難聴群の自由記述には「自分が聞こえないという

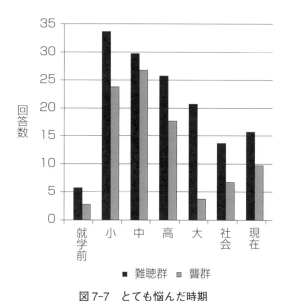

図 7-7　とても悩んだ時期

自覚がなく、周りも同じだと思っていたので、そのことが勘違いだと知り、どうすればよいのかわからなくなった」「手話を使うことに抵抗があり、手話を使う友人と交流ができなかった」「なぜ聞こえないのか、なぜ障害を受け入れられないのか」といった切実な内容が異口同音に記されていた。

　悩みを乗り越えたきっかけに関する質問では、(周囲から)協力を得ることができた経験を挙げる者が一番多く、同障者や手話との出会いを挙げたものも多かった。「難聴の友達を学外に作り、交流を深めることで乗り越えた」「手話を始めたことで聾者と自覚することができた」などの回答があった。親の支えでは、「母が自分以上に、(自分の聴覚障害のことで)苦しんでいたのがわかったとき」との回答があった。いずれにしても「ひとりの大切な人として受けとめてもらえた経験」が悩みを解決していく糸口になっていることが示された。しかし一方、「いまだに十分には乗り越えていない」とした回答もあり、聞こえる人たちの中で自分らしく生きることの難しさがうかがえる。

　障害認識をはぐくむ1つの条件が保護者の障害の受け止めである。保護者

が「聞こえないことは良くないこと、恥ずかしいこと」という思いで子育てをしていたのでは、子どもは自分の障害のことを（他者からも自らも）隠してしまい、正面から受けとめる機会を失ってしまう。「聞こえないからもう一度言って」「紙に書いて」の一言が言えない。手話を使うことを極端に嫌がり同障の仲間からも孤立してしまうのである。

　障害のある子どもを当たり前のわが子と受け止める際には保護者は障害受容の過程を経験することになる。保護者への障害受容支援が子どもの障害認識を深めるための必要条件となっている。言語獲得や円滑なコミュニケーション環境、そして保護者へ支援体制を整えるためには早期からの教育的介入が必要である。他の障害を担当する特別支援学校に比して、聴覚特別支援学校で幼稚部や乳幼児教育相談など早期教育が充実しているのは、このことに由来している。

文献
天野清（1970）語の音韻の分析行為の形成とかな文字の読みの学習．教育心理学，18(2)，76-89.
長南浩人（2006）聴覚障害児の音韻意識の発達とコミュニケーション手段—キュードスピーチと指文字について—．聴覚言語障害，35(3)，109-118.
聴覚言語障害科（1981）中途失聴者に対するコミュニケーション指導．東京都心身障害者福祉センター研究報告集(12)，55-73.
聴覚障害児・者の聴覚活用を考える会（2004）早期より聴覚を活用した聴覚障害者の実態に関する調査研究．財団法人みずほ福祉助成財団研究代表大沼直紀.
濵田豊彦，間根山祥行（2007）早期から聴覚を活用した教育を受けた聴覚障害者の自己肯定感に関する研究—当事者とその保護者へのアンケート調査を通じて—．ろう教育科学，49(2)，21-39.
原恵子（2003）子どもの音韻障害と音韻意識．コミュニケーション障害学，20(2)，98-102.
近藤史野（2010）聴覚障害児の指文字の成立とその模倣に関する一研究．東京学芸大学総合教育科学系Ⅰ，61，409-415.
近藤史野，濵田豊彦（2011）補聴効果の得られない聴覚障害幼児の音韻意識と文字の習得—1事例の発達を通しての検討—．日本特殊教育学会第49回大会発表論文集，350.

南雲直二（1998）障害受容―意味論からの問い．荘道社．
渡部杏菜・濵田豊彦（2015）聴覚障害幼児の数操作能力と音韻意識の発達に関する検討．特殊教育学研究，53(1), 25-34．

第8章

聴覚障害児の支援

澤　隆史（東京学芸大学）

1　はじめに

　2007年（平成19年）の特別支援教育制度への移行とともに、わが国でもインクルーシブ教育の考え方が徐々に広まってきている。聴覚障害児においても通常学校に在籍しながら、通級による指導を受けている子どもの数は年々増加傾向にある（文部科学省, 2016）。聴覚障害児の「教育の場」は特別支援学校（聾学校）、特別支援学級（難聴学級）、通級指導教室（聞こえの教室）など多岐に渡るが、ここでは聞こえの教室や難聴学級における学齢期の聴覚障害児に対する支援を中心に、その概要について述べる。

2　支援の内容と構造

　聞こえの教室や難聴学級における聴覚障害児への支援は、直接的支援と間接的支援に大別される。直接的支援では、個々の子どもに対して聴覚管理や聴覚活用、言語発達、コミュニケーション、障害認識、対人関係や社会性などに関する「自立活動」的な指導を行なう。また在籍学級での進度にあわせて、教科学習に関する補助的な指導を行うことも多い。一方、間接的支援では児童が在籍する学級での音環境の調整、他の子どもへの障害理解啓発、情報保障体制の整備、保護者や家族への支援、聴覚障害児の集団づくりなどが主な内容となる。直接的支援は、基本的に**図8-1**に示したようなPDCA（Plan-Do-Check-Act）

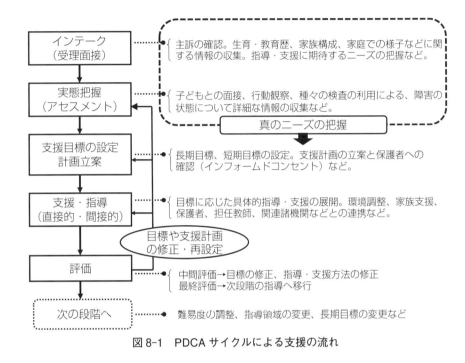

図 8-1　PDCA サイクルによる支援の流れ

サイクルによって計画的に進められ（澤，2011）、一人ひとりの子どもについて「個別の指導計画」を作成し、発達段階に応じたきめ細かい支援を行なうことが求められる。

3　受理面接から実態把握へ

（1）受理面接（インテーク）

　児童期の子どもの状態は、乳幼児期の育ちの過程を反映している。近年では、新生児聴覚スクリーニングの普及に伴って障害の発見時期が早まっており、乳幼児期における療育・教育機関への関わり方も複雑で、保護者の意識も多様かつ変化が大きい。それ故、児童期の支援に際して保護者からの情報収集は欠かすことができない。

表8-1に、受理面接で収集すべき情報の例を示した。面接では、できるだけ正確で詳細な情報を得ることが目的となるため、保護者の記憶が曖昧な場合も想定して母子手帳や医学的な検査結果（オージオグラムなど）の持参を依頼するなどの事前対応が必要となる。一方で、詳細な情報を求め（過ぎ）ることは保護者に対して過度な負担や不安を与えることにもつながりかねない。その時々の保護者の心理状態に配慮して受容的態度で接することや、面接の日程や時間を調整するといった柔軟な対応が求められる。

情報収集において大切なことは、保護者の語ることばや観察される様子から、障害受容や心理状態、子どもへの思いなどを推察することである。面接から得られる情報には、子どもの発育に伴う保護者の心理状態が反映されている。それ故、保護者の子育てに対する不安や期待などによって、育児の経過や現在の子どもの状態についての捉え方に偏りが生じ、客観的な情報が得られにくいこともある。保護者の語ることばを受け止めながら、「なぜ、その時期に障害が発見されたのか？」「なぜ、その療育機関を選択したのか（しなかったの

表 8-1　受理面接において収集する情報の例

主な質問項目	質問内容の例
主訴	最も気になること、希望する支援の内容、将来の子ども像・進路
妊娠中、出産時の状況	妊娠中の様子、出産日、出産時の様子、出生身長・体重
発育の過程	寝返り、定頸、喃語、始語、始歩の時期
障害への気付き・発見	いつ頃・どのような経緯で気付いたか？ 医療機関での検査内容、検査結果、診断の経緯
医学的診断・対応	原因、診断名、症候群、合併症、重複障害、投薬の有無 補聴の開始時期、補聴機器の設定
療育・教育の過程	いつ頃、どのような場で、どのような支援を受けたか？ その支援に対し、どのような印象を抱いているか？
家庭での状況	家族構成、家族の障害の有無、生活時間、生活の状況
教室に来た経緯・理由	どこで、どのように情報を得たか？ 他にどんな教育機関を尋ねたか？
その他	面接時の様子（体の様子、発言の内容、精神面）

か)?」といった視点で情報を吟味し、「保護者の思い」と「客観的な事実」を整理することが重要である。

(2) 実態把握の観点と方法

実態把握の方法には、観察や面接を通じて子どもの状態を直接的に見立てる方法と、検査などを用いて数値化するなどの客観的な評価方法がある。観察や面接において把握すべきポイントをまとめて、**表8-2**に示した。観察や面接において最も重要な点は、受容的態度で接する中で子どもの「ニュートラルな状態」を引き出すことである。特に初めて会う子どもの場合、緊張感が強いことで話が十分に聞き出せないことも少なくない。一方でリラックスしすぎてしまうことも、正しい情報を引き出す上では好ましくない。適度な緊張と安心を保ちながら、普段通りの子どもの様子が現れるようなやりとりの工夫が求められる。観察や面接では、**表8-2**に示したような観点から子どもを分析的に把握し、実態に関する仮説をたてること(見立て)が重要であり、仮説に応じて検査などを利用してさらに掘り下げた実態把握を行なうことになる。

聴覚障害児に対するアセスメントの際に使用される代表的な検査法を、**表**

表8-2 観察などによる実態把握の観点と例

主な観点	具体的内容の例
生活の様子	1日の過ごし方(起床・就寝時間、食事の時間、遊びなど)
身体の様子	身体の成長(体の大きさ、力など) 身体の動き(利き手、動きのなめらかさ、落ち着き、緊張度など)
ことば・コミュニケーション	ことば遣い(声の大きさ、ことばの流暢さ、話し方の特徴など) ことばの理解度(文字、語彙、文、文章レベルの読み書きなど) 集中力(会話の持続、視線など)
思考・知識	学習の状況(勉強の得意・不得意など) 思考力(論理的思考、抽象的思考など) 知識(日常生活における知識、常識など)
対人・社会性	人間関係(友人関係、家族関係など) 社会的知識(生活のルール、学校生活の様子など)

表8-3 アセスメントで使用される検査の例

評価領域	検査の例
発達全般	新版K式発達検査など
言語・コミュニケーション	ITPA言語学習能力診断検査、LCスケール、LCSAなど
語彙力	PVT-R、標準抽象語理解力検査（SCTAW）、日本語マッカーサー乳幼児言語発達質問紙（語と文法）、J.coss日本語理解テストなど
統語力	日本語能力試験、J.coss日本語理解テスト、新版 構文検査－小児版（STC）など
読み・書き能力	読書力検査（リーディングテスト）、多層指導モデルMIM読みのアセスメント・指導パッケージ、小学生の読み書きスクリーニング検査（STRAW）など
認知能力・知能検査	ウェクスラー式検査（WPPSI、WISC、WAIS）、K-ABC、DN-CAS、田中ビネー検査、レーヴン色彩マトリックス検査（RCPM）など
その他	社会生活能力：SM式社会生活能力検査 視知覚機能：フロスティッグ視知覚発達検査

8-3に示した。表8-3に示した種々の検査は、それぞれ評価対象としている領域（ドメイン）が異なっており、評価の前提となる理論や解答方法、成績の表示方法にも違いがある（例えば、指数、評価点、偏差値、パーセンタイル順位など）。これらの検査は、受理面接や子どもの観察などから得られた情報を元に、掘り下げた評価が必要な領域に応じて選択される。エビデンスに基づく支援が重視される今日では、各領域に対応した検査を複数用いて評価する場合も少なくないが、あまり多くの検査を行なうことは実施に要する時間を考慮しても好ましくない。実態把握において必要十分な検査を確定することは難しいが、やみくもに多くの検査を行なうよりも、検査結果を丁寧に分析して指導目標の設定に役立てることを優先すべきであろう。

標準化された検査は、その多くが音声教示によって実施することを前提としているが、聴覚障害児に対しては教示方法の工夫が求められる場合もある。音声教示での実施が難しい事例では、文字教示や手話・指文字などの視覚的コ

ミュニケーション手段を用いることもある。このような教示方法の変更は検査結果にも影響を与えるため、結果の解釈にあたっては観察などによって得られた情報も踏まえて慎重に行なう必要がある。

4　支援目標の設定

　支援の目標は半年から1年程度の指導期間を想定した長期目標と、長期目標を達成するための短期目標から構成される。これらの目標は支援の具体的な内容や方法とともに「個別の支援計画」や「年間指導計画」として作成され、保護者への説明と同意（インフォームドコンセント）を経て、実際の支援へと移行していく。支援目標は、領域ごとの子どもの発達段階、学校や家庭での生活状況、子どもの年齢、保護者のニーズなどを総合的に考慮し、現状の子どもの生活にとって必要性の高い領域、発達を促進する上で最も有益である領域を優先して設定される。

　目標設定において重要なことは保護者のニーズと子どもの実態とを照合し、子どもの「真のニーズ」を見いだすことにある。すなわち、受理面接などで得た「過去の情報」と実態把握による「現在の情報」から子どもの育ちの過程を追い、この先の発達・成長にとってどんな力を育てることが必要かを吟味することである。その際、保護者からの情報や子どもの実態の捉え方は指導者によって異なることが想定されるため、目標設定は必ず複数の指導者からなるチームによって行なわなければならない。

5　支援における観点と方法

（1）言語発達への支援
1）聴覚活用・聴覚管理

　聴覚活用には音の検出（音があるかないか）、弁別（音が同じか違うか）、識別（どんな音か）、理解（何を表す音か）といったレベルがあり、聞こえの発達に応じて学習対象となるレベルも異なる。しかし言語発達を促進する上では、各々のレ

ベルに特化した訓練というよりも、やりとりの中で音を意味と結びつける学習が有効である。子どもにとって意味のある活動や整合性のある文脈の中で、音を聞き分け、理解する力を育てながら日常生活や学習場面での聴覚活用を促す必要がある。特に近年では、補聴器の機能向上や人工内耳の普及に伴って、聴覚活用への可能性は広がっており、自然なコミュニケーションの中で聴覚学習を進めることが効果的である（中村，2015）。

　聴覚を有効に活用する上では、日常的に良好な聞こえを保証する必要がある。そのため補聴機器が正しく作動しているか、聴力に応じた調整がなされているかを確認するなど、聞こえの状態に常に配慮しなければならない。補聴機器の取り扱い、電池のチェックや交換、状況に応じたボリューム調整などについて低学年の段階から意識させ、最終的には自己管理ができるまで指導を行なう。デジタル補聴器や人工内耳の調整には特別な機器や技術が必要であり、聞こえの教室などで対応するのは難しいのが現状である。それ故、医療機関などとの連携を通じて、補聴機器の特性やフィッティング状態に関する正確な情報を把握することが求められる。また児童期から青年期にかけては聴力が変動することも少なくないため、裸耳での聴力検査、補聴機器を装用した状態での音場聴力検査や語音聴取に関する検査（語音聴力検査や明瞭度検査など）を行ない、定期的に聞こえの状態を確認することも大切である。

2）発音・発語

　発音や発語の明瞭さは聞こえの能力と密接に関連しており、話す力を伸ばすためには聴覚学習の積み上げが必須となる。さまざまな補聴機器、とりわけ人工内耳を通じた聞き取りは子どもの発音・発語の力を高める上で大きな効果を発揮する。一方で、話す力の発達には聴覚障害の程度、幼少期からの補聴状態、聴覚学習の程度、コミュニケーション環境などが関与するため、個人差が大きくある程度の限界もある。それ故、発音・発語の力を高めるためには子どもの能力に応じた意図的な発音指導が必要となる。聴覚障害児に対する発音指導の原理は構音障害児に対する指導と基本的に同様であり、それぞれの音韻を正しく発音するための調音点や調音様式を習得させることにある。ただし、聴覚障害児の場合は聴覚フィードバックが難しいため、視覚や触覚などの感覚を

積極的に利用して、発音器官の形や動きを体得させることが必要となる。

　発音指導では、はじめに構音検査によって各音の発音における誤り（置換、省略、歪みなど）の特徴を分析する。そして誤りの一貫性が強い音（常に同じように誤る音）を中心として、誤った音を生じさせる調音運動の特徴を同定し、正しい発音を引き出すための矯正を行なう。そのため指導者は発音器官の動きと発せられる音との関連について、音声学や音韻論に基づき体系的に熟知しておく必要がある。ただし単語や文などの発話では、隣接する音などの影響によって単音のみを発する場合とは調音運動も異なり複雑になる（前川, 1998）。それ故、一つひとつの音について正確な発音を追求するよりも、単語や文の形で話したとき相手が理解できるような発話の力を習得させることが現実的である。

　また聴覚障害児にとって、アクセントやイントネーションなどの韻律情報（プロソディー）の使い分けは難しい。韻律情報は発音におけるストレス（強度）、ピッチ（高さ）、ポーズ（時間）の違いによるものであり、例えば日本語のアクセントやイントネーションは主にピッチの変化によって表現される（前川, 1998）。聴覚障害児においてはピッチの過剰な変化、ストレスやポーズの強調などによってイントネーションを表現する例もあるが、この場合、韻律的な歪みを矯正するというよりも、その子なりの方法で韻律的に話し分けようとする意識を育てることを重視すべきだろう。

　発音指導は基本的に繰り返しの練習を要求するため、モチベーションを維持することの難しさがある。そのため、個々の子どもに応じた目標を定め、楽しみながら続けられるような支援が求められる。また子どもの発音の誤りや歪みには保護者の意識が向けられやすく、支援のニーズも強くなりがちである。話す力の必要度は子どもの成長過程で変化すること、それ故、長期的な視点に立った習得が必要であることなどを保護者に理解してもらうことも大切である。

　3）音韻意識・文字

　学齢期に入ると教科書を用いた学習が中心となり、音声言語から文字言語への移行が大きな課題となる。音韻意識とは語の中の音韻の単位に気付き、それらを操作する能力であり、文字習得と相互に関連しながら発達する（高橋,

2001)。聴覚障害による音の聞き分けや発音の困難は、音韻意識の形成や文字の習得にも影響を与える可能性がある（斎藤, 1978；谷本, 2003）。音韻意識については、聴覚・発音・文字（あるいは指文字）の組み合わせによって獲得を促す支援が必要であり、聴覚学習を通じて集中して聞く習慣を身につけること、発音指導の中で音韻の単位を意識させること、文字単語と照合して音韻の単位を確認することなどの方法が有効である。特に長音や促音、撥音といった特殊音節を含む語では音と文字の照合が難しいため、言語指導全般を通じて音韻と文字の対応を確認することが必須になる。

4）語彙

語彙は生後1歳前後から獲得が始まり、爆発的に増加する時期を経て（小林, 2008）、小学校入学頃には数千語に達すると言われる。また学校入学後は教科学習や読書を通じて、豊富な語彙を習得していく。「語彙が豊富である」ことには、①たくさんの語彙を知っていることと、②語と語の結びつきが多様であることの両方が含まれる。聴覚障害児の語彙については、語彙数の不足や意味理解の誤りなどがしばしば指摘されており（石川・澤, 2009；左藤・四日市, 2000）、①と②のいずれの面でも特別な支援が必要である。①の点については、語彙のインプット量をできるだけ増やすことが重要である。例えば、「自動車」は車体全体を表す語であるが、さまざまな部位（ハンドル、タイヤ、ドアなど）から構成され、さまざまな種類（トラック、バス、タクシーなど）があることなど、関連してインプットできる語がたくさんある。1つの語をきっかけとして、関連する語をあわせてインプットするやりとりが必要となる。②の点については、①の観点と共通するが、事物や事象をさまざまな角度から捉え、1つの語を多様な場面で使い分ける経験を積ませることが重要である。語と語との関係をモデル化する際、「ネットワーク」と「カテゴリ」という2つの表し方がある。ネットワークとは、ある語と関係する語とが結びついた網目状の広がりを表し、意味、統語、音韻などのさまざまな関係によって複雑なネットワークが形成されていく。一方、カテゴリとは、同じような意味や種類の語を1つの概念（語）でまとめたグループを表す。カテゴリは"上位－下位カテゴリ（例：動物－鳥－ハト）"、"特徴カテゴリ（例：赤い－リンゴ、ポスト…）"、"目標導出カテ

ゴリ（例：お年玉で買う物－ゲーム、洋服、バット…）"といったように観点に応じて変化する柔軟な概念である（Barsalou, 1983）。ネットワークとカテゴリのいずれの見方からも、語と語（概念と概念）の関係について多角的な視点から捉える力を培うことが強調される。

　身の回りにある事物を表す名詞や具体的な動作を表す動詞、物理的属性（色や形など）を表す形容詞などは、語と意味の対応や語と語の関係がわかりやすく、具体物や絵カードなど用いた指導も行ないやすい。一方で、意味をことばで説明しなければならない抽象語は、聴覚障害児にとって最も習得が難しい。抽象語の理解については、意味の説明や辞書調べといった方法とともに、文に埋め込んで使用例を示すことが効果的である。例えば、「要求」の意味を「必要である、当然であるとして強く求めること（広辞苑）」と説明するよりも、「6年生になったので、おこづかいをあげてほしいと要求した」のように、子どもの経験を踏まえて例示することで意味と使い方をあわせた理解が促される。文で例示する方法は意味の類似した語（例：うれしい－楽しい－面白い）や、反意語（例：集中－分散）を使い分ける学習でも有効である。

　語彙の習得は生涯を通じて行なわれ、定められた時間の中で指導することには相応の限界がある。学習を進める上で必要な基本的語彙を習得した後は、調べ学習や読書を通じて自発的に語彙習得が進められるような習慣を付けることが必要である。また聴覚障害児においては、理解している語彙と欠落している語彙の差異が大きいことも度々指摘される。生活に身近な語彙でも理解していない場合があるので、時に応じて理解の確認を行なうことを忘れてはいけない。

　5）統語（文法）

　文の統語的理解すなわち文法理解は、語彙の習得と同様に聴覚障害児にとって大きな課題である。特に格助詞の理解や使用について苦手としている子どもは多く、「が」「を」「に」「で」などの混同や誤りが生じる例も少なくない（伊藤, 1998；澤, 2010）。助詞は音声で発せられるとき、持続時間が短く弱い音となり、省略されることも多いため、聴覚障害児にとっては認識しにくい。それ故、格助詞の理解や使用に困難を示す子どもに対しては、文字による指導が必

須となる。格助詞は主語を表す「が」や目的語を表す「を」「に」などのように文の骨格を表す場合と、場所、方向、時間、手段といった意味を表す場合があり、同一の助詞がさまざまな意味で使用されるため、区別や使い分けが難しい（例：「公園で遊ぶ（場所）」「9時で閉まる（時間）」「鉛筆で書く（手段）」）。また同じ語を用いた文でも、助詞によって伝わる意味や状況が異なってしまう（例：「私は駅へ走った」「私は駅を走った」「私は駅で走った」）（原沢，2012）。

　助詞の指導では、文と文が示す意味の対応を丁寧に説明すること、さまざまな語を用いながら繰り返し学習することが求められる。単語と助詞のカードを用いた並べ替えや文作りなどを通じて基本的な文型に習熟するなど、飽きずに繰り返し学習できるような教材作りの工夫が必要である。また「場所」「時間」といったテーマを設定し、異なる助詞をまとめて扱うことで、助詞の違いと意味の違いを対応させる方法も有効であろう。

　助詞の理解は、構文の理解とも密接に関連する。能動文、受動文、使役文、授受構文などの構文では、動詞と助詞の正しい対応関係を理解する必要がある。これらの文は格助詞の付与によって正反対の意味を表現する場合もあり（例：「私があなたをほめた」－「私があなたにほめられた」）、語の意味関係や語順によって自己流に意味を解釈する方略を用いることもあるため、動詞や助詞が異なる文同士を対応させながら丁寧に確認することが大切である。

　日本語は語順が比較的自由であることや、幾つもの接尾表現が付くことで意味を表現し動詞や形容詞の語形も変化するといった特徴を有する膠着言語である。接尾表現が付く順序や動詞などの語形変化については、正確に憶えなくてはならないため、子どもによっては正しい理解が定着しにくいこともある。活用の規則性を示した表やプリント教材を活用するなど、文字で確認しながら続けられる方法を考えることも必要だろう。また、さまざまな文を音読させることで、語のつながり方を音や運動感覚として習得することも有効な方法となる。

6）文章理解

　聴覚障害児の文章理解の困難としてしばしば指摘される点として、指示語や接続表現の誤解、文章に書かれていないことの推論、登場人物の心情理解など

がある（深江, 2012）。文章理解には、一定程度の語彙力や文法力、物事に関する種々の知識（世界知識）が要求されるため、語彙や知識が不足している子どもの場合、自分の知っている語や表現に依存して文章を解釈したり（白石・澤, 2015）、自分の経験を当てはめて理解することがある。それ故、指導にあたっては、言語力や知識に関する子どもの発達段階を考慮して、扱う文章の精選や分析を行なうなどの周到な準備が要求される。正しい文章理解へと導くためには、語彙の確認、文章構造の把握、発問の工夫、経験を利用した揺さぶりなど、やりとりを工夫して思考を引き出すことが大切である。そのためには発問に対してどのような答えが返ってくるか、どこの表現でつまずくのか、などの学習過程に関する推測が必要である。また文章理解指導では、指導の経過に伴って情報の整理が必要である。さまざまなことばや表現を確認しながら内容の理解を進める過程は複雑であり、子どもの頭の中で情報の整理が追いつかないことがある。ノートやメモ、板書などで思考過程を文字化して残し、振り返りができるようにすることも有効である。

7) 書く力・作文

聴覚障害児の書く力の課題としては、事実を列挙した作文が多い、感情表現が乏しい、語彙や文法の誤りが多い、常体と敬体の使い分けといった文章形式が整っていないことなどが挙げられ、これらの課題は文章の「形式面」と「内容面」に集約できる。表現の誤りや文章形式の乱れなどは適宜修正しなければならないが、その際、書く意欲を損なわないように配慮することが必要になる。修正を施す際には常に肯定的なコメントを添えることや、子どもの言いたいことを確認しながら進めることが大切である。また聴覚障害児の書いた作文では感情表現が乏しく、「嬉しい」「楽しい」など限られた表現しか使用しない例がしばしば見られる（澤・相澤, 2009）。感情表現については書かれた内容に沿ってその時々の気持ちを確認し、適切なことばを選択するプロセスが大切であり、子どもと一緒に推敲する場面を設定しなければならない。

作文指導におけるポイントの1つとして、書くことの「目的」がある。一般的に、文章を書くことは読むことと比較して、「誰に対して」「何を伝えるために」「どのような文章を書くのか」といった明確な目的を伴っている。しか

し学校で書く日記や作文では、日常生活の出来事や学校行事などを題材とした経験文であることが多く、目的意識が曖昧になりやすい。手紙、紹介状、観察文、壁新聞などのように伝える目的と内容が理解しやすい題材を設定することや、「わかりやすく書く」「できるだけ詳しく書く」などの伝え方を指定して書かせる工夫をすることも大切である。

8）言語指導において留意すべきこと——教材の使用・やりとり

言語指導場面で使用される教材は、具体物、絵カードや文字カード、写真、プリント類、ビデオ映像などさまざまであり、近年ではパソコンやタブレットなどのICT機器も広く活用されている。これらの教材は指導目標を達成するために作成するが、1つの教材でも使い方によって多様な目標に対応することができる。逆に考えると、ある目標を達成するために作成した教材であっても、使い方によっては目標に到達しないこともあり得る。言語指導において重要なことは、目標に応じた支援方法を考案した後、活動のシミュレーションを行なうことである。シミュレーションでは、その支援方法を用いることで子どもの活動はどのように進展するのか、指導が終了したときどのような状態に到達しているのかを確認する。例えばカード教材を用いる場合、カードを"分ける"、"並べる"、"選ぶ（探す）"、"めくる（伏せる）"、"配る"などさまざまな活動が可能であり、活動に応じて異なる能力を要求する。教材の内容と使用方法によって引き出される能力を確認し、「この支援方法は目標の到達へと導くか」という点を丁寧に検証することが重要である。

障害児への言語発達支援に関しては、言語能力に関する「領域（ドメイン）」という観点からの評価や支援が行なわれている。音韻、語彙、文法といった言語領域ごとにアセスメントを行なって領域間の差異を検討したり、特定の領域に特化した支援方法を考案するなど、子どもの状態を分析的に把握し効果的な支援を行なう上で、「領域」という考え方は有効な観点を提示する。一方で、子どもの言語能力はそれぞれの領域が独立して発達するとは言いがたい。言語発達は生活の中でのコミュニケーションを土台としており、指導の中で個々の領域に焦点を当てる際にも、やりとりを通じて言語能力のさまざまな面を活性化することが大切である。

（2）障害認識・対人関係・社会性の発達への支援
1）発達段階に伴う困難

　幼児期から青年期にかけて、聴覚障害児が直面しやすい障害認識、対人関係や社会性に関する困難を**表 8-4** にまとめて示した。小学校低学年においては、自分の障害に関する意識も明確でなく、周囲の児童の障害に関する知識も十分でないことが予想される。そのため、生活上のトラブルやコミュニケーションの不成立などが生じやすいことが考えられる。中学年以降の時期は自己に関する客観的な意識が芽生え始めるとともに、自尊心が低下しやすくなり（渡辺, 2011）、生活における悩みや困難が徐々に内在化しやすくなる。特に高学年になると生活上のルールも厳密になり、子ども同士の関係も内面を重視したものへと変わっていく。そのため、集団の中に入りきれない場合やいじめの対象となってしまうことも危惧される。

表 8-4　自己認識・対人関係・社会性の課題の例

年齢段階	課題の例
幼児期	親子関係（甘え、依存、親の期待や不安、コミュニケーションの不足など） 行動上の課題（動きの調整、危険な行動）
小学校低学年	コミュニケーションのトラブル（意思疎通の困難、ケンカ、小競り合い） 行動上の問題（落ち着きのなさ、おしゃべり、無口） 集団行動での問題（集団からの逸脱、行動ルールの未習得、話し合いの困難）
小学校中学年	学習場面でのコミュニケーション困難（グループ活動での困難） 遊び場面でのコミュニケーション困難（ルール理解の困難、やりとりの減少） 障害への気付き（聞こえにくさの自覚、他者との比較、障害の否定）
小学校高学年	友人関係（固定化された友人関係、友人からの拒否、いじめ） 自己肯定感の低下（障害への過剰意識、学習上の困難） 進路選択（親との葛藤、自己の障害との葛藤）
中学生・高校生	アイデンティティ形成の難しさ（自己肯定感の低下、聞こえる友人との違い） 社会的知識の不足（社会常識の未習得、青年としての規律） 進路選択（受験、学力、学校選択）

学校生活の中では、子ども同士の対人的なトラブルが生じることがしばしばあるが、聴覚障害児にとってトラブルは自分を理解し、他人のことを考えるための良い機会にもなりうる。ある意味では、「トラブルは発達を促すチャンス」と捉えることもできるだろう。聴覚障害児と他の子どもとのトラブルについては、お互いの意思疎通が十分でないことが発端になることが少なくない。その場の状況について子ども同士がしっかりと認識し、ことばを通じたやりとりの仕方を確認するなどの丁寧な対応が必要となる。一方、中学年以降になると表面的なトラブルが起こりにくく、困難が周囲から見えにくい状況も想定される。ストレスや悩みによって自分自身を追い詰めたり、自暴自棄にならないような対応が必要であり、自己の障害と向き合いながら、具体的な対人行動上の知識や方法を学ぶ必要がある。子どもの心理的なストレスや悩みは、微妙な行動の変化やことばの中に現れる。それぞれの年齢段階に応じて生じやすい困難を意識しながら、日々の子どもの状態やその変化に対して常に目を向けることが求められる。

2）自己認識の力

　近年の聴覚スクリーニングの普及は聴覚障害の超早期発見を可能にし、そのことによって①早期からの聴覚補償と、②軽・中等度の障害の発見、が促されるようになった。早期療育の中で、子どもの聴覚活用の力が育つのは望ましいことである。しかしこのことは、「子どもは音が聞こえている状態で育ち、音が入らない状態を経験しにくい」といった逆説的な面も意味する。もちろん補聴器や人工内耳は聞こえる子どもと全く同じ聞こえを補償するものではないが、子どもにとっては音が入ってくる状態が普通であり、ともすると情報が欠落していることへの意識が育ちにくいことが考えられる。このような自己意識の育ちは、幼児期の療育・保育の状況とも関連する。聾学校の乳幼児相談や幼稚部では、聞こえないことによる情報の不足に対し、聴覚活用、読話、発音指導、手話や指文字、文字による伝達など、伝えることへの意識を高めるような教育が実践されている。一方、通常の幼稚園や保育園では特別支援に対する対応が進みつつあるものの、聴覚障害児への配慮についてはいまだ十分とは言いがたい状況にある。また通常学校では軽・中等度の障害を有する児童が約3

分の2を占めており（特別支援教育総合研究所, 2012）、静かな場所での1対1によるコミュニケーションでは、大きな不自由を感じない子どもも多い。このような聞こえにくいことへの意識が育ちにくい状況において、自己認識の力を高めるための新たな工夫が必要となる。

　自己の障害認識を促すための支援としては、上述したようなトラブルへの適切な対応に加え、聞こえの仕組みについての理解、対人コミュニケーション方法の具体的な例示、生活場面での音環境の理解、困ったときに助けを求める方法の指導など、子どもの発達や生活場面に応じた指導が求められる。また集団指導などを通じて聴覚障害児の仲間集団を形成すること、聴覚障害成人や先輩から話を聞く機会の設定など、聞こえない世界への意識付けを促すことが有効である。特に通常学校に通う聴覚障害児の場合、聴覚障害の大人と出会う機会が限られる。自分が成長した後の姿についてイメージを高める上でも、聴覚障害成人との交流の機会を作り、積極的に参加を促すことが大切である。

（3）間接的支援

　通常学校では大きな集団の中で生活するため、聴覚障害児にとっては情報保証に対する特別な配慮が欠かせない。教室内の静音環境の確保、グループ活動や野外活動でのコミュニケーション支援、集会や校内放送に対する聞こえの保証などについて対応しなければならない。FM補聴システムの活用は、教員の発話や指示を明瞭に聞き取る上で有効であるが、場面に応じて十分に使いこなせていないことも多い。専科の教員による授業や集団活動、野外活動での具体的な使用方法を提示し、FM補聴システムを有効に活用できるような体制作りが大切である。また近年では、ノートテイクやパソコンテイクなどによる情報保障に取り組む学校も増えつつある。これらの情報保障については、その基本的な技術や機器のセッティング方法について講習や研修を行なう機会を設けることが必要だが、それ以上に多くの支援者が確保できる体制作りが欠かせない。子どもが在籍する学校での支援会議などを通じて、支援者のネットワークを形成するような取り組みが求められる。

6 自立に向けて

　聴覚障害児にとって、幼稚園（保育園）⇒小学校⇒中学校⇒高等学校へと進学する時期は大きな節目となる。進路選択では、保護者の希望、本人の希望、発達の状況、地域の教育システム等に応じて、さまざまな悩みや葛藤が生じやすい。時々の進路選択では、将来の社会生活をも見据えた長いスパンをイメージできるような情報提供が必要となる。個々の子どもによる受容の仕方はさまざまだが、聴覚障害児は「聞こえない世界」と「聞こえる世界」の両方の世界で生きていかなければならない。通常学校と特別支援学校のいずれを選択した場合でも、聴者と聴覚障害者の両方と良好な関係を築ける意識と知識を身につける必要がある。そのためには、聴覚障害者の集団との関わりや手話によるコミュニケーション力の習得も重要なポイントとなる。

　聴覚障害児の大学への進学者数は、年を追って増加している（日本学生支援機構, 2015）。多くの大学では情報補償の体制を構築しつつあり、特に2016年に「障害者差別解消法」が施行されたことで、情報補償を含めた支援環境はより充実していくことが期待されている。しかし、このような支援のリソースを活用していくためには、聴覚障害者本人が自分と社会とのつながりを強く認識しなければならない。どのような情報が足りないのか、どのような支援が必要なのかを知るためには、社会生活の中で必要とされる情報そのものを十分理解していなければならない。知識基盤社会の中で「情報をあきらめる心」を払拭し、「情報を求める心」を育てることが、聴覚障害児の生きる力を育てることであり、聴覚障害教育の目的であると考える。

文献
Barsalou, L. W. (1983) Ad hoc categories. *Memory & Cognition*, 77, 211-227.
深江健司（2012）読解学習場面における聴覚障害児の理解過程に関する研究―教師の働きかけと児童の反応との関連を中心に―. 障害科学研究, 36, 145-158.
原沢伊都夫（2012）日本人のための日本語文法入門. 講談社現代新書.
石川達郎・澤隆史（2009）聴覚障害幼児の語彙力の発達に関する一研究―動詞・形容詞・副詞に関する語彙力評価による検討―. 東京学芸大学紀要総合教育科学系,

60，283-291．
伊藤友彦（1998）聴覚障害児における格助詞の誤用―言語学的説明の試み―．音声言語医学，39，369-377．
小林春美（2008）語彙の獲得．小林春美・佐々木正人編　新・子どもたちの言語獲得．大修館書店，89-117．
国立特別支援教育総合研究所（2012）平成 23 年度全国難聴・言語障害学級及び通級指導教室実態調査報告書．
前川喜久雄（1998）音声学．岩波講座言語の科学 2　音声．岩波書店，1-52．
文部科学省（2016）特別支援教育資料（平成 27 年度）．
中村公枝（2015）小児の指導・訓練．中村公枝・城間将江・鈴木恵子編　標準言語聴覚障害学　聴覚障害学　第 2 版．医学書院，236-280．
日本学生支援機構（2015）平成 26 年度（2014 年度）障害のある学生の修学支援に関する実態調査．
齋藤佐和（1978）聴覚障害児における単語の音節分解および抽出に関する研究．東京教育大学教育学部紀要 24，205-13．
左藤敦子・四日市章（2000）聴覚障害児の語彙に関する文献的考察．心身障害学研究，24，195-203．
澤隆史（2010）聴覚障害児の作文における格助詞の使用と誤用―深層格の観点から―．音声言語医学，51，19-25．
澤隆史（2011）聴覚障害児への発達支援．長崎勤・藤野博編著　学童期の支援　特別支援教育をふまえて．臨床発達心理学・理論と実践④．ミネルヴァ書房，186-197．
澤隆史・相澤宏充（2009）聴覚障害児童・生徒の作文における形容詞使用の発達的特徴．障害科学研究，33，1-13．
白石健人・澤隆史（2015）聴覚障害児における文章の読みに関する文献的研究―日本語テキストの読解を対象とした研究を中心に―．東京学芸大学紀要総合教育科学系Ⅱ，66，31-238．
高橋登（2001）文字の知識と音韻意識．秦野悦子編　ことばの発達入門　ことばの発達と障害 1．大修館書店，196-218．
谷本忠明（2003）聴覚障害児におけるひらがな文字の習得に関する研究（2）．日本特殊教育学会第 41 回大会発表論文集，220．
渡辺弥生（2011）子どもの「10 歳の壁」とは何か？乗りこえるための発達心理学．光文社新書．

第9章

ディスレクシア・読み書き障害の理解と支援

小池敏英（東京学芸大学）

1　LDと読み書き障害

　読み書き障害を含む用語として学習障害（LD）がある。はじめに、LDに関する定義を整理し、読み書き障害の位置づけを述べる。
　LDには、医学的定義（Learning Disorders）と教育的定義（Learning Disabilities）がある。
　医学的定義の代表としてはアメリカ精神医学会のDSM-5と、世界保健機関（WHO）のICD-10をあげることができる。WHOのICD-10（国際疾病分類10版）では、LDは、学習能力の特異的発達障害（F81）に分類されている。それは、「特異的読字障害」「特異的書字障害」「算数能力の特異的障害」「学習能力の混合性障害」に分類される。ICD-10の「特異的読字障害」は書字障害を伴う場合を含んでいる。アメリカ精神医学会のDSM-5では、「限局性学習障害」は、「読字障害」「書字表出障害」「算数障害」から構成されている。
　教育的定義の代表的なものに、日本の文部科学省の定義がある。1999年に「学習障害児に対する指導について」という報告書が出された。その中で学習障害の特徴として、全般的な知的発達に遅れはなく、聞く、話す、読む、書く、計算する、推論する能力のうち、特定のものの習得と使用に著しい困難を示すことが、主な特徴としてあげられた。
　医学的定義と教育的定義の共通的特徴として、「学業成績とIQ（知能指数）

との間に2標準偏差以上の乖離があること（ディスクレパンシーモデル）に基づいている」ことを指摘できる。

　現在、アメリカを中心として、ディスクレパンシーモデルによらないRTIモデルが提案された。これは、LDの判定の1つのモデルである。RTIモデルでは、読み書きの指導で学習困難が見られた場合に、診断に先立って一斉指導の中で教育的介入を行ない、介入の応答的効果を評価しながら個別的指導に移行し、LDの診断につなげる。

　RTIモデルでは3層の介入が用いられる。第1段階では、支援的指導をすべての子どもに対して通常学級で実施する。第2段階では、第1段階で、十分な伸びが見られない子どもに対して、補足的な指導を行なう。第3段階では、それでも伸びが乏しい子どもに対し、個別的指導を実施する。ここで、第2段階の指導を受ける子どもは全体の約20％、第3段階の指導を受ける子どもは約5％とする報告が多くなされている。日本では、学習のつまずきに対する早期予防的支援との関連で、RTIモデルが注目されてきており、ディスクレパンシーモデルによらないアプローチの有効性が注目されている。

2　ディスレクシアと読み書き障害

　ディスレクシアは難読症や失読症とも呼ばれる。発達性ディスレクシアと獲得性（後天性）ディスレクシアに区別される。LDに関連したディスレクシアは、発達性ディスレクシアに相当する。国際ディスレクシア協会（2002）の定義では、単語認識の正確さと流暢さの一方、あるいは両方の困難をもつこと、綴りとデコーディングの達成度の低さによって特徴づけられること、また、音韻に関係した障害であることを指摘している。ここで、綴りとは書くことであり、デコーディングとは、文字記号を読むこと（音声に変換）を指しているので、読みと書きに障害をもつことを含んでいる。この定義の中で、語彙や知識の成長に対する妨害が二次的に生じることを指摘している。また読解の問題が、ディスレクシアでは生じる場合があることを指摘している。

　ディスレクシアに関する知見としては、神経心理学に基づく知見とともに、

認知神経心理学に基づく知見がある。神経心理学に基づく知見は、脳損傷部位と臨床症状に関する研究に基づく。認知神経心理学は、人の認知プロセス（情報処理）の構成要素を分析対象とする。

3　読み書き障害の認知神経心理学的知見

　認知神経心理学は、「人の認知機能は構成に従い乖離する」という考えに基づく。マッカーシとウェリントン（1990）は、読みのシステムには、二重の回路があることを指摘した。文字の視覚的形態分析に続いて、音韻による読みに関連した処理（音の分析）経路と視覚的語彙による読みに関連した処理（意味の分析）経路である。ここで視覚的語彙とは、発音の手続きによらずに理解できる単語のレパートリとされている。

　音の分析を介して読むディスレクシアは、表層性ディスレクシアと呼ばれ、綴りと音の対応に、依存して読むという症状を示す。そのため、英語では、綴りと音の対応規則が当てはまらない不規則単語を読むことができない。

　視覚的語彙によって読むディスレクシアは、音韻性ディスレクシアと深層性ディスレクシアに分けられる。音韻性ディスレクシアは、綴りと音との対応によってほとんど読むことができず、視覚性語彙を用いて読んでいると考えられる。人は、実在しない語であっても、綴りと音の対応規則があれば読むことができるが、音韻性ディスレクシアでは困難である。深層性ディスレクシアは、視覚性語彙に過度に依存して読む。綴りと音との対応規則があっても実在しない語（非単語）を読むことができない。見なれた語でも、意味的誤りを多く示す。

　Temple（1997）は、子どもでは、明瞭な脳損傷をもたなくても認知障害が生じるので、障害部位と関連させた検討が難しいことを指摘した。Temple（1997）は、発達性ディスレクシアの中に、表層性ディスレクシアや音韻性ディスレクシアに特徴的な読み障害を示す事例を認めたことを報告し、発達性ディスレクシアの読み困難を、二重回路モデルに基づき評価することの有効性を指摘した。

4　英語圏の読み書き障害の背景

　読みと文字の関係は、言語によって異なるので、読み書き障害の背景は、言語によって同じでないことが予想される。英語圏の読み書き障害に関しては、音韻障害仮説や大細胞障害仮説などが挙げられている（稲垣, 2010）。

　音韻障害仮説では、音韻処理の障害が考えられている。音韻とは、聞き取った音のイメージに相当する。読み書きの習得では、聞き取ったことばから音素を聞き分けることが大切である。音のイメージの操作が難しい場合には、書記素と音韻の関係の知識が乏しくなり、読み困難が生じることが示された。また、命名するスピードが遅くなり、言語性短期記憶が弱くなると考えられている。

　大細胞障害仮説では、視覚経路の中の大細胞が関与する視覚処理（動きや急な変化に関する知覚）の障害が考えられている。時間的処理が遅くなる結果、読み障害がおきると考えられている。

　読み書き障害児は、個人差が大きい。その背景には、誤学習や代償的方略の関与が指摘されている。

　Tunmerら（1996）は、ディスレクシアの発達モデルを論じる中で、音韻スキルに弱さがある場合に、効果的でない方略が固定化して誤学習が進み、その結果、読みそのものの習得が困難になることを指摘している。すなわち、読みの基礎スキルが低い子どもほど読みの達成が困難になるという「負のマタイ効果（negative Matthew effects）」を指摘している。

　スノウリング（2000）は、強い読み書き障害を示した事例 JM について、代償方略を述べている。JM は、深刻な音韻障害を抱えていたが、視覚情報の記憶は優れており、語彙が豊富なことから、意味理解力が高かった。種々の条件で単語を呈示し、JM の読み行動を分析した結果、JM は、「視覚記憶と意味的文脈を補助手がかりに読む」という方略を用いて、読んでいることが明らかになった。

　これより、読み書き障害の程度は、音韻障害のみで決まるのではなく、音韻スキルの上達度や指導との相互作用の結果であるといえる。この点で、年齢が

高い段階での読み書き障害の個人差は大きく、教育支援の影響が大きいことを推測できる。

5　日本語の読み書き障害の特徴と支援

　日本語のひらがなは、英語と比べて文字と音の関係が一対一対応に近い。しかし日本語では、ひらがなと漢字を混在して用いており、形が複雑で、複数の読み方をもつ漢字がある。これより音韻に対する気付きや音韻操作の困難に関連した読み書き障害（音韻性読み書き障害）と、文字の形の認知処理や構成行為の不全と関連した読み書き障害（視覚性読み書き障害）が指摘されている（大石, 2007）。本節では、ひらがなと漢字について、読み書き障害の特徴と支援について述べる。あわせて、ディスクレパンシーモデルによらないアプローチの知見として、通常学級における読み書き困難の特徴と支援について述べる。

(1) ひらがなの読み書き障害と困難

　1) ひらがなの読み障害と支援

　ひらがなの読み障害は、日本語の読み書き障害の特徴として取り上げられる。稲垣 (2010) は、読み障害を評価する課題として、ひらがな文字と単語の音読課題をガイドラインとして提案した。そこでは、4種の読み課題（単音課題、有意味語課題、無意味語課題、単文課題）について、音読時間と誤読数を測定する。音読時間が、基準値の平均＋2SDを超える所見を2課題以上で認め、誤読数が平均より明らかに多い場合に、読み障害と捉える。さらに症状チェック表で読み（書き）についての項目が7個該当し、読み課題2つに異常がみられる場合は、読み障害の中でも発達性読み書き障害（発達性ディスレクシア）である可能性が高いとした。

　ひらがな単語を流暢に読むことが困難であると、文章の音読が困難になる。このことは、文を読んでいるときの目の動きから指摘することができる。文を読んでいるときの目の動きを記録すると、短時間、眼球を停止させ、次いで急速に眼球を動かし（注視点をジャンプさせ）、また眼球を停止させるという、「停

止と移動」の反復で文を読み進める。眼球の停止時間は約200ミリ秒であり、その間に2から4文字を読み取っている。すなわち、約200ミリ秒の間に2から4文字を読み取れないと読み詰まってしまうことになる。短時間の間に2から4文字読み取る力は、小学1年生から3年生にかけての発達が著しい。

　瀧元ら (2016) は、教育的定義としてのLD児38名について検討した。稲垣 (2010) のガイドラインによる評価の結果、読み障害児は22名、非読み障害児は16名であった。1文字、2文字、3文字、5文字の単語をモニターに提示し、対象児に音読を求めた。図9-1は、LD児の平均音読潜時を、各学年の基準値に基づき標準得点として示したものである。2文字、3文字、5文字と単語の文字数が増えるのに伴い、読み障害児の音読潜時の平均標準得点は、増加した。このことは、読み障害児では、文字数が増えると、単語の読み困難が著しく強くなることを意味しており、指導の際に考慮を要する。

　ひらがな読みの支援に関しては、ひらがな文字の読み支援とひらがな単語の読み支援に分けることができる。

　ひらがな文字の読み支援としては、服部 (2002) をあげることができる。対象事例は、言語性短期記憶の弱さと抽象的な視覚刺激の探索や短期記憶の困難

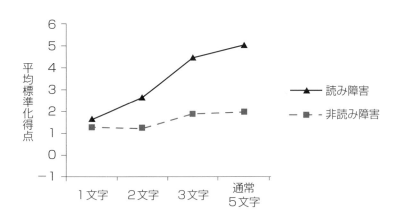

図9-1　LD児の音読潜時

をもっていた。服部（2002）は、ひらがな文字の形態への認識を高める指導を行ない、次いで、文字と読みとの間に単語を介在させる、キーワード対応法を用いて、文字－単語（意味）－音（読み）の連合を促した（表9-1）。その後に、ドリル課題と文字を瞬間呈示し読ませる課題を行なった。ドリル課題は、文字同定課題（「あ」の文字を見て、「お、あ、め、わ」の文字列の中から同じ字を探す）、絵に対応する文字の探索課題（「足」の絵を見て、対応音である「あ」の文字を「お、し、あ、め」の文字列の中から探す）、文字単語の絵の探索課題（「あし」という文字単語を見て、「目、鹿、足、鬼」の絵の中から探す）などから構成された。

　ひらがな単語の読み支援に関しては、後藤ら（2011）の報告を上げることができる。後藤ら（2011）は、単語全体の視覚認知を促す指導によって、読み障害児の音読が改善することを報告した。指導課題では、課題文の中に出てくる単語の視覚認知を促進するために、単語検索課題と単語完成課題を用いた（表9-2）。指導の結果、指導前と比べて、課題文の音読時間が短縮したことを報告した。また、未指導文について、流暢に読める文節が増加したことを報告し

表9-1　キーワード対応法に基づく服部（2002）の指導課題

指導の手続き	主な内容
キーワードの選定	絵からキーワードを想起しやすいことを基準として、キーワードを選定する。
キーワードの呼称	「足」の絵カードを見せ、／あし／とキーワードを口頭で言わせる。
キーワードの対応音抽出	「足」の絵カードを見せ、／あ／と対応音を口頭で言わせる。
キーワードの絵カードと単文字カードの対応	「足」の絵カードを提示し、対応音を言わせ、「あ」の文字カードと対応することを教える。その後、絵カードと文字カードのペアを（2から5組）提示し、マッチングさせる。
文字のキーワード呼称と対応音抽出	「あ」の文字カードを見て、／あし／と言ってから／あ／と言う。
文字の対応音抽出	「あ」の文字カードを見て、／あ／と言う。

指導課題と主な指導内容について、服部（2002）に基づき作成した。

表 9-2　後藤ら（2011）の指導課題

指導課題	主な指導内容
単語検索課題	ひらがなの文字列の中からひらがな単語を制限時間の中で探す。
単語完成課題	ひらがな文字が欠落したひらがな単語（例「か●とむし」）が提示される。対象児には単語を完成さえて音読することを教示する。

指導課題と主な指導内容を、後藤ら（2011）に基づき作成した。

た。読み障害児に対する支援として、読ませたい文章を確定し、その文章に含まれるひらがな単語について、読みの流暢性を高める課題を行なうことにより、文章の読みの改善をはかる指導を指摘できる。この指導は、子どもにとって文章の音読困難を経験することなく、音読の改善を図ることができるという点で効果的である。

2) ひらがなの書き障害と支援

　読み書き障害児におけるひらがなの書き障害は、音韻処理に困難を示す事例と視覚－構成行為に弱さを示す事例において報告されている。

　音韻処理に困難を示す事例に関しては、特殊音節表記の習得が困難になる者が多いことが指摘されている（大石、2007）。拗音、促音、長音などの特殊音節表記は1モーラが2つの文字と対応したり、発音と対応する文字が異なる（助詞の「～へ」、「～は」など）など規則から外れるため、学習が難しくなると大石（2007）は指摘した。

　小池ら（2003）は、特殊音節表記の書字が困難であった小学3年生の事例（対象児S）を報告した。対象児のK-ABC検査の結果は、継次処理80、同時処理86、習得度尺度85であった。下位検査は、数唱5、視覚類推6、模様構成7、手の動作7であった。ひらがな単語の流暢な音読に強い困難を示した。漢字単語の音読にも強い困難を示した。ひらがなの清音単語については、モーラの抽出・分解課題は遂行でき、ひらがな46文字の書字はできた。しかし、特殊音節表記の単語については、モーラの抽出・分解は不安定であった。特殊音節表記の単語の読みを聞いて書くことは不安定であった。「せっけん」（促音、撥

音）は書けたが、「きゃ」（拗音）や「ちゅう」（拗長音）を書くことが困難であった。「しょうゆ」は、「しょうよゆう」「しょゆう」になった。また「しょうがっこう」は、「しゅがこう」「しゅがっこう」になった。

　特殊音節表記の書き支援については、音韻意識を促す指導の有効性が指摘されている。天野（1993）は、音節についての言語的自覚を形成することが大切であることを指摘した。音節の言語的自覚は、①音節の順序性を分析する行為（単語の語頭、語中、語尾の音の同定と抽出）、②音節構造を分析する行為（モデルによる音節の表示）を習得することで形成されることを指摘した。単語の音節構造を分析する課題では、モデル構成用の積み木と、絵の下に語の音節構造を示したモデル図版が用いられた。

　小池ら（2003）は、上述の対象児 S について、特殊音節表記の抽出をコンピュータ課題により指導した。課題は、モニター上に文字が、音声と共に 1 文字ずつ提示される。単語の読みが音声提示された後、文字が消えて、四角の枠だけが残った。次いで、1 文字の読みが音声提示され、それに対応する文字の位置を答えるよう求めた。各単語の課題提示後、その単語を書くように教示した。指導 6 回目に、「しょうがっこう」の文字を書くことができるようになった。

　視覚－構成行為に弱さを示す事例に関しては、形や大きさ、位置関係を認識すること（入力系）と鉛筆やブロックで形を構成すること（出力系）の 2 つの側面における障害が指摘されている。画が多く複雑な漢字に障害が現れやすい（大石，2007）。

　小池ら（2003）は、ひらがな文字の書字に強い困難を示した小学 1 年生の事例（対象児 I）を報告した。清音と特殊音節のひらがな表記が共に困難であった。K-ABC 検査の結果は、継次処理 98、同時処理 98、習得度尺度 95 であった。下位検査は、数唱 10、語の配列 8 であったが、模様の構成 4、位置探し 6 であった。対象児 I は、字の形がアンバランスで、筆順に従って書けず、鏡文字が多かった。「ん」「う」「り」「か」は、書くことが困難な文字であった。清音の単語について、モーラの抽出・分解課題は遂行できた。またひらがな文字の読みはできた。ひらがな文字の識別に間違いを示すことがあり、書字を模

倣することは不安定であった。

　視覚-構成行為に弱さを示す事例に対するひらがなの書き支援では、文字の形の特徴について言語的手がかりを提示する方法が効果的である。山中ら（1996）は、継次処理に比べて同時処理の評価点が低かった脳性麻痺幼児（5歳）を対象として、図形描画とひらがな書字の指導を行なった。指導では、「止め」「曲げ」「はね」などの言語的手がかりを与え、継次的処理に基づいて書くように指導した。その結果、指導効果が高かったことを報告した。

　3）通常学級でひらがなの読み書き困難を示す子どもと支援

　吉田ら（2012）は、国語学習の低成績に及ぼすひらがな読み困難の影響を検討するため、4種のひらがな音読課題（稲垣，2010）および国語基礎テスト（特殊音節の書字、漢字読字、漢字書字、文章理解）を、小学2年生285名に実施した。各調査項目の成績分布において統計的な外れ値（第1四分位数－四分位範囲×1.5以下の成績）を低成績として評価した。低成績の子どもは、特殊音節の書字23名、漢字読字13名、漢字書字36名、文章理解15名であった。有意味語課題や単文課題の音読が「やや困難」（平均値＋1SD～＋2SD）や「困難」（平均値＋2SD以上）と評価される子どもでは、国語基礎テストの各調査項目で低成績となるオッズ比が高く、4.13～29.0の範囲であった。このことは、単語を流暢に読むことの困難が、国語学習の低成績に強く影響することを示している。低学年では、一斉授業の中で扱っているひらがな単語について、クラス全体で、流暢な音読に取り組むことは、効果的な学習支援になる。単文音読時間は、小学1年～3年にかけて明瞭な減少傾向を示すことから、取り組みは、3年生までのクラス全体にとって、効果的であることを指摘できる。

　彌永ら（2017）は、小学1～3年生（1,373人）を対象に、特殊音節の表記選択テストを行ない、低成績を検討した。表記選択テストは、イラストの名前に対応した特殊表記単語を3つの選択肢から選ぶ課題であった。撥音、促音、拗音、拗長音各3問ずつ出題した。目的変数を、表記選択テストの総合得点（満点12）における低成績者（10パーセンタイル）の生起として、オッズ比を算出した。その結果、小学1年生では、音韻意識とひらがな単語の流暢な読みの低成績がリスク要因であった。小学2・3年生では、ひらがな単語の流暢な読

みと言語性短期記憶の低成績がリスク要因であった。このことから、小学2年以降の特殊音節表記の指導では、言語性短期記憶の弱さに配慮した働きかけが必要であることを指摘できる。

（2）漢字の読み書き障害と困難

1）漢字の読み障害と支援

　Goto ら（2008）は、ひらがな文の音読時間の基準値を測定し、平均＋2SD以上の音読時間を示した読み障害事例について、K-ABC検査の下位検査「ことばの読み」の評価点を検討した。その結果、ひらがな文の音読の困難を示す子どもでは、「ことばの読み」の平均評価点は72.9と低かった。下位検査「ことばの読み」は、ひらがなと漢字単語の読みを評価する。これよりひらがな文の音読困難を示す者は、漢字単語の音読にも困難を示すことを指摘できる。松本（2006）は、読み障害の事例報告の中で、小学生段階ではひらがな単語と漢字単語の読みに困難を示したが、青年期では、ひらがな単語の読みは流暢になり、漢字単語の読み困難が持続した事例を報告した。

　漢字の読み障害の背景の1つとして、ワーキングメモリの不全の関与が、推測されている。ワーキングメモリには、音韻ループと視空間スケッチパッドという2つのサブシステムがあるとされている。音韻ループは、言語材料の記憶に関係する。われわれは、数字を記憶するときに、内言を繰り返して覚える。この繰り返しを音韻ループと呼ぶ。視空間スケッチパッドは、視覚情報の記憶に関係する。

　新しい未知の言語材料の記憶学習に音韻ループが関与することが、認知心理学の研究の中で明らかにされた。Duyck（2003）は、刺激語と反応語の対連合学習に関する研究の中で、刺激語（有意味語）－反応語（有意味語）の課題と、刺激語（有意味語）－反応語（無意味語）の課題について検討した。各課題では、8ペアの刺激語と反応語がスクリーン上に提示された。すべてのペアを提示した後、刺激語のみが提示され、反応語が何であったかを答えるよう教示された。これらの学習課題を、構音抑制のある条件と構音抑制のない条件で行なった。構音抑制とは、音韻ループの働きを妨害する手続きであり、記憶課題を行

なっている最中に、課題とは無関係なことばを連続して言わせることを教示する。その結果、構音抑制のある条件では、刺激語（有意味語）－反応語（無意味語）の課題の学習が著しく妨害された。他方、刺激語（有意味語）－反応語（有意味語）の課題の学習は妨害をうけなかった。

　Duyck（2003）は、刺激語（有意味語）－反応語（無意味語）の学習に先立って、反応語（無意味語）－無意味図形の対連合学習を行なった場合には、構音抑制の効果が減弱することを報告した。Duyck（2003）はこれにもとづき、反応語について、学習者が視覚的イメージをもてない場合に音韻ループが強く関与するようになることを指摘した。

　構音抑制のある条件は、ワーキングメモリが弱い子どもの状態に近いと想定すると、ワーキングメモリの弱い子どもでは、刺激語（有意味語）－反応語（有意味語）の学習は困難でないが、刺激語（有意味語）－反応語（無意味語）の学習が困難になることを推測できる。またワーキングメモリに弱さを示す者に対しては、視覚的イメージを媒介とした学習手続きを用いると、ワーキングメモリにあまり依存せずに学習が進められる。

　Duyck（2003）の知見から、学習課題の視覚的イメージが低い場合に、ワーキングメモリの弱い子どもで学習困難が生じることを指摘できたが、このことは、漢字単語の読みの学習にも当てはまる。

　漢字単語を読んだときに、視覚的イメージをもちやすい単語と、もちづらい単語がある。漢字単語の視覚的イメージの程度は心像性と呼ばれる。漢字単語の心像性は、データベースとして発表されており、利用することができる。

　表9-3は、小学3年生の社会科教科書で使われている単語を整理したものである（熊澤他, 2011）。高心像性単語としては、外国・給食・鉄板・歩道などがあげられている。低心像性単語としては、協同・何回・物産・選別などがあげられている。この例からも低心像性単語は、視覚的イメージを思い浮かべることが難しいことがわかる。

　図9-2は、読み障害2事例が、この漢字単語の読みテストに答えた結果を示している。読み障害2事例は、WISC-Ⅲの数唱課題の評価点が低く、言語性短期記憶が弱いという特徴を示した。それぞれの漢字単語について3種の

表9-3 小学4年生社会科教科書の漢字単語

高心像性単語	低心像性単語
外国・給食・鉄板・勉強・歩道・習字・大雨・火山・空港・老人・森林・大人・遠足・火事・地球・電球・台風・石油・台所・工場	協同・何回・物産・選別・以前・感知・本部・組合・品種・合成・隊員・分別・原料・共同・各地・調節・県民・利用・苦心・出動

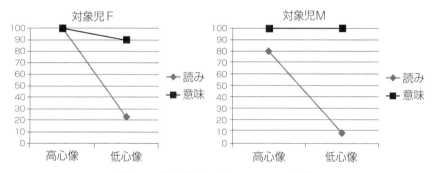

図9-2 漢字単語の読みテストの正答率

例文を提示し、「どの文が正しいか」に答えてもらい、意味理解を調べた。**図9-2**より、意味理解については、低心像性単語と高心像性単語ともに、高い正答率を示したことがわかる。一方、漢字単語の読みの正答率については、高心像性単語に比べて、低心像性単語は著しく低いことを指摘できる。

このことから言語性短期記憶の弱い読み障害児では、漢字単語の読みを学習する際に心像性を利用していることを推測できる。従って、漢字単語の読みの指導では、視覚的イメージ性を高めることが支援になる。

漢字単語の読みを評価するためには、低心像性の単語（抽象的な単語）の読みを調べることが必要である。高心像性の単語で調べると、読むことができると評価してしまう。会話の中で、意味を理解して、低心像性単語を使っていても、漢字単語として読むのが難しい子どもがいるので、注意が必要である。

漢字単語の読みの学習支援では、絵を用いた見本合わせ課題による指導が報

告されている。見本合わせ課題による指導は、学習理論に基づく代表的な指導法の1つである。課題では、はじめに複数の選択肢が学習者の前に提示される。指導者が見本（A）を提示し、学習者は、見本にマッチした選択肢を選ぶ（これをA→Bと表記）。見本合わせ課題による学習においては、反射律（A→Aのとき、B→B）、対称律（A→Bのとき、B→A）、推移律（A→B、B→CのときA→C）の関係にある操作は、学習しやすくなることが知られている。これを刺激等価性の原理と呼ぶ。ここでAを漢字単語、Bを絵、Cを漢字の読みとすると、推移律を用いた指導では、絵カードを命名できる（B→C）場合に、漢字カードに対して絵カードを選択する（A→B）ことを学習させる。これによって、漢字に対して漢字の読みカードを選ぶ（A→C）学習を促進する。このように、対象児が可能な見本合わせ操作を考慮して、学習支援を組み立てる。

2）漢字の書き障害と支援

漢字は画数が多く、形態が複雑なものが多い。子どもの認知特性の偏りと漢字の書きの誤りとの間に関係があることが予想され、検討されてきている。

石井ら（2003）は、教育的定義に基づくLD児73名について、K-ABC検査の標準得点と評価点、書字エラーの個数について、主成分分析により検討した。その結果、主要な3つの成分は、以下のとおりであった。第1成分は、「模様の構成」「視覚類推」「位置探し」の評価点が高くなると、形態エラーの出現率が低下するという成分（視覚的分析力と構成を中心とした書字の総合力）であった。第2成分は、「手の動作」「数唱」「語の配列」の評価点が高くなると、筆順エラー率と無回答率が低下するという成分（書字に関連した継次処理能力を中心とした成分）であった。第3成分は、「数唱」「語の配列」の評価点が高くなると、形態エラー率が低下するという成分（書字に関連した言語性短期記憶の成分）であった。これより、LD児においては、視覚的分析力と構成を中心とした総合力は、形態エラーの出現に強くかかわっていることを指摘できる。また、この成分は、言語性短期記憶の成分と、独立した形で書字成績に関与していることを確認できた。これらの知見より、認知特性の偏りに考慮した学習支援によって、特定パターンの誤書字の軽減につながることを推測できる。

読み書き障害児における漢字の書き支援は、音韻処理に困難を示す事例と視覚－構成行為に弱さを示す事例において報告されている。

　音韻処理に困難を示す事例では、漢字の読み書き障害を示すことが多い。子どもでは、漢字の形態と読みの間の連合形成が不安定である。そのため、漢字の読みから正しい形態の想起が不安定で、書くことが難しくなることを推測できる。また、漢字を全体的・視覚的に捉える傾向が強く、そのため、漢字の細部に誤りが生じ、実在しない漢字を書くことが多くなると考えられる。このような子どもでは、漢字の部品に注意を向けさせ、細部の記憶を促すとともに、漢字の組み立ての記憶を促す方法が効果的である。

　漢字の部品に注意を向けさせる方法としては、漢字の部品をイラストに置き換えたカードを利用する手続きがある。初めに、学習漢字の部品について、記憶しやすいイラストを子どもの判断に基づいて決める。その後、イラストを提示し、漢字を書くことを求める。また、読みを提示し、イラストの組み立てを報告することを求める。また、部品の一部が欠落した漢字カードを示し、正しい漢字を書くよう求める（漢字完成課題）。この手続きは、子どもにとってチャレンジしやすい課題であるため、複数回の書字を求めることが容易になる。

　漢字の組み立ての記憶を促す方法では、漢字部品を視覚的に組み立てさせる手続きが効果的である。透明なカードに部品を印刷して作成したカードを複数、子どもの前に示し、制限時間の中で、書き順に従って組み合わせるよう教示する。また、部品を印刷したカードを作り、子どもにポピュラーなカード遊びの手続きを利用して、漢字を完成させる活動を行なう。

　上野ら（2005）は、WISC-Ⅲの「知覚統合」と「注意記憶」の群指数が他と比べて低い事例（小学3年生）の指導を報告した。指導では、学習漢字について具体的な視覚的イメージをもたらすカードを提供し、対象事例が作成した漢字の形を表す語句と共にノートに添付させ辞書に仕上げた。これにより意味を表す形として捉えるよう援助した。その結果、1学期の指導で2年生漢字約40文字の書字が可能になった。

　視覚－構成行為に弱さを示す事例では、読み障害を示さないが、書き障害を示す子どもが多く認められる。特に、視空間認知の弱さとの関係が指摘されて

いる。視空間認知が弱い子どもでは、漢字の画要素の位置関係を把握することが難しくなり、漢字部品の位置関係を誤ることが多い。また複雑な漢字の形態記憶が不安定になる。その結果、書いた字が正しい字なのか、判断するのが難しくなることを指摘できる。また、漢字部品の位置関係を誤ることがある。視空間認知の弱さを示す子どもの場合、相対的に強いと考えられる言語的記憶を用いた支援が有効である。漢字部品を言語的手がかりに置き換える指導（例：親・木の上に立って見る）が効果的であるとされている。

佐藤（1997）は、WISC-R検査の「模様構成」評価点が6と低かった事例（小学4年生）を対象として、漢字を構成する10の画要素に言語的手がかりを与え、漢字の形を記憶することを指導した。その結果、漢字の書き取りの正答率の増加を報告した。

3）通常学級で漢字の読み書き困難を示す子どもと支援

Ondaら（2014）は通常学級の2〜6年生857名について、漢字の読み困難の背景要因を検討した。その結果、全体の5パーセンタイル以下の子どもは、漢字の読みテストで、無回答を多く示した。これらの子どもについて背景要因を検討した。その結果、2年から4年では、ひらがなの流暢な読みに低成績（10パーセンタイル以下）があると高いオッズ比を示し、漢字の読み困難を示す可能性が高くなった。また5・6年では言語性短期記憶の低成績（10パーセンタイル以下）があると高いオッズ比を示し、低心像性の漢字単語の読み困難を示す可能性が高くなった。

中村ら（2017）は通常学級の2〜6年生3,040名について、漢字の書き困難の背景要因を検討した。書字テストで無回答が有意に多い重度低成績者は0〜5パーセンタイルで認めた。漢字の読字低成績（10パーセンタイル以下）を伴う書字の重度低成績者の背景要因として、言語性短期記憶と部品・部首知識の低成績が関与した。書字のみ重度低成績を示す者の背景要因にも、言語性短期記憶と部品・部首知識の低成績が関与した。

漢字読みと書きともに、全体の5パーセンタイル以下の子どもでは、無回答が有意に多く、漢字の読み書き困難を示すことが明らかになった。低成績の背景要因に合わせた学習支援を行なうことで、読み書き困難の軽減が図られ

る。学級全体の子どもを対象として、読み書きの基礎調査を行ない、低成績のプロフィールに基づく支援ニーズの把握とその対処が、今後、充実すべき課題である。

文献

天野清　1993　学習障害児に対する言語教育プログラム．聴能言語学研究，10，183-189．

Duyck, W., Szmalec., Kemps, E., & Vandierendonck, A. (2003) Verbal working memory is involved in associative word learning unless visual codes are available. *Journal of Memory and Language*, 48, 527-541.

Goto, T., Kumoi, M., Koike, T., & Ohta, M. (2008) Specific reading disorders of reading Kana (Japanese Syllables) in children with learning disabilities. *The Japanese Journal of Special Education*, 45, 423-436.

後藤隆章・熊澤綾・赤塚めぐみ・稲垣真澄・小池敏英（2011）特異的読字障害を示すLD児の視覚性語彙の形成に基づく読み指導に関する研究―未指導文の読みの改善を含めた検討―．特殊教育学研究，49，41-50．

服部美佳子（2002）平仮名の読みに著しい困難を示す児童への指導に関する事例研究．教育心理学研究，50，476-486．

石井麻衣・雲井未歓・小池敏英（2003）学習障害児における漢字書字の特徴―誤書字と情報処理過程の偏りとの関係について―．LD研究，12，333-343．

稲垣真澄（2010）　特異的発達障害　診断治療のためのガイドライン．診断と治療社．

彌永さとみ・中知華穂・銘苅実土・中村理美・小池敏英（2017）小学校1〜3年生における特殊表記習得の低成績の背景要因に関する研究―撥音・促音・拗音・拗長音について―．特殊教育学研究，55(2)．（印刷中）

小池敏英・雲井未歓・窪島勉（2003）LD児のためのひらがな・漢字支援．あいり出版．

熊澤綾・後藤隆章・雲井未歓・小池敏英（2011）ひらがな文の読み障害をともなうLD児における漢字単語の読みの特徴―漢字単語の属性効果に基づく検討―．特殊教育学研究，49，117-126．

マッカーシ，R. A.・ウェリントン，E. K.　相馬芳明・本田仁視監訳（1990）認知神経心理学．医学書院．

中村理美・中知華穂・銘苅実土・小池敏英（2017）小学2〜6年生における漢字書字低成績の背景要因に関する研究．特殊教育学研究，55(1)．（印刷中）

Onda, S., Sato, K., Takimoto, S., Mekaru, M., Naka, C., Kumazawa, A., & Koike, T. (2015) Risk factors for kanji word-reading difficulty in Japanese elementary school children: Effects of the imageability of kanji words. *Journal of Special Education Re-*

search. 3, 23-34.
大石敬子（2007）教科の指導Ⅰ：読み書きの指導．［Ⅰ］基礎理論．上野一彦・竹田契一・下司昌一監修　特別支援教育の理論と実践．金剛出版，59-75．
佐藤暁（1997）構成行為および視覚的記憶に困難を示す学習障害児における漢字の書字指導と学習過程の検討．特殊教育学研究，34，23-28．
瀧元沙祈・中知華穂・銘苅実土・後藤隆章・雲井未歓・小池敏英（2016）学習障害児における改行ひらがな単語の音読特徴―音読の時間的側面と誤反応の分析に基づく検討―．特殊教育学研究，54，66-75．
スノウリング，M. J.　加藤醇子・宇野彰監訳（2008）ディスレクシア．東京書籍．
Tunmer, W. E. & Chapman, J. W. (1996): A developmental model of dyslexia: Can the construct be saved?. *Dyslexia*, 2, 179-189.
上野一彦・海津亜希子・服部美佳子（2005）軽度発達障害児の心理アセスメント―WISC-Ⅲの上手な利用と事例―．日本文化科学社．
山中克夫・藤田和弘・名川勝（1996）情報処理様式を生かした描画と書字指導―掲示処理様式が優位な一脳性麻痺幼児について―．特殊教育学研究，33，25-32．
吉田有里・小池敏英・雲井未歓・稲垣真澄・加我牧子（2012）国語学習の低成績の生起に及ぼすひらがな音読困難の影響について―小学校2年生を対象とした検討―．LD研究，21，116-124．

第10章

幼児期のことばが育つ環境と人間関係
幼児のことばの相談の実際

野本茂夫（國學院大學）

1 はじめに

　「よく『いい親とは？』と聞かれますが、『子どもの喜びに敏感な人』と答えます。子どもが喜ぶと親もうれしいはず。それに幸せな状態の時が子どもは一番かわいいでしょう。子どもが楽しいと自分も楽しいのがいい親だと思います。」（日本経済新聞 2012.7.6 夕刊）と児童文学作家の中川李枝子さんは語っている。ところが、最近の子育て事情では、この明快な見解のようないい親になることがなかなか難しい。

　近年、孤立する子育ての中で親の育児不安が増大している。急速に超少子急高齢化が進む中で、都市化、核家族化、国際化に伴い伝統的地域社会が喪失し、無縁社会と言われるほど人間関係が希薄になってきた。その中で、社会の経済性や効率性が重視され、人間の機能的側面ばかりが大切にされる人間観を肥大させてきた。そして、経済活動優先の風潮が社会を席捲し、人間の成長期における子ども時代の喪失を加速させている。こうした社会環境は、子育てに優しく温かい環境を衰退させ、子育ての孤立感や不安感を拡大し、幼児期の子どもが示す多様な問題に影響を与えている。幼児期は人生の基礎基本を培う重要な時期であるはずなのに、このままでは将来を担う子どもの成長が危惧される。

　この変貌する社会環境は、障害のある子どもにさらに深刻な影響を与えるこ

とになる。幼児期はことばの獲得にとって特に重要な時期である。子ども・子育てを取り巻く環境要因は、ことばの発達の遅れや偏り・ゆがみ、リズムの乱れなど子どものことばの障害にも大きな影響を与える。ことばの障害に関与する要因は、「生物学的要因」や「医学的要因」「社会環境的要因」「心理的要因」「教育的要因」と多様である。幼児のことばの相談にあっては、こうしたことばの問題に関与する要因について詳細に情報を得て、問題となる要因をできるだけ排除、縮小し、より適切な環境要因が整うようにする必要がある。ところが、ことばの問題に関与している要因は、幼児が示すことば以外の問題についても同じように関与している要因でもある。落ち着きがなく動き回ったり、こだわりが強かったり、幼稚園などで集団に合わせて行動することが難しかったりする子どもがいる。この子どもたちは、幼稚園や保育所で気になる子として保育者の心配の対象になったり、発達障害が疑われたりしている。気になる子どもや発達障害のある子どももことばの問題がある子どもと同様に、問題の背景に同じような要因が関与していると考えられる。

　また、ことばの相談の対象幼児の問題も多様化、複雑化し、発音の誤りを指導するだけでことばが改善する幼児が少なくなっている。幼児のことばの相談の中には、幼稚園や保育所で発達障害が疑われたり気になる子として心配されたりしている子どもも多い。さらに、幼児のことばの不適切な指導が二次的障害を引き起こしているという場合もある。それに伴い、相談期間が長期化し、より広範囲にわたる相談対応が求められている（小林・久保山，2001；上村，2012）。このように、幼児のことばの相談は、保育相談や子育て相談とかなりの部分で重ってくるのである（保育臨床相談，2011）。従って言語獲得期にある幼児期のことばの相談では、幼児のことばの発達が乳幼児期の保育・子育ての環境や人間関係と深い関わりがあることを踏まえた取り組みが必要であり、より総合的な子どもの育ちの中で捉えて理解していく視点をもつことが重要になる。

　本章後半では、幼児のことばの相談について、具体的な事例を掲載し、幼児のことばが育つ環境と人間関係というより広角的な視点から、幼児のことばの相談の実際を見ていく。その過程を通して、幼児期のことばの相談の特性につ

いての理解を深め、幼児のことばの育ちを支援するには、子どもの育ちを総合的に考えて理解する視点を身につけて相談に臨むことや、人が育つ基礎基本を丁寧に指導していくことが大切であることを示していきたい。

2　乳幼児期のことばの育ち

　岡本（1985）は、ことばの獲得の様相を「ことば以前」「ことばの誕生期」「一次的ことば期」「二次的ことば期」という4つの相に分けて説明している。一次的ことばというのは、ことばを獲得した子どもが、「いよいよそのことばを、生活の中でまさしく自己のことばとして使用していく」幼児期のことばを指し、「生活の中で現実経験と寄り添いながら使用されていくことば」のことであると説明している。そして、二次的ことばと呼んでいるものは、学童期に入った子どもが、「日常の具体的な現実生活場面だけでなく、そこに新たな学校生活場面、特に授業という組織化された意図的教育にさらされる場面」が加わり、それまでの「一次的ことばとは性質を異にする新たな用法」のことばの獲得が求められるようになる時期のことばの様相を指しているという。しかし、「二次的ことばの獲得は、一次的ことばの終焉を意味するものではない」とも述べている。それどころか、「一次的ことばは一次的ことばとしてさらに発展し、両者は互いに影響を及ぼし合いながら、併存してゆく」と解説している（岡本，1985）。本章で扱う幼児のことばの相談とは、まさにこの「一次的ことばの相」にあたることばの発達にかかわる相談のことである。

　人は有能で能動的な存在としてこの世界に誕生してくる。しかし、幼児は力も弱く大人が保護し養育しなければ生きていけない。しかも、円満に健やかに育っていくためには、愛しみ、細やかな心づかいをもって丁寧に育んでいかなければならない。人が育つ環境として重要なことは、子どもから発せられる行為に大人が応じる養育行動に代表される応答的環境である。例えば、赤ちゃんのぐずりや泣くという訴えで、養育者が子どもの空腹を察知し、抱いてあやし、授乳をはじめる。しかし、その授乳は、単なる栄養摂取として行なわれるだけではない。赤ちゃんは、お乳を飲みながら養育者の顔を見つめたり目と目

を合わせたりする。赤ちゃんは授乳を受けるときに養育者が応え、人としてかかわってくれることを同時に求めているのである。養育者が赤ちゃんの働きかけに応えないで授乳だけをしていると、赤ちゃんは、飲むのを中止して養育者が応答してくれることを求め待っている。養育者が赤ちゃんの求めに気付いて、顔を見つめ目と目を合わせ抑揚のある声で語りかけると、再びお乳を飲み始める。

このような子どもと養育者との応答的関係は、母子相互作用と呼ばれ、人と人とのコミュニケーションの基礎を培う重要なかかわりである。温かな人とのかかわりから生まれる安心感や心地よさは、赤ちゃんの人への関心をさらに強くし、より頻繁にかかわりを求めようとし、対人的コミュニケーション行動をより活発で豊かなものへと導いていく。その中で、適切で豊かな母国語環境に十分にふれる生活がことばの育つ土壌になっていると考えられる（全国親の会，1980；田口・増井，1976；谷，1992）。

しかし、その背景となる安定した養育環境が保証されなければ赤ちゃんに必要な応答的環境は実現されない。養育者自身が安定し安心して養育に当たれる子育て環境にあることが欠かせないのである。ところが家庭を取り巻く社会の環境が変貌し、孤立する核家族が増大し、子育ての伝承もなくなってきている中で、十分な育児の手助けも得られないまま、育児不安に陥る養育者も少なくない。安心できる子育て環境は、赤ちゃんだけでなく養育者にも必要な環境なのである。家庭や地域で安心して子育てができる環境が、幼児のことばが育つ環境には不可欠なのである（保育臨床相談，2011）。

3　幼児期の生活とことばの発達

幼児期は、ことばを人とのコミュニケーションの手段として用いたり、生活や遊びの中で役立てたり、自分の思いを表現したりできるようになっていく時期である。しかし、そのためには、幼児が自分の思いを他者に伝え表現したくなるような、心が動かされる魅力ある生活体験がなければならない。また、幼児が思いを伝えたいと感じる親しい大人や仲間の存在も欠くことができない。

信頼できる大人に見守られ依存し、安心感や安定感を感じながらもてる力を十分に発揮できる生活環境が幼児にとって必要なのである。

　豊かで魅力ある環境の中で、ことばを獲得しはじめた幼児は、ことばが生活や遊びの中で役立つ楽しさや喜びを感じるようになり、それが、一層ことばを使おうとする意欲をかき立ててくれる。繰り返し話しかけ、幼児に喜んで応じかかわってくれる応答的な大人の存在は、幼児のことばへの関心と信頼を形成し、言語生活の基礎を培う力強い原動力になっていくのである。

　信頼する温かく親しい大人や気の合う仲間と交わすことばでのやりとりは、幼児にとって楽しくうれしいものである。こうしたうれしい人とのかかわりを通して、周囲の人々が用いることばへの関心が育ち、相手の話を聞こうとする気持ちや態度も培われていくのである。幼児のことばは、使われ役立つことで益々磨かれ発達していくのである。しかし、幼児期のことばの育ちは、一人ひとりの発達の特性や環境・経験の差による影響も大きいのである。

　幼児の自立的生活は、養育する保護者が幼児に手をかけず我慢してでもやらせることからではなく、幼児が安心感、安定感、信頼感のある生活の中で自らの力を働かせる喜びやうれしさ、誇らしさとともに出現する自主的自立的行動によるのである。障害のある幼児であってもこの基本は同じであり、保護者が安心して子育てができるようにさらなる丁寧さをもって支援、援助することが必要になる。何よりもまず、子どもが保護者への愛着が形成され安定した信頼関係が育まれていくことが支援の目標になる。

　しかし、障害のある幼児の場合、乳児期に泣かないおとなしい赤ちゃんであることが多いため保護者の養育行動が適切に行なわれ難かったり、逆に激しく泣いたりぐずったりして安定した養育関係が形成され難かったりして、好ましい親子の関係が結ばれ難い側面がある。そこで、幼児のことばの相談においては、養育する保護者がこれまでの育児で経験してきた子育ての悩みや葛藤、不安を受容し共感しながら、日常の生活を通し丁寧な親子のやりとりを指導する生活のカウンセリングが必要になってくる。また、同じ悩みや不安を抱く保護者でグループを編成し、互いの体験を語りながら共感し支え合っていく機会が設けられることも同じように有効で必要な支援となるのである。

4　幼児のことばの相談の実際

　ここでは、ことばの発達の遅れが心配された幼児の事例を取り上げ、幼児期のことばの相談の実際を考えていくことにする。次に示す事例は、筆者が担当したことばの相談である。この幼児のことばの相談での指導方法は、親子同席の面接指導という形をとっている。対象が幼い幼児に関することであるため、母子分離をすることに抵抗が強い場合もあり、親子が同席する形で面接を行なうことが多い。相談方法は、基本的に保護者との面接であるが、幼児も同室し、面接中も部屋で遊べるようにその子に適した遊具を準備する。幼児には、室内で遊んでいいことを伝え、時には、幼児の要求や必要に応じて、面接と並行して保護者や面接者（ここでは筆者）が幼児の遊び相手をすることもある。

　面接では、保護者の訴えを肯定的共感的に受容しながら、相談を進めていく。保護者が話しながら保護者自らがよりよい子どもへのかかわり方に気付いていけるように支援することを心がけている。

（1）事例　A児　3歳2ヵ月　男児

　1）A児について

　1回目のインテーク面接時に、生育調査書に記載されていることに基づいて保護者より得られた情報は、以下のような内容であった。

〈主　訴〉

　母親の訴えでは、ことばの遅れが心配で、他はなんとかやっているのに、「ことばだけ出ない」といった感じだと言う。「ことばを一音一音言わせれば、みな言えるのに、続けて言わせるとバナナをナと言うように、単語の一部しか言えない」。保育所では、他児が楽しそうに遊んでいる中で、隅でひとりぽつんとつまらなそうにし、何もしないでいる。保育所の中では、ほとんどことばを出さない。最近、ようやく保育士に挨拶するときに「アッ」と声が出るようになった。しかし、家庭に帰ってくれば、他児がやっていたことをまねてやってみたり、よく喋りながら兄とふざけあったりしている。しかし、ほとんど何を言っているかわからない。母親は「ことばで言わなくても、A児がよく気が

付くので何の不自由もない」という。しかし、このままでいいのかどうか「半信半疑」だと訴えていた。
〈言語発達歴〉
　乳児期、喃語らしきものはほとんどなく、発声も少なかった。健康保健センターでの1歳半健診では、ことばの発達の遅れを指摘された。2歳頃になってようやく「ワンワン」「ブーブー」などの始語が出現した。その後、2歳半頃から、片言がわずかに増加したものの、たいした進歩は認められず、2歳9ヵ月のとき、母親の実家へ行った時点で、「パパ」「ママ」などのわずかなことばが増えたくらいだった。3歳近くなってから、ことば数は増加し始めてきたが、ほぼ一音節か二音節で単語の一部を言うくらいで、発語も不明瞭だった。現状においてさえ母親にも聞き取れないことばが多々ある。しかし、家庭ではよく声を出すようになっている。また、ことばで十分表現できないため、身振り、手振りでの表現も目立っている。
〈生育歴〉
　出生前、周産期における特記すべき既往歴はなく、生下時体重3,400gであった。しかし、生後40日目に肺炎を起こし母親が付き添い2週間入院した。生後4ヵ月で保育所に入所したが、肺炎後から風邪をひきやすく、2歳頃までは1週間に一度くらいの頻度で病院通いをした。しかし、母親はA児を「熱さえなければ」保育所へ預けていた。A児が苦しそうな咳をし、夜になると特にひどいので、母親はA児から離れられず、ずっと抱いたり、おんぶをしたりして夜を過ごしていたという。乳児期、あやしても笑うことがなく、また人見知りが強く、母親にベタベタくっついてばかりいるような状態であったともいう。
　保育所での生活振りは、落ち着きがなく、しょっちゅう動きまわっているので、保育士はA児から目が離せなかったという。11ヵ月頃から歩き出し、それからは、益々落ち着かなくなり、多動な傾向が目につくようになった。そのため、3歳頃までは、度々火傷をしたり怪我をしたりすることが多く、安心して見ていられなかったという。
　2歳9ヵ月のときに、母親の実家へ連れて行った折、A児が2階から転落し

肩を骨折してしまった。また、その時は、連れ帰るのが大変だったので、Ａ児はそのまま２ヵ月間、２歳年上の姉と一緒に実家に残り、骨折の治療のため両親と別れて生活した。その後、３歳頃から少し落ち着きが見られるようになってきた。運動面や生活習慣の自立面での発達に遅れは感じなかったが、３歳を過ぎてもことばが遅れていることや手先が不器用で細かな運動が苦手なことなどがあり「どうにかしなければならない」と不安が大きくなってきた。３歳１ヵ月のときに児童精神科を受診し、そこで医師から、まだバビンスキー反射（２歳頃には消失している、新生児反射の１つ）が残っているので経過観察が必要と伝えられた。

〈家族歴〉

家族は、父（30代後半）、母（30代前半）、姉（5歳）、Ａ児の４人家族。両親は、地方から上京し職場で出会い結婚し家庭をもった。その後は、大都市郊外の住宅地で暮らし、現在は異なる会社で共働をしている。近隣には親しい知り合いがほとんどいない核家族世帯である。母親は、Ａ児のためということで、仕事の合間をぬって相談に来ている。母親は、姉に対しても同じであるが、Ａ児に対して特に心掛けて遊んでやることはないという。父親は、仕事熱心で帰宅時間が遅く、家庭でＡ児の相手をして遊ぶこともなかった。しかし、最近はＡ児のことばのことが心配になり、Ａ児に話しかけることを心掛けているという。

　2）相談経過（XY年12月〜翌々年１月、計12回）

①第Ⅰ期《非言語的共生関係》

〈初回　―インテーク面接―　12月25日〉

始めて会ったＡ児に、面接者が話しかけるとＡ児は母親の背後に回って隠れてしまった。面接者と母親が話していると、Ａ児は母親にまつわりついて離れず、母親の体によじ登ったり抱き付いたりして過ごしていた。母親もＡ児をあたかも乳児を抱いているかのように扱い、母と子の親密な接触が習慣になっているように見受けられた。Ａ児は「パパ、ママ、ラック（トラック）、ブン（新聞）、イコ（猫）、カーアン（かあさん）、アイ（ナイ）」などの二音節の単語が十数語言えることを確認できた。「ちょうだい」「これなあに」「ボールとって」といった簡単な日常語の指示理解もできていた。

母親は、A児のことばの遅れの問題について訴えた後で、「この子は甘ったれで、母親といっしょでないと寝むれない。家に帰ると母親にベッタリで離れない。父親にはなつかず、男の人には構えてしまう」と乳児の頃から続いている母親とA児の2人だけの密着した関係を話した。また、乳児期にA児を肺炎で入院させたときのことを回想し、「入院したとき、あんなに小さい子どもに太い針を刺して点滴したりして、そのうえ医者には、小学校へ入学する頃までは風邪をひきやすいだろうと言われ、気の毒なことをしたなと思った。その後も、風邪をひいて咳込むと、本当に苦しそうでかわいそうだった」とA児を辛い苦しい目に合わせてしまったことを後悔し、母親として苦しんできた思いを語った。

　母親は、A児を抱いて座っているだけで何か遊具を用いて一緒に遊ぶ姿は見られなかった。そこで、面接者がおもちゃの自動車や電車を出してA児を遊びに誘ってみると、A児は楽しげに遊び始めた。その様子を見ていた母親は、面接の最後に「この子には、いろいろ働きかけて、すすんで遊び相手をしてやらなければいけないようだ」と言い、これまでしてこなかった新しいかかわり方が必要なことに気付き始めたようであった。

〈第Ⅰ期の小考察〉

　A児と母親とのかかわり方は、抱かれて母親の身体で遊んでいるようなあたかも乳児期の母子関係を思わせるようなかかわり方で、母親の言うように「ことばで言わなくても気が付く」非言語的コミュニケーションが中心である。また、A児の人間関係は、ほぼ母親と仲良しの姉に限定されており、それ以外には広がらないようである。A児の家族は、仕事のため地方から上京し都会で家庭を築いている典型的な核家族である。そのため、近隣に身寄りや親しい知り合いもほとんどなく、孤立した環境の中での子育てになっていた。

　そんな生活環境の中で、A児は生後まもなく肺炎を患い、2週間の母子入院生活を体験することになってしまった。その時の母と子の苦痛な体験は、不安で心細かったものと容易に想像できる。この不安な体験が、その後の母子関係に特別な意味をもって、影響しているようである。また、共働きの夫婦であるため、産休明けの生後4ヵ月目からA児を保育所に入所させている。その後

は、繰り返し風邪をひき、その度に母親は「かわいそうなことをした」と肺炎を患わせたことを悔いながらＡ児の看病を続けることになり、ますます共生的状態に陥っていったと考えられる。このような、Ａ児がおかれていた生活環境を考えると、この家族の子育て環境を支える手立ての手薄さが問題の背景にあったと考えられる。

　乳児期に「あやしても笑うことがなかった」のは、Ａ児の肺炎で入院した影響や生育上の要因で発達が遅れていた可能性がある。また、「人見知りが強く、母親にベタベタくっついてばかり」いた状態は、Ａ児が育つ環境を刺激の乏しい単調なものにし、その後の発達の進行をさらに遅らせることになっていると考えられる。保育所で目立ってきた多動傾向は、母子共生的状態にあったＡ児が、母親との分離によって引き起こされた不安に対処するための未熟な防衛反応であったとも考えられる。その後、歩きだすようになって移動能力が拡大してきたことで、その多動傾向は、母親が「怪我をしたりすることが多く、安心して見ていられなかった」というくらいに極端な現れ方になったのではないかと推察される。

　そこで、Ａ児の子育てに悩み苦しんできた母親のありのままの気持ちを肯定的共感的に受容していこうと考えた。そして、母親が少しでも安心した子育てができるように、具体的なＡ児とのかかわり方を一緒に考えながら無理のない子育ての提案をするようにして、母親の気持ちをしっかり支えていくことを目指した。

②第Ⅱ期《共生的状態から開放されたＡ児の変化》

〈2回　1月8日〉

　母親は、正月休みに心掛けてＡ児の相手をして、今までにない程よく遊んでやったという。Ａ児は、初回のときのように母親にまとわりついていることもなく、部屋の中を探索し、遊具を見つけて母親に知らせたり、その遊具でしばらく遊んでいたりするようになった。風船を見つけ、面接者を相手に風船つきをして楽しむ姿も見られ、大人を相手に遊ぶことがうれしい様子であった。また、母親が言ったことに対して「イヤ」「バカ」と言って拒否し、自己主張する場面も出てきた。ことばは、「ボクノ」「ママ　コッチヨ」「クツ　イヤ」

第10章　幼児期のことばが育つ環境と人間関係　185

など二語文の使用が認められ、語彙が急に増加し、簡単なことばでのやりとりが成立するようになった。
〈3回　2月19日〉
　遊具を使ってよく遊び、時々母親に話しかけたり、遊具を持ってきて見せたりしながら、母親と遊具の間を行ったり来たりし、母親を安全基地にして遊んでいた。また、遊んでいるときの話量がさらに増加し、「ママ　オッキイ　ブック（ブロック）」などの二語文や三語文の使用も目立ち、さらに「ドーシテ」など質問することもみられた。保育所でも遊んでいるときには、活動に集中している姿が見られるようになり、「○○センセー　キテ、ミテ」などと保育士の名前を呼んで話しかけるようにもなったと母親から報告があった。
　家庭では、正月以降、A児が母親と姉を相手に、かるた取りをして遊ぶのが大好きになり、毎日何度もかるた遊びをしているという。絵本にも興味が出てきて母親に同じ絵本を繰り返し読んでほしいとせがむようにもなった。
〈4回　3月12日〉
　3回目と4回目の間に、A児を紹介してきた保育所の保育士から電話があり、面接者にA児の様子について、「急にことばが出てきて、二語文も使っている。紙芝居も見るようになったし、活発な遊びもするようになった」と喜びの報告があった。
　母親は、A児と遊ぶときにことばでやりとりしながら相手をすることが楽しくなったという。保育所でも集団での活動に参加するようになり、クラスの子どもたちの前で前日の体験を話すことができ「自信がついてきて、話すこともはっきりしてきた」ようだという。また、話し声が力強くなり、それに伴い全般に発音も正確になり、聞き取れないことばが無いくらいに発語が明瞭になった。PVT（絵画語い発達検査）を実施したところVA（語彙年齢）が3歳0ヵ月であった。
〈第II期の小考察〉
　相談が開始され、母親がA児の遊び相手をする必要性に気付き、正月休みに進んで遊び相手をした。そのことが功を奏し、2回目の相談に見えたときには、母子共生の密着した関係から開放されて、A児が母親から離れて周りの世界を探索するようになった。3回、4回と回を重ねるごとに、A児は母親と距

離をとった関係で遊びを楽しめるようになり、保育所でも活発に遊び集団生活も順調に過ごしている。それは、A児がいつまでも共生的な母子関係の中に閉じ込められていた状態から開放され新たな関係ができやすくなったからであろう。母親もほっとして、これまで抜け出せなかった母子の密着した関係を終わりにできたという安堵感がうかがえた。その新しい母子関係の中で、お互いのやりとりがことばを主体としたコミュニケーションへと自動的に移行していったと推察される。その影響で、実用的なコミュニケーションの手段として耐えられるくらい、ことばも正確に発音されるようになり、語彙も豊富になったと考えられる。このように急な変化がみられたということは、A児のことばの遅れの問題は、生物・医学的要因よりも心理・環境的要因が大きく影響していたからだと考えられる。

③第Ⅲ期《新たな不安の兆し》
〈5回　5月6日〉

「ママ　アッテモ　イー（ヤッテモイイ）」「プリン　タベタイ　カッテ」「アカチャンジャ　ナイゾ」とことばで要求したり不満を言ったりする表現ができるようになった。家庭でも、電話口に出て話をしたがり、電話の相手と簡単な会話ならできるようになった。母親の報告では、親と遊ぶよりも、屋外で他児と一緒に遊ぶ方が楽しくなり、食事も忘れて遊んでいるとのことであった。また、遊んでいるときによくことばを使ってやりとりし、お喋りになったという。A児は、毎晩、寝るときには、母親が添い寝をし、絵本を読むことを要求し毎日10冊くらい読んでもらうことを楽しみにしていた。ところがこの頃、時々、保育所への通所を渋ることが出はじめるようになり、母親は不安を感じていた。

〈6回　5月27日〉

この回、母親は困っていた。「一頃離れていたのに、この10日間くらい母親から離れなくなった。保育所へ行くことを渋り、母親と一緒に仕事場に行きたがる。それで、毎朝、泣きながら通所している。すごく手こずっていて、今までこういうことはなかった」と、母親はA児の変貌振りを理解しかねていた。一方で、A児が「ママー、ママー」と頻繁に呼ぶことが目立ち、家庭でも、母親の跡追いをして母親について回っているという。また、A児は、母親

を相手に鬼ごっこやかくれんぼをし、逃げ隠れするA児を母親が捕まえる遊びを好んでしていた。

相談中は、面接者や母親にたびたび遊び相手を要求し、ままごとや電車ごっこなどをして遊んだ。A児は、その中で盛んに会話を交わし、ことばでやりとりしながら遊んでいた。また、「ドイテ　ムコウ　イッテ」「ミチャ　ダメ」などとことばで大人に指示や命令をしていた。PVTを実施しとところVA（語彙年齢）が4歳0ヵ月にも達していた。

〈第Ⅲ期の小考察〉

5回目以降、A児はことばで要求や不満を表し、急速に母親との密着した関係から開放され、母親以外の世界との関わりを楽しんでいた。しかし、その密着した母子関係からの開放は、同時にA児に母親との分離意識を強く感じさせるように作用することになったと考えられる。つまり、離れて自由に動き回ることで、かえってA児は母親から離れてしまったことに気付き、もっと接近したいという気持ちと逆に離れて遊びたいという気持ちが同居するというマーラーの指摘している「最接近危機」状態（マーラー, 1981）と同じアンビバレントな葛藤が引き起こされたと考えられる。その1つの現れが、保育所への通所を渋るという現象であったと思われる。母親は、この時始めてA児の気持ちが理解できないものになったと感じて再び不安になってしまった。このことは、再構築してきた母子関係が成熟しておらず不十分な状態にあることを表しているだろう。しかし、A児はことばを使ってやりとりしながら、ごっこ遊びをするなど、着実に新しい人との関わり方を取り入れつつあり、その中でことばの発達は確実に進み、わずか2ヵ月足らずの間にPVT検査では語彙年齢が1年分も上昇していた。

④第Ⅳ期《母と子の葛藤と不安》

〈7回　6月24日〉

母親は、「この子、動きが悪い。やっぱり何か異常かあるんじゃないか」と、この回になっても医師に指摘されていたA児のバビンスキー反射の異常についての不安が蘇り悩んでいるようであった。また、A児の行動についても「今まで、反抗することがなかったのに、この頃、反抗して親に向かってく

る。言えばわかるはずのことも聞かないで、いけないと言うことをやって困らせる。そうかと思うと母親に着いて離れないし、朝なんかは、保育所へ行くときに、しがみついて離れず、預けてくるまでに疲れてぐったりしてしまう」と、A児の変貌した姿に当惑し困り果てている様子だった。

　面接室での母親とA児のやりとりを観察していると、母親が繰り返し「赤ちゃんだもんね」と言ってA児のやっていることやできないことをからかったり、A児のすることに指示や命令をしたりして干渉していた。それに対してA児は怒りだし、「ヤダ、ヤダ」と言って拒否したり、母親がいけないと言いそうなことをわざとやったり、落ち着きなく動き回ったりして母親をいら立たせ困らせていた。

　そこで、面接者の提案で、母親がA児の相手をしてお店屋さんごっこを始めると、A児は、お客になって遊びを展開し、母親とことばでやりとりを活発に交わしながら、満足した様子で落ち着いて遊びを続けられた。その場面では、ことばをよく使用し話量も増加していた。

〈8回　7月22日〉

　母親の話では、「家の中ではしょっちゅう何か言っているのでうるさいくらい」だという。「家へ帰ってくると、友だちの名前や保育士さんの名前を言って、保育所での出来事を話してくれるようになった。このままいけば喋ってくれるかな」と母親はうれしそうに語っていた。A児は、母親に「ママ　ミテゴラン。ママ　キテゴラン。ミテゴラン　スゴイデショ」と呼びかけたり、盛んに母親とのかかわりをことばで求めたりしていた。

　しかし、あいかわらずA児のいたずらは続いていた。母親は、そんなA児に対して、怒って禁止したり、脅したり、叩いたり、つねったりして徹底して拒否し続けた。時に甘えてくるA児であったが、母親はつき離し嫌悪感をあらわしていた。母親に拒否されたA児は、黙りこくってしまい、挙句の果てに不機嫌になって寝転んで抵抗していた。その時には、A児のことばは不明瞭になり、話量も減ってしまった。面接者には、母親がどうしても改善できないA児との関係にもがいているように感じられた。

〈9回　8月25日（欠席）〉

第10章　幼児期のことばが育つ環境と人間関係　189

この回は、何の連絡もなく欠席した。後でわかったことだが、実家に帰省していた。

〈10回　11月4日〉

9回目が欠席であったため、しばらく相談期間が空いてしまった。10月後半にA児が脳波検査を受け、医師から「少し異常波が出ている」と言われていた。念のためCT（コンピューター断層撮影）検査を12月に受けることになり、母親は不安になっていた。「生まれつきもっているものが何かあるんじゃないか。よくわからないところで悩んでいるので心配に限りがない」と母親は、不安そうな表情で話し、気持ちが落ち込んでいる様子だった。

面接室でのA児は、落ち着かず多動気味で無気力であった。ただ、家庭では、両親と姉、A児が一緒になって家族みんなでジョギングを始めるという家族の新しい動きが出てきていた。「オレ、オマエ」「ナンダ　バカヤロ」といった口のきき方をするかと思うと、恥ずかしがったりするという今までなかった感情表現をするようにもなってきていた。

〈第IV期の小考察〉

7回目の面接では、母親に対する激しい拒否やしがみつきのエピソードが報告されている。その状況で母親のとった態度は、A児を赤ちゃん扱いし干渉してしまう以前の共生的な母子関係に逆戻りしてしまうものであった。加えてA児の医学的な所見（反射異常）が、理解できない子どもの行動と結び付いて母親の不安を増幅させ、A児の成長に有効な援助ができなくなるほど影響していた。母親のこの不安は、医学的な異常所見がなくなるまでほぼ半年間続くことになった。

母親とA児のこの葛藤を除けば、むしろごっこ遊びの中では、自分の世界をのびのびと展開することができたり、保育所での人間関係が広がってきたり、母親や面接者とことばでやりとりしたりして、母親もA児のことばの発達に期待がもてるくらいに育ってきていた。しかし、A児の方から盛んにことばで母親にかかわりを求めても、それに対して母親は有効な応答ができず、A児を「叩いたりつねったり」する幼児的な拒否表現になってしまっている。母親にとってA児の困った行動が理解し難いものになり、それが過去の乳児的

な非言語的母子関係へと引き戻させていると考えられた。その結果、A児は落ち着かなくなり無気力になっていた。その上、A児は一時的にではあることばをコミュニケーションに役立てなくなってしまう状況さえ出現したと考えられる。まさに母親の不安感が以前の問題を再燃させてしまった。この母親の不安な気持ちは、相談では解消できないと感じていたのかもしれない。その無力感が、無意識に9回目の無断欠席と実家への帰省となって現れたとも考えられる。身近に親身になって相談できる人がいない中で、母親の心の根底に沈んでいた不安をしっかり支え受け止めていく必要があると、面接者は再認識することになった。

⑤第Ⅴ期《葛藤を乗り越えての成長》

〈11回　12月16日〉

　A児に身体的異常があるのではないかと心配していた母親は、開口一番に「CT検査では全く異常がありませんでした」と不安が拭い去られてホッとした明るい表情だった。「保育所へは、喜んで行くようになり、保育士さんも『他の子どもと話もできるし、何も心配がない』と言ってくれている。このままいけば、これでなんともないのかな」と一安心した様子だった。この頃A児は、家へ友だちを連れてきたり、わんぱくな男の子にあこがれたりしているとのことで、友だちとの関係が広がってきている様子が報告された。

　面接室でのA児は、「オレンチサ　タカシクン　ツレテキテ　イイカナー」といった仲間ことばで母親に話しかけてきたり、耳元で内緒話をしたりするなど、自分の気持ちや思いなどを、ことばで明確に伝えられるようになり、ことばによるコミュニケーションに多様な広がりが見られるようになってきた。

〈12回　―終結回―　1月27日〉

　母親は、「最近、何もしないのに疲れると思っていたら、A児がよく話し掛けて、なんだかんだ言ってくる。それで疲れるようだ」とA児のお喋り振りを笑顔でうれしそうに語っていた。また、「正月休み明けも保育所へ嫌がることなく行った」と安心していた。

　面接室での母と子の姿も楽しげであった。「ママ　ホン　ヨンデクレ」とA児は絵本を母親の所へ持ってきて、母親の膝に抱かれて読んでもらっていた。

「ヨカッタネー。モーイッカイ　ヨンデ」とＡ児は繰り返し母親に絵本読みを要求し、母親は快くそれに応じていた。絵本を読み終えてから「ウントネ　イナカエ　イッタラ　コレネ　ウントネ　アッタネ。ダッテサア……」などと、多語文を用いて長話をし、30分間以上も親子で会話を楽しんで過ごしていた。Ａ児が話すことばの中には、部分的に幼児音が残っているものの聞き取りやすい明瞭な話し方であった。遊びも意欲的で、廃品の箱をトラックや電話や望遠鏡などに見立てて、母親や面接者を仲間にさそってごっこ遊びを展開し、のびのびと遊びを楽しむＡ児であった。その姿にＡ児の成長ぶりが感じられ、母親も安心している様子だった。

　そこで、母親に安心感が得られ安定した子育てができてきていること、Ａ児が保育所での生活を楽しめるようになりことばの発達にも良い影響がはっきりと認められること、そのためことばの習得も順調に進んでおりことばの問題についての心配がほとんど消えてきていることなどを総合的に判断し、母親と相談の上、この回で終結することにした。

〈第Ⅴ期の小考察〉
　10回目、医学的所見に異常が認められなかったことで、母親の不安は一気に拭い去られた。それにより安定した母親は、Ａ児の葛藤を引き起こすようなかかわり方をしなくなり、Ａ児も保育所への通所を嫌がり母親を困らせることもなくなった。保育所では友だちや保育士との関係が広がり、仲間ことばを使うようになり、遊びも仲間を誘っての協同遊びへと発展している。最終回に絵本を親子で読む姿に見られたように母親のＡ児に対するかかわり方は、ことばを有効に役立てながら自律していくＡ児の気持ちを満足させ、一方で、Ａ児を膝に抱いて母親と密着していたい欲求を満たすという、Ａ児のアンビバレントな心の葛藤をうまく受け止め情緒的に有効な援助ができるようになってきていた。母親はＡ児と葛藤する難しい時期を、ことばと遊びを母子の間に取り入れた楽しい見事なかかわり方ができるようになり、Ａ児にどうかかわったらよいかという現実的な課題が解決し、子育てに自信がもてるようになってきていた。

3）事例Ａ児の考察
　この事例では、Ａ児が生後間もない時期の母親との入院生活を契機に母子の

共生的な関係が遅延し、母子共に密着した親密さをなかなか手放せず、遊具やことばを介在させたやりとりをして遊ぶ関係へと発展できずに非言語的な関係を引きずっていた。密着した母子関係の中では、ことばによるコミュニケーションを発展させづらく、むしろことばを用いない身体的接触によるコミュニケーションの方が重要な役割を果たしていたと思われる。その結果、A児がことばによるコミュニケーションを用いる意欲を乏しいものにしていったと考えられる。そして、母子の共生的関係の遅延の背景には、この家族がおかれている現代社会で孤立する核家族の生活環境があったことがうかがえる。このような幼児のことばの相談においては、子育て支援がほとんどない中での共働き世帯の子育て環境を思慮した保護者の受容と支援とが特に重要である。

　事例の相談経過を振り返ってみると、相談が開始された第Ⅰ期の《非言語的共生関係》から始まった。しかし、その後に続く第Ⅱ期《共生的状態から開放されたA児の変化》では、A児は母親に対する愛着が強くなっていった。ところが第Ⅲ期《新たな不安の兆し》では、A児が母親との分離意識を強く感じるようになりアンビバレントな心の葛藤状態が出現してきた。第Ⅳ期《母と子の葛藤と不安》になるとこの葛藤状態は、A児にとっても母親にとっても受け止め難い、処理できない問題であったため、お互いを困らすように作用し親子を悩ますことになった。しかし、第Ⅴ期の《葛藤を乗り越えての成長》では、その葛藤状態と向き合う過程で、母親の見事な成長が認められ、A児の成長にとって母親が情緒的に有効な存在となり、適当な距離間を取った関係の中で、A児を受容しことばでやりとりしながら遊ぶという良好な関係が形成できるようになっていったと考えられる。

　ところで、なぜ、母親がこのように見事な変貌を遂げられたのか、その心の内を明かすことはなかった。葛藤が大きくなってきた9回目の相談日を欠席し親子で里帰りをしたこと、脳波検査で医学的異常所見が消えたこと、この二つの出来事の中で母親の内面に変化があったのではないかと想像される。だが、その変化の内実は秘められたままで語られなかった。おそらくは、これまでずっと心の中でこだわりの感情となって自分を責め続けていたかもしれない、子どもが肺炎になり入院させたという母親が子育ての最初に味わった大き

なつまずきに関わることだろう。その拭い去れない辛い感情を乗り越えることができ、晴れ晴れとした心もちを取り戻せたという母親の変貌に出会った時、面接者は母親と共にその喜びをありのままに受け止め母親としての成長を感じることができた。この相談を通して面接者と育んだ信頼関係という支えが、母親の安心感や子育ての自信、成長につながったと考えている。

5　まとめ

　このように、幼児のことばの相談では母子関係が重要であり指導上の要になっている。しかし、掲載した事例のように親密な母子関係が形成されても、いつまでもその段階に留まり、なかなか言語発達が進まない例も多い。そうした事例においては、母子関係の接近と隔たりというアンビバレントな葛藤を繰り返していくうちにやっかいな問題となって膠着してしまっている場合（マーラー（1981）は、「最接近危機」と呼んでいる）がある。このアンビバレントな葛藤の課題を母子ともに乗り越えられるように援助していくことが幼児のことばの相談で有効な支援になることがある。

　幼児のことばの相談は、子どもの成長発達を待たなければならないことであり、相談がある程度長期間にわたるものと想定しなければならない。そして、Ａ児の事例に見られるように相談の過程は、必ずしも一様ではない。掲載した事例では、第Ⅰ期の《非言語的共生関係》から第Ⅱ期《共生的状態から開放されたＡ児の変化》、第Ⅲ期《新たな不安の兆し》、第Ⅳ期《母と子の葛藤と不安》、第Ⅴ期の《葛藤を乗り越えての成長》へと5期にわたる変遷過程があり、その時期ごとにまとまった子どもと保護者の変容する姿があった。相談過程の中には、順調に改善の方向に向かっている姿が確認できる時期もあるが、途中で問題が再発し後戻りしているように見える姿も出ている。相談する保護者は当然であるとしても、相談を受ける担当者も不安を感じ戸惑うことがあるかもしれない。しかし、それぞれの時期の変化には理由が存在している。

　そこで、重要になるのは、相談事例の見立てである。対象児の現状のことばの評価だけでなく、生活全般の状態や人間関係などの在り方についても相談時

の姿を観察し把握する必要がある。対象児の生育過程やその子を取り巻く生育にかかわった環境状況について、面接の中で多面的に詳細な情報を得て対象児の具体的な生育像が描けるくらいの生育情報の読み取りが必要である。対象児の現状の姿を生育像から説明できるくらいの確かな子ども理解に基づいて、相談過程を見通しながら幼児のことばの相談をすすめることが肝要である（掲載した事例は、プライバシー保護のため個人の特定につながる事柄については、事例の内容の本質に影響のない範囲で記載内容を変更している）。

文献

ボウルビィ，J. 黒田実郎・大羽蓁・岡田洋子・黒田聖一訳（1976）母子関係の理論 I 愛着行動．岩崎学術出版社．

ボウルビィ，J. 黒田実郎・吉出恒子・横浜恵三子訳（1977）母子関係の理論 II 分離不安．岩崎学術出版社．

ボウルビィ，J. 黒田実郎・吉田恒子・横浜恵三子訳（1981）母子関係の理論 III 愛情喪失．岩崎学術出版社．

ハント，M. 波多野誼余夫訳（1976）乳幼児の知的発達と教育．金子書房．

保育臨床相談システム検討委員会編（2011）地域における保育臨床相談のあり方―協働的な保育支援をめざして―．ミネルヴァ書房．

小林倫子・久保山茂樹（2001）地域における早期からの教育相談の場としての「ことばの教室」の役割．国立特殊教育研究所研究紀要，28, 11-21.

マーラー M. S. 他　髙橋雅士・織田正美・浜畑紀訳（1981）乳幼児の心的誕生．黎明書房．

野本茂夫（2012）保育園・幼稚園での特別支援の実情．教育と医学5月号．慶応義塾大学出版会．

岡本夏生（1985）ことばと発達．岩波書店．

全国言語障害児を持つ親の会編（1980）ことばの教室　育児とことば．労働教育センター．

田口恒夫・増井美代子（1976）ことばを育てる　ことばの遅れたこの指導．日本放送出版協会．

谷俊治（1992）言語障害児の指導と母子関係．特殊教育学研究，30(2), 71-80.

上村逸子（2012）通級指導教室における課題と展望―「ことばの教室」を中心に―．大阪教育大学障害児教育研究紀要，34, 23-32.

第11章

言語障害児の指導における樹木画検査の実施と活用

石川清明（國學院大學）

1 はじめに

　コミュニケーションに障害（Communication Disorders）のある難聴児や言語障害児の指導に際して実施される各種検査は、言語発達検査や構音検査、吃音頻度の検査、聴力検査など障害の程度や性質を直接評価の対象とするものと知能診断検査や性格診断検査、人格診断検査などの心理学的な検査、脳波検査や遺伝子検査、代謝機能検査などの医学的検査などに大別される。
　ここで取り上げる樹木画検査（バウムテスト Baum Test）は、描画検査に属し、心理学的検査の投影法による検査に分類される。
　描く対象によって、樹木画、人物画、家族画、動物画、家木人物画（HTPテスト）などいくつかの種類があるが、ここでは最も多く利用されている「樹木画」を取り上げて、これから同テストを導入しようとする際の手引きとなるよう具体的な検査実施手続きや対処に迷うときの対応、得られた結果の解釈に関する基礎的事項などについて理解を深めることを念頭に置き、できるだけわかりやすく平易な表現を心がけた。
　日本では、コッホ（K. Koch）の名が1949年に刊行された書籍によって広く知られているが、同テストの始まりは、1928年頃から職業相談に使用され、その後、精神科の領域で成人を対象に実施され臨床的研究も幅広く行なわれてきた（コッホ，2007；山中他，2011）。臨床心理学の分野でも非行などの問題行動

と知的発達との関連についての研究をはじめ近年では「不登校児の母親面接」「発達障害」「児童虐待」の分野へと検査対象が広がってきている。(岸本, 2012；衣斐, 2012；村上, 2011；廣澤, 2007)

　このようなさまざまな分野での利用は、他の心理学的検査に比べて専用の検査器具が不要であり鉛筆と紙があれば実施することができ、検査に要する時間も短時間であることに加え、検査者に実施や記録法に関する知識や技術を要さないため、取り組みやすいことも影響していると考えられる。しかしその一方で、検査の結果が得点として数字で得られ、発達年齢や指数、プロフィール、類型や分類などの形で処理手続きが定められている検査とは異なり、結果を解釈し読みとる手続きが必要となるため利用を躊躇するわかりにくい検査との印象をもたれているようである。しかし、バウムテストは、他の検査では捉えにくい心理的側面を理解することに役立つ適応範囲の広い検査の1つと言える。

2　バウムテストの実施

(1) 対象年齢の下限

　検査の実施が可能な条件は、樹木と判断できる描画が可能なことであり一般的な年齢の下限は、4歳頃である。発達には個人差が見られるので、日頃から描画に慣れ親しんでいる場合を除き、3歳では描かれたものをことばで樹木と命名しても形態の判別が困難な錯画である比率が高まる（中島, 2006）。

(2) バウムテストおよび描画テストのいろいろ

1) 実施方法

　テストの実施は、個別に実施する方法と集団で一斉に実施する方法がある。実施方法によって、用具や教示が異なることはない。

2) 描く樹木の本数（検査用紙の枚数）

　一般的な方法は1枚の用紙に樹木を1本描くのみであるが、複数の検査用紙を使用する方法で、樹木を1本描いたところで2枚目の用紙に変えて計2本の樹木を描くことを求める「2枚法」（一谷, 1985）、同様に3枚描くことを

求める「3枚法」（カスティーラ，2011）などがある。それぞれ教示が異なり、樹木間の相互比較を行なうので、その分得られる情報量が増える反面、解釈の際に考慮すべき事項も増え、複雑となる。

3）彩色の樹木

一般には、検査用具として使用されるのは黒の鉛筆であるが、色鉛筆や色サインペンを使用して樹木を描くことを求める「彩色法」がある。幼児や知的発達に遅れが見られる児童の場合など、鉛筆を持って描くよりもクレパスやサインペンを使用した方がなじみやすく、描きやすいと判断される場合や筆圧が弱く鉛筆では薄く描かれる場合などで用いられる。「色」が指標として加わるので、その分解釈が複雑となる。

4）樹木とそれ以外を描くもの

最も一般的なテストは「HTPテスト」でBuck. J. Kが提唱し、家（House）木（Tree）人（Person）を描くことを求めるものである。さらに人物を男女それぞれ描くことを求める「HTPPテスト」が考案されている。この他にも樹木を描くことは求めないが、「星と波描画テスト」「ワルテッグ描画テスト」などの描画テストが考案され活用されている（杉浦他，2012）。機会があれば、これらの描画テストについて、それぞれの特徴を整理し知識を得ておくことは、バウムテストのもつ特徴ならびに長所や短所の理解にもつながり、テストの活用について役立つことと思われる。

（3）教示

1）代表的な教示

バウムテストには、標準化された教示は存在しない。検査者がそれぞれの考えをもとに教示を工夫して使用している。それは、検査対象の年齢層や問題の違いに起因していると思われる。代表的な教示の例をいくつか紹介しておく（石川，2014）。

最も簡潔な教示は「木を描いてください」であり、他に「木を1本描いてください」「木の絵を描いてください」「実のなる木を描いてください」「リンゴの木を描いてください」などが挙げられる。

「木を描いてください」の場合、文字習得期の頃「木」は、絵ではなく文字を書くことを求められたと判断して「き」と文字を書くことはよく経験するところであり、発達障害児でも時々みられる。また、幼児期や小学校低学年では、絵を描くことが課題との判断から、教示から離れ複数の樹木を描いたり、自分が描きたいものを次々と描くことも稀ではない。

2）使用する教示の決定

教示の文言に「実」が含まれていると、「実」が含まれていないものよりも「実」の出現が多くなる。教示の直前に用紙を配りながら「絵を描いてほしいのだけれど……」など、限られた時間をうまく使うような工夫や必要に応じて「リンゴの木」など具体的な樹木のイメージをもてる表現を使うことなど検査対象の特性に応じて教示を変えることも必要となる。

教示は描かれる樹木にさまざまな影響を与える。日頃から同一の教示を使用し、必要に応じて表現を工夫する。実施条件を同じにすることで検査結果に関する情報の蓄積が可能になり、被験者間あるいは被験者内の比較を可能にする。樹木の特徴や変化が捉えやすくなり検査精度が高まる。日頃と異なる教示を使用した場合は、教示内容を記録しておくことを忘れてはならない。

（4）検査に使用する用具

検査に必要な用具は、**表 11-1** に示したように①紙、②鉛筆、③消しゴムの3点のみである。各用具とその扱い方について以下に示す。

1）用紙および用紙の置き方

一般には、コピー用紙などの白紙（A4判）を1枚被験者の前に縦に置く。被験者が描画にあたって横置きにして描き出しても中断せずに横置きのまま描く

表 11-1　検査に使用する用具

用　具	品　目	規格・数量	備　考
用紙	白紙	A4判　1枚	コピー用紙など
筆記具	黒鉛筆	4B～2B　1本	色鉛筆の黒は避ける
	消しゴム	1個	プラスチックがよい

ことを継続する。また、稀ではあるが、用紙を回転させて用紙端の各方向から描いたりする場合であっても中断はしない。

　用紙は、検査開始時には縦に置くが、描き出した後は被験者の描きやすさを優先し、描く妨げとなるような介入は極力避けなければならない。

　横置きは、幼児を中心に比較的よく見受けられる。これは、幼稚園や保育所でのいわゆる「お絵かき」では画用紙を使用しているが、幼児用のスケッチブックの綴じ方や普段の画用紙の使い方をみると、縦書きは肖像画を描く以外はあまりなく、風景画をはじめ横置きでの使用に慣れていると思われる。また身体位、腕の長さや使用する幼児用机の大きさなどの制約もあり、縦置きでの描画経験が少ないことが影響している。

　横置きで全体のバランスを考慮せずに描き始めると上端が収まらず樹冠部が横長になりやすい傾向がある。こうした樹木は、幹部と樹冠部とのバランスも悪く、樹木の形態だけを見ると上部が圧迫されている印象を検査者に与えてしまうが、解釈の際に安易に「抑圧の現れ」などとすることは避けたい。

2）筆記具

　黒色の鉛筆（4B～2B）を1本使用する。ただし、色鉛筆の「黒」は使用しない。芯は鉛筆削りなどで削っておく方が、検査条件が一定になるので筆圧に関しての解釈に際して判断がしやすくなる。力が入るなどして折れることもあるので、予備の鉛筆を用意しておくことは言うまでもない。折れた場合は速やかに代わりのものと取り替えるが、その際は「これを使って」程度に留めて「あまり力を入れないように」「力を入れると折れるから」などと折れたことに関する一言は厳禁である。テスト中であり、鉛筆の適切な使用法などに関する指導は、時を改め別の機会に行なうことが肝要である。芯が折れる程力が入っていたことも大切な所見であり、記録しておく。何よりも、その後の筆圧に影響するようなことは避けなければならない。

3）消しゴム

　検査中の消しゴムの使用に制限はなく自由に使用することができる。

　しかし、描いた樹木を消そうとした場合、部分的で明らかな描き誤りである場合を除き、筆者は新しい用紙を手渡すことがある。検査時間の短縮になるだ

けでなく、消そうとした行動も重要な所見である。消そうとした対象の位置や描かれ方が一部でも残っていると、何を描こうとし、また、なぜ消そうとしたのか、その行動の背景となる要因を推定する際の手掛かりとなる。描こうとした対象の象徴的な意味が意識化され、心理的な平衡を保とうとして消去する行動を取った場合の臨床的意味は大きい。

このような消す行為は、消しゴムの使用だけでなく、描いた対象を鉛筆で「塗り潰す行動」として見られることもある。どちらも、消したり塗り潰したりするときに強い力が入ることが多く、用紙がしわになったり破れてしまうこともあり、時として意図的に用紙を破いたり握って丸めたりして破棄しようとすることもある。

(5) 記録すべき事項

記録すべき事項は、検査実施日や被験者氏名、年齢、所属などの基本情報以外に次のような項目があげられるが、すべてを必ず記録しなければならないという規定などはない。記入に当たっては、後日、内容の確認が取れるように過不足なく記入すること。記入した用紙には個人情報が記載されていることを十分考慮し、検査用紙の保管などにも十分配慮した取り扱いをしなければならない。

① **描画に要した総時間**　多くの場合、単位は分で表記する。特に検査開始から描く行動を開始するまでに要した時間を忘れずに記録することも大切な情報が得られる。

② **筆順の概略**　すなわち描き始めの部位、幹部、冠部、根部、輪郭線、実や枝、葉、陰、樹木以外の付属物、描き終わりの部位など。また、幹部であれば左右どちらを先に描いたか、冠部であれば、右回りか左回りかなどを記録する。樹木の略図を小さく描き、観察によって得られた順序を記入すると集計しやすい。

少なくとも、描き始めの部位と用紙に対する位置を明確に記録しておくと解釈の際に参考となることがある。

③ **利き手**　描画に使用した手が右か左かを記録する。幼児や小学校低学年で

は、樹木の傾きや曲り具合と関連する場合がある。
④検査中の姿勢・取り組む様子・言動　観察された行動の特徴だけでなく偶然検査中に気付いた行動なども記録しておく。行動の意味などを探ることはしなくてよい。発言はそのまま記録しておくが、検査開始からの経過時間や何を描いているときかなどを記述した情報は後に役立つことがある。

(6) 検査の終了や中止

検査に時間制限は設けられていない。従って、被験者が描き終えたことを検査者に伝えたり、何らかの形で終了を表現するまで検査に集中して取り組めるように配慮する必要がある。

幹部の樹皮や冠部の葉などの細部を丁寧に描き続けたり、描いては消しゴムで消すことを繰り返すこと、少し描いては、描くことをやめ、時間をおいて再度描き出すなど、検査時間が予想以上に長時間化する場合がある。また、運筆が極端に遅い場合などさまざまである。また、なかなか描き始めようとせずに「何の木を描こうか」と言いながら取り組もうとしない場合や検査中に周囲の物品に興味を示し落ち着きのなさが目立ったり遊び始めたりすることがある。

いずれの場合も、検査に対する構えについての大切な所見であり、初回検査時は、特別な指示や対応をとらずに様子を観察し記録する。また、指導経過の途中でこのような遅延行為が出てきた場合も大切な所見となる。

(7) テスト実施に際しての留意点と対応

1) 検査実施の方法

集団で実施する場合は、周囲にいる他の被験者の描いた樹木や描画途中が披見できる状況では、模倣や見られていることの影響が十分予想される。描画完成までの時間は個人により異なり、対応が遅れると余った時間で樹木を複数描いたり樹木以外を描き始めたりする行動が生じやすいので検査環境を整えることに特段の留意を要する。また、描画中の様子からさまざまな情報が得られるので、検査中の様子を観察しやすい個別検査から始めるのがよいであろう。

2）写生や模写の防止

校庭の樹木や室内に掛けてあるカレンダーやポスターなどの樹木をモデルにして写生をしたり、集団検査の場合、少人数であっても模倣（模写）が行なわれていた場合は、検査結果から除外しなければならない。座席の向きやモデルとなる対象物の排除など検査環境への事前の配慮を行なっておくことも留意しておきたい事項である。

3）描画行動からの逸脱

描くことそのものに関心が向き、樹木を次々に描こうとしたり、樹木以外に自分が描きたいアニメのキャラクターなどを描こうとする場合、樹木を描くように強く求めてはならない。自発的に描いていない樹木画は検査結果として取り扱うことはできない。

4）検査に対する拒否的行動

複数回にわたって同テストを受けた経験を有する場合に時折経験することとして、テストを拒否する行動は取らないが、樹木を描くことを忌避しようとする行動や、描いた樹木を消そうとする行動、用紙を破いて破棄しようとする行動をとる場合がある。

検査者との関係性の中で、自由な意思表示や感情表現が取れるようになったと考えられる場合や優位性を得ようとする行動、自分の置かれた状況を適切に理解することができない場合など理由はさまざまである。推定される要因を無理に決めたり、こうした行動の背景を探ろうとしたりせずに、検査者が感じた事項を短いことばで記述しておくことが、指導経過ならびに改善過程と連動する意味のある指標となる。

5）描画結果に対する評価について

評価に関する事項は、検査者側からみた評価と被験者側からみた評価とに大別できる。

検査者側の評価について最も多いものは、「上手に描けたね」と言ってしまうことである。禁句とも言える。評価の観点を示すことになり、次回の検査への取り組みに不要な緊張を与えることになったり、拒否的態度を取らせてしまうなどの影響を及ぼすことが予測される。

被験者側の評価については、「何点？」と尋ねるなど、描いた樹木に対する評価点を気にしたり、「丸を付けて」などの要求をする場合も稀ではあるが経験する。課題や提出物、自分の行動に対する外からの評価に関心が高かったり不安傾向が高いとも言える場合がある。

3　バウムテストの解釈

（1）解釈の基礎となる樹木画の発達

描画は、年齢とともに描き方に変化が見られ、運動発達や精神発達、情緒の分化など発達の諸側面と関連があると考えられる。従って、描かれたものはそれぞれの発達の程度や発達上の問題を示す指標として捉え直すことができる。

樹木画を解釈する際にも描画の発達的側面について、基本的な事項についてはある程度の知識が必要とされる。特に幼児や発達上に問題がある子どもや改善の過程で一時的な退行を示す経過をたどる場合などがあり必須といえる。

1）描画にみられる表現上の特徴

年齢の低い描画表現の特徴と樹木画との関連を中心にいくつか紹介する。

描かれた位置やテーマについて①思いついた対象を次々と描き、描かれたもの相互に関連が見いだせないものでテーマや物語性がなく、絵にタイトルがつけられないもの。描く位置も一貫性がなく用紙のあちらこちらに描くことが多い。②描かれたものが横並びに描かれているもので、同一のものが描かれることが多い。③用紙の下端やいわゆる「基底線」の上に描かれるものなどがある。

描かれたものが擬人化されているもので、樹木画では冠部あるいは幹部に顔が描かれ、幹部が体幹、枝が上肢として描かれることが多く「アニミズム表現」と言われるもので、人物が描かれることが多い。

「レントゲン画」もよく描かれるが、樹木画においては、成人にも冠部に隠れて見えないはずの幹部を描くことが珍しくない。樹木の断面を描いたような立体感、すなわち冠部内に実や葉が重なることなく１つの平面上に描かれる一方で、幹部に陰影を付けるなど立体感を表現したりもする。こうした一見矛

盾した表現が同一の樹木に見られることは稀ではなく、描かれた樹木画が写生した樹木ではなく心理的内面を投影している現れと考えられ、樹木画のもつ特徴の1つと言える。

また、描画において図式的表現をとる時期に幼児期を中心に比較的細長い長方形の幹部の上に乗るように冠部が描かれる「マッチ棒の木」と呼ばれるものもみられる。こうした表現以外に「展開表現」「俯瞰表現」「視点移動表現」「異時同存表現」「誇張表現」などがある。

2) 描画の発達

描画の発達は、個人差が大きく、成人においても描画すなわち絵画表現を得意とする人と得意とせず不得意な人がいる。ローエンフェルド（V. Lowenfeld）によれば、①錯画期（2〜4歳）、②前図式期（4〜7歳）、③図式期（7〜9歳）、④初期写実の時期（9〜11歳）、⑤疑写実の時期（11〜13歳）、⑥決意の時期（15歳以降）に分けている。また、①なぐり描き期（掻画期・スクリブル［Scribble］）（1〜2歳半頃）、②線描きによる象徴期（2〜3歳）、何を描いたのか尋ねると説明する、③そのものらしく描く象徴期（3〜5歳）描いた内容はだいたい判別ができ、同じような絵を何枚も描く、いわゆる「頭足人」の時期、④図式期（5〜9歳）、描く対象の表現が決まった形式で描く、など錯画に始まり描く形が実物に近い表現へと次第に変化する。こうした過程は類似しているが、それぞれの時期は同一ではなく幅がある。

3) 樹木画の発達

描画の発達に個人差が大きく見られることは樹木画においても例外ではない。ここに示す図はそれぞれの樹木の形態的特徴が捉えやすいように例として示したものである。

①錯画から始まり、この時期は、樹木だけでなく描くものが何であるか判別ができない。グルグルと円状の線画や複数の折れ線が重なったり点を無作為に打ったものなどとして描かれる。何を描いたかの質問に対し「わからない」「〜ちゃん」などと樹木と関連のない答えが多い。また、形態のまとまりはあるが樹木と判断できないもので、樹木を描いたことを伏せて何に見えるかをバウムテスト実施経験者に尋ねると「アイスクリーム」「う

ちわ」「積み木」など樹木とみなさない回答が得られるもの（**図 11-1-①**）。
② 長方形に樹木が描かれる。上端が水平で幹部のみ描かれているようにも見えるが樹木全体を描いている。多くはないが単線で描くこともある。多くの場合、根部が直線で水平に閉じられ樹木は用紙中央に浮いたように描かれる。この時期はまだ周囲への関心や環境との関わりなどが希薄で関心が向けられていない段階にあることが推測される（**図 11-1-②**）。
③ 長方形に描かれた樹木から水平に短い枝が複数描かれ、先端付近に果実と思われるものが下がっている。上端に小さな樹冠が載ることもある（**図 11-1-③**）。
④ 長方形の幹部の上に冠部がのっている。幹部と冠部との接合部は閉じていることが多い。幹部や冠部に影が描かれることは少ない。水平に描かれていた枝は次第に見られなくなる（**図 11-1-④**）。
⑤ 幹部がやや太くなり、冠部が幹部を覆うように大きく描かれる。水平に閉じられていた冠部と幹部の接合部は解放されていることが多くなり、幹部は左右の2本の線で描かれる。また、直線で描かれていた幹部の下方が左右対称に太く広がり曲線で描かれるようになる。冠部内に実や葉などが描かれることが増える（**図 11-1-⑤**）。
⑥ 解放されていた幹部の上端が冠部の中で太くなり3つ程度に分かれて描かれる。幹部の下端は基底線の上に描かれたり、用紙の下端から描かれることが見られるようになる。基底線が描かれない場合は、下端が折れ線で閉じられ、地上の幹部と地中の根部とを分けている。幹部に陰影をつけて立体感を表現することが見られるようになる。また、樹幹の根部の幅が広く先端が狭い三角形のような樹幹を描くことも見られる。この時期の樹木は小学校の第4学年ころには描かれ成人まで形態が変化しないことも稀ではない（**図 11-1-⑥**）。
⑦ 冠部の中に描かれた3つの幹のうち中心に描かれた樹幹が細く長くなり、左右に広がった幹が伸びて枝状になる。枝はさらに枝分かれする（**図 11-1-⑦**）。
⑧ 冠部が描かれなくなり、枝部がいくつかに枝分かれし、それぞれの先端部

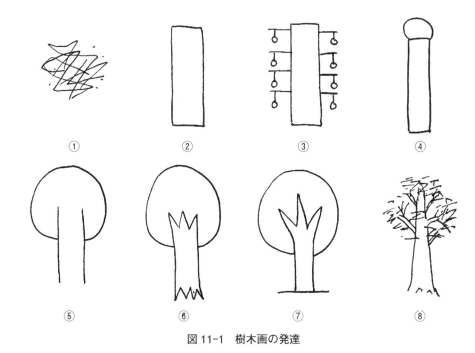

図 11-1　樹木画の発達

分が葉を表現した部分的な塗りつぶしなどによって隠される。幹部の上方の描き方について樹木の中心となる部分が描かれているものと先端が左右に分けられているものなどバリエーションが豊かになる。先端の細くなった枝に直接葉を付けたり幹部に陰影をつけ立体感をもたせた樹木画など、写実的な樹木が次第に多くみられるようになる（図11-1-⑧）。

(2) 解釈の基礎となる評価の視点

1) 評価の視点

［検査実施の記録］

　記録すべき事項として、①検査実施年月日、②被験者氏名（性別・年月齢）③利き手、④検査者氏名、⑤使用した筆記具の種別や芯の堅さやペンの太さ、⑦検査所用時間（必要に応じて、検査開始から描画に取り組むまでの時間）などを記録す

る。

[樹木画全体の印象（総合評価）の記述]

①描かれた樹木画について全体から受ける特徴を3項目程度簡潔な文で記述する。その際に②問題の軽減や改善にプラスに作用する側面、③問題の軽減や改善にマイナスに作用する側面の両面について記述し、それぞれ、その根拠となる評価項目を書き添えておく。

2）解釈の指標となる主な項目と解釈の視点

バウムテストに関する書籍などでは多数の指標が挙げられているが（コッホ，2013；杉浦他，2012；高橋他，2008；山中，2011）、解釈の手順を解説したものはほとんど無く、事例の紹介に留まっていることが多い。理由として、定型化された解釈の手順を定めることは検査の性質上馴染まないことと解釈の視点も年齢や被験者がもっている種々の問題によって異なるため、すべてを網羅したような解釈の進め方を紹介することが極めて困難なためと言える。

ここでは、幼児期から学童期を中心としてコミュニケーションの問題との関連を念頭に置いた解釈を進めることを前提とした1つの例として紹介するが、描画に現れた特徴と1対1で対応する解釈が存在するわけではない。また、1つの解釈のみでなく必ず多様性を考え、最も合理的な解釈を導き出すことを心がけると大きな誤りは生じないであろう。

[位置および形態]

・位置

樹木画が用紙のどの位置に描かれているかを見る。用紙を縦横それぞれ3分割、全体で9分割する仮想線を引き、用紙の中央から上下左右方向へのずれを評価の対象とする。それぞれの方向に関する解釈の参考としては、図11-2 に示した Grünwald の空間図式が用いられることが多い。

位置は、被験者が属する集団、例えば家族や学校、学習塾などの『社会集団の中での地位や立場』などとの関連が現れていることが多い。また、中央に描かれていても幹部の太さや筆圧など他の指標と合わせて検討することによって、その特徴から社会集団の中での地位が現実の姿と異なっていたり、願望の現れであったり、表面化していない問題の存在を暗示していたりするなど解釈

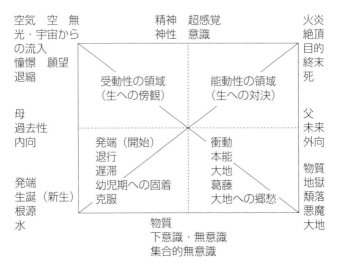

図 11-2　Grünwald の空間図式

のヒントが得られることもある。
・大きさ
　樹木の大きさは、周囲から受けている心理的な影響力の大きさあるいは小ささ、逆の言い方をすると被験者の側から周囲に対して働きかける力の大きさあるいは小ささなど『自信』や『不安』との関連を示している。その一方で、用紙いっぱいに描かれた樹木は、自己の存在の強調や誇示し主張している反面、他の存在を排除しており、他との関わりをもつことや共存することの回避、軽減、時には拒絶しようとするなど受け入れて関わるゆとりのない状況にあることなど「受容性」を示している。
・傾き・曲り・ゆがみ（ねじれ）
　傾きは、樹木の中心線と用紙の垂線とが平行でなく誤差以上に開きのある状態である。傾きは左右のいずれかに倒れかかっているように描かれているものである。傾きは樹木の成長過程のごく初期から樹木を傾けるような外的な力が作用し続けたか、一定の成長を遂げた後に傾きを生じさせる外的な力が加わっ

たことを示している。傾きは、樹木の自立や生存を脅かす要因の存在を示し、特に根部に起因する場合は倒木から枯木に至る方向への歩みにつながる。

　従って、傾きを補正しバランスを保つように冠部や枝が垂直に伸びるように描かれているか否かも大切な着眼点となる。なお、描くときの用紙の傾きや姿勢、体の中心から離れた位置に用紙が置かれていたりすることによって傾きが生じることがあることに留意しなければならない。

　曲りは、樹木の中心線が曲線で描かれている樹木を言う。傾き程強い力ではないが長期にわたって樹木の成長を曲げる外力が働き続けていることを示すものと考えられる。多くの場合、樹木が根ざす周囲の環境要因との結びつき、すなわち家庭や学校、地域における何らかの要因を探ってみることを考える。

　ゆがみ（ねじれ）は、傾きや曲りが樹木の根部から幹部、冠部へと樹木の先端までの間に複数回の曲りや幅の変化がみられる樹木を言う。また、ゆがみは枝部で顕著に表れるが、幹部、冠部それぞれの部位でも表れ、最も強く表れている部位を記録する。常時しかも強い力が、目立たないところで作用し続けていることを示している。従って日常生活における要因も表面化しにくいことが予想されるので、丁寧な観察や関連情報の収集には配慮を要する。

・左右差

　樹木画の多くは、左右対称に描かれ、左右差が表れにくい。左右差の表れやすい部位は、幹から出た枝の数や枝の太さ、樹冠の偏りなどに表れる。また、樹木以外のものが描かれる場合は対称でないことが多い。

　左右差の有無の評価は、樹木を左右に分ける仮想の中心線が垂線に近ければ比較的迷うことは少ないが、中心線が大きく曲がっている場合や樹木の一部が用紙に収まっていない場合は不足する部分を想定する以外にないが、得られていない部分を推測によって補うことはできない。左右差は、樹木の描かれた用紙に対する位置と類似した側面を表しており、自立する樹木の安定性すなわち『心理的安定の程度』との結びつきが強いと考えられる。左右差が大きい場合は、日常生活の中での不安要素の発見と対応、環境調整などのフォローを行なう。

・冠部と幹部のバランス

　冠部と幹部とのバランスは、幹部の長さと冠部の長さとの比率を指標とする

のでは不十分である。両者の関係については、樹木の発達の側面から、成長と共に冠部の比率が高まるとの報告がある。冠部は年齢と共に大きく描かれ、また、樹冠の内部も枝や葉も複雑になり、場合によっては果実が描かれるようになる。こうした大きく複雑に描かれている冠部を支える幹部に十分な太さがあり樹木が全体としてしっかりと大地に根を張り安定しているかが重要な視点となる。

　たとえ樹冠に左右差があり偏って描かれていても、幹部が太くしっかりと描かれていれば、適応的行動がとれており、抱えている問題の存在が明らかになっても十分に対応できる力を内在していると考えられる。逆に、幹部が1本の線で描かれ幹の輪郭が無いものが見られることがある。この場合は、面談などにより不安要素の発見と対応が急がれる。

　［描き方］
・輪郭線の描き方
　樹木を表す輪郭線は、すべてつながっている必要はないが、ある程度の長さを保ち、また、太さも大きな変化がなく、鉛筆の運びも「ふらふら」したり躊躇することなく筆勢を保って描かれていることが望まれる。また、樹木の部位によって描き方が変化することも望まない。短線の重なりによって輪郭が描かれ、随所に不連続が見られる樹木は描画の技法として意図的に描いたものでない限りやや複雑な背景をもっていると推測される場合がある。検査中の描き方について観察された結果を記録することが有用な資料となる。すっきりとした輪郭で描かれている方が、対人関係を含め、『自己肯定感』や『環境への適応能力』が高いことが多い。

・筆圧
　筆圧は、筆先にかかる圧力をさすが、実際には線の濃度として検査用紙に残る。極端に薄い場合や、極端に濃い場合が問題として取り上げられる。また、樹木の部位によって濃度が異なっている場合も解釈の際に注意を要する。自己主張の強さと、周囲からの影響を拒絶する障壁の高さならびに厚さを示す。

　従って、さまざまな環境からの働きかけに対する『受容性』や影響の受けやすさ、逆に影響の受けにくさや変化の困難さと密接に関連している。

・傷および影

　樹木画では、主に幹部に立体表現としての陰影とは明らかに異なる「傷」が描かれていることは稀ではない。傷の大きさや形態、描かれている筆圧（濃度）はさまざまである。大きい場合は、幹のほとんどが 2 分され裂けたような形態の結果を得ることがある。また、幹部の一部が濃く塗りつぶされたり縦長の楕円で輪郭が描かれ幹の内部が空洞となっている「洞（うろ）」が描かれることがある。幼児の場合は、森の小動物の家として描かれることがあり、多くの場合は心理的問題を背景にもつことは少ない。しかし、洞が塗りつぶされていたり中に小動物が描かれていない場合などは、慎重な対処が必要となることがあり、注意が必要である。

　また、樹木の高さを暦年齢として傷や洞、切り取られた枝などの位置、高さの比率から、傷などを受けたころの年齢を算出する（Wittgenstein 指数）研究報告がある（山中，2011）。幼児や学童について資料を集め該当する樹木について同指数を算出してみたことがあるが、該当するエピソードが対応する事例は極めて少なかった。被験者の年齢が低い場合には、同指数からは多くの情報を得ることはできないようである。

［樹木各部位間の接合および付属物］

・各部位（冠、幹、根）の接合部

　樹木は各部位それぞれがもつ形態的特徴から部位に分けることができる。それぞれ象徴する内容が異なってはいるが、各部位がしっかりと結合し一体となって樹木は形成される。従って、部位の接合部に隙間ができているなど、一体感を損ねる場合は、注意を要する。接合部が二重線で描かれ分離している場合や強いタッチで強調されている場合などがある。また、接合部は、直線で短く描かれ、年齢とともに折れ線で表現され接触面が長くなる、さらには接触面が変容したり、部分的な描かれ方をするなどして次第に融合される。このような変化の方向性に沿って描かれ方が変化の道筋をたどっているかが評価のポイントとなる。

・付属物

　付属物は、樹木由来の①果実、②花、③葉、④芽、⑤その他（草、ツタ）と

樹木に由来しない①鳥、②虫（蜂、蟻など）、③動物（犬、猫、蛇など）、④人（被験者本人、家族、友人、先生など）、ならびに、人工物として①車、②飛行機、③風船、自然物として①太陽、②雲、③雨、④風、⑤雪、⑤雷、⑥星、⑦その他（風景）、その他の物として①菓子、②リボン、③ハート型などさまざまな物が樹木画に登場する。

　それぞれ、解釈の対象とするときは、各付属物が樹木内に描かれているか、樹木外に描かれているか、描かれた大きさや出現の時期、変化などが考慮される。少々乱暴ではあるが、「注目、賞賛、承認、顕示」を得る心理的作用と逆にこれらが得られていない状況をアピールしているかなどについて、日常生活行動に関する観察結果などの情報と対比させることも検査結果を読み取る力を付けるのには有用と思われる。それぞれの象徴性についての知識が必要と思われるので、本書ではこの程度に留めておく。

［その他の指標］

・切り取られた幹や枝

　剪定されたり刈り込まれたりする枝や樹冠が得られることがある。切り取られた枝は幼児期からみられるが、刈り込まれ自然には生じない形の樹冠や枝先は主に成人で見られ、幼児や学童期の樹木画では稀と言える。また、折られた枝は樹木の生命活動に反する行動の結果であり、日常生活での不当な扱いや攻撃の存在を示すことが予測される。そのような事実の存在が否定されても、受け止め方に関する情報の収集は継続しておく必要がある。

　「切り株」すなわち幹部が比較的根部に近いところで伐採されている状態をさす。成人では自己の力のみでは対処することが困難で、解決の糸口が見つからない課題の存在を示唆していることが多く、支援が必要な困難な状況にあることが想定される。切り株の横から新しい芽「ひこばえ」が描かれている場合は、深く介入せず自力で解決の手段を模索しているか、絶望の中であっても希望を持ち続けたいとの思いの表れであり、置かれている状況への理解を求めているメッセージを形で伝える工夫と考えられる。状況の理解と解決へ向けた努力の承認は必要であるかもしれない。一方、幼児期では、成人と異なった視点からの解釈が必要となることがある。

・果実や葉の一部欠損

　果実や葉の欠損は、樹木本体への危害ではなく付属物への危害と言え、原因が明示されている場合とされていない場合によって異なる。果実を鳥がついばんだ場合と害虫が葉を食べた場合とでは異なる。また、実や葉のデザインとして欠損を描いた場合は全く解釈が異なる。多くの場合は、絵心、遊び心であるが、樹木全体を蝕んでいるような場合は、注意を要する。

　一般には、得られない報償、認められたいが認められていない不満、自己の不完全さ、未完の存在、まだ可能性がある、希望をもちたいなどの心情が現れていることが多い。

・果実、花、葉の落下と落下途中の描出

　樹木画に表れた落果、落花、落葉は、「とどかないものを得る、願望、期待、既に結果が出ている、手遅れ、元に戻らない」などと推定される事項の表れが描かれている場合がある。落果は１つ２つでは大きな問題の存在とまではいかないが、すべての果実が落果した場面や台風や嵐で一夜にしてすべてが落ちてしまったなどのストーリーとともに描く場合は外に向かう『攻撃性』や『思わぬ環境の激変』の存在を疑う。

　時間的な尺度からは、後半であったり、晩年であったり終わりが近いことを示し、自然現象ではあるが、成果が得られていないことから、現在置かれている状況に対する不満の存在とさらには、その原因や責任を周囲の者に向けていることが示唆される。特に、時を止めている落下中を描いた場合は、対処を他者に求めているか対処できるか試す場合を想定し、自己のシナリオをもっていることもある。

・自然には存在しない樹木画

　自然の状況下では生じない形態や場面を描く場合がある。例えば下方に伸びている枝や２本の幹が先端で１つになっている樹木、広葉樹と針葉樹など異種の樹木が部分的に融合しているものなど多種多様である。興味あるテーマではあるが、幼児期や児童期ではきわめて稀であるのでこうしたジャンルがあることの紹介に留める。また、先端が鋭利な枝やトゲのある葉は、『怒り』『攻撃性』『警告』、時として『復讐心』などの存在を疑う。

3）樹木画の説明

　検査結果として得られた樹木画について、被験者に対して次のような説明を求めておくことも解釈に役立つ情報を得ることができる。樹齢、高さ、自生している場所、日照、季節、天候、樹木の過去、樹木の未来などを話題とする。年齢が高ければ物語としてまとめることができるであろう。樹木と自分とを重ね合わせ自己分析の結果として捉えることができる情報となる。

4　まとめ

　バウムテストは、実施は簡便であるが、結果の解釈を行なってはじめて指導に活用できるようになる。検査実施の対象の特性や年齢などによってさまざまな解釈が成り立つが、基本的な事項の多くは共通しており、解釈のポイントは、次のように整理するとわかりやすい。

①樹木の位置や大きさは、家庭や学校などの社会集団での『立場』や『地位』、『自信』や『不安』との関係を示している。
②樹幹部は、自分をどのように捉えているかを示している。
③樹冠部や枝葉は、社会との関わり、接点を示している。
④根部は、社会生活の基盤と関連し安定度を示している。

　樹木画に現れた特徴とその変化を日々の家庭や学校での生活の中で見られた行動に関する所見との対応を数ヵ月の単位で比較してみると心理的変容が行動の変化となって現れ、その変化の様子が樹木画の各評価項目にも変化として捉えられ両者が関連していることが見いだせる。このような対応は事例によって差異はあるが、その関連の特徴を樹木画によって見いだすことができ、問題の存在とその背景について仮説を導き出すことにつながり指導における配慮と通常捉えにくい心理的側面の指導効果の測定評価の手段として活用できる。樹木画は、問題を具体的に示し、明らかにすることのできる検査ではないが、成長や発達の過程で生じる種々の問題を総合的に把握することや支援を必要としている子どもたちの「変化しようとしている心」の理解に役立つ検査の1つと言える。

文献

カスティーラ，D　阿部恵一郎訳（2011）バウムテスト活用マニュアル―精神症状と問題行動の評価―．金剛出版．

廣澤愛子・大山卓（2007）高機能広汎性発達障害児の描画特徴に関する一研究―バウムテストを用いて―．愛知教育大学教育実践総合センター紀要，10，25-34．

衣斐哲臣編（2012）心理臨床を見直す"介在"療法―対人援助の新しい視点―．明石書店，259-275．

石川清明（2014）幼児ならびに伝達障がい児に対する樹木画テストの教示に関する基礎的研究．國學院大學人間開発学研究，5，53-64．

石川清明（2015）幼児の樹木画テストにおける「樹冠」の解釈について．國學院大學人間開発学研究，6，61-72．

石川清明（2016）幼児の樹木画テストにおける「樹幹」の解釈と絵本に描かれた樹木について．國學院大學人間開発学研究，7，73-85．

一谷彊・津田浩一・山下真理子・村澤孝子（1985）バウムテストの基礎的研究［Ｉ］―いわゆる「2枚実施法」の検討―．京都教育大学紀要 Ser, A, No.67．

岸本寛史編（2012）臨床バウム―治療的媒体としてのバウムテスト―．誠信書房．

コッホ，C　林勝造・国吉政一・一谷彊訳（2007）バウム・テスト―樹木画による人格診断法―．日本文化科学社．

コッホ，K　岸本寛史・中島ナオミ・宮崎忠男訳（2013）バウムテスト第3版―心理的見立ての補助手段としてのバウム画研究―．誠信書房．

村上義次（2011）投影描画法を通して見た発達障害児の内面の変化．早稲田大学大学院教育学研究科紀要・別冊，18(2)，179-189．

中島ナオミ（2006）幼児期のバウムテストの特徴．日本保育学会第59回大会，40．

杉浦京子・金丸隆太（2012）投影描画法テストバッテリー―星と波描画テスト・ワルテッグ描画テスト・バウムテスト―．川島書店．

高橋雅春・高橋依子（2008）樹木画テスト．文教書院（初版16刷）．

谷俊治（2013）事例で学ぶ言語障害児教育．日本言語障害児教育研究会第46回大会資料集，15-31．

山中康裕・岸本寛史（2011）コッホの「バウムテスト［第三版］」を読む．創元社．

第12章

事例報告のまとめ方と事例研究の意義

羽田紘一（有明教育芸術短期大学）

1　はじめに

　言語障害児・難聴児の指導を進めていくには、一人ひとりの異なる教育的ニーズに的確に応える必要がある。そのためには、児童・生徒の示す問題について的確な理解を深めるとともに、指導過程を検証することが求められる。指導経過をまとめて事例研究・事例検討することは、その検証方法の1つとして有効であるといわれている。本章では、事例研究に必要な事例報告のまとめ方と事例研究の意義や進め方について述べる。

2　なぜ、事例報告をまとめるのか

　言語障害児・難聴児の指導は、思い付きでなされるものではないことは自明のことである。児童生徒の教育上のニーズを的確に把握し、目標を立てて進められる。その指導をしっぱなしにしたのでは、何が有効な指導であったのか、あるいは不要な指導であったのかの反省をすることなく、だらだらと指導を続けることなり、児童生徒にとって益のあるものとはならなくなる。

　事例報告をまとめることにより、教師は児童生徒の変容を知るとともに、自分自身の指導を省みる機会とすることができる。

（1）事例報告をまとめる機会

1）言語障害・難聴児童生徒の指導を始めようとするとき

　指導の要請があって、最初に児童生徒の症状をどのように捉えて、目標を立て、指導内容方法を検討するために、受け付けた最初の印象、症状をまとめることが重要になる。この段階は指導の指針を確定するために大切である。

2）指導効果を途中で確認するために行なう場合

　指導目標に基づいて指導計画を立てて指導を始めたが、児童生徒の教育上配慮を要する行動や問題の改善がはかばかしくないときには、指導途中に再検討して指導計画を変更する必要がある。

3）一定期間指導したのちに指導経過を評価し、その後の指導計画を立てるとき
（難聴・言語障害学級では、各学期終了時に行なうことが多い）

　指導計画は、一種の仮説である。仮説に則った指導でどのような変容が見られたかを確認する必要がある。指導効果が上がっていれば、仮説に基づく指導内容が適切だったことになる。指導効果が出ていないのであれば、教育上配慮を要する行動や問題を再評価して指導計画を立て直すことになる。

4）児童生徒の教育上配慮を要する行動や問題の改善が進み、指導を終結しようとするとき

　指導の経過を顧みて、指導を終了してよいかどうかの検討を行なう。その際には、指導経過を概観するまとめを作成する。単に症状の改善を確認するためだけの検討ではなく、「教育上配慮を要する行動や問題の今後の見通し」や「指導を終了したとあとの教育上の配慮の仕方」を考えることが必要になる。

（2）事例のまとめの文書（レポート）を作る理由

　児童生徒の変容を検討するにあたって、「事例のまとめ」のレポートは必須のものである。レポートがあることによる利点は以下の通りであると考えている。

1) レポートをまとめることにより、指導担当者が指導経過を振り返り、反省点や今後の展望をもつことができる。
2) レポートにまとめることによって、指導にあたった担当者の指導観、指導の姿勢、識見が伝わりやすくなる。
3) 指導の経過を検討するときの拠り所がはっきりし、指導にあたった担当者の指導上の悩みや問題点を検討する際に、焦点を合わせた検討材料を提示できる。

3 事例報告（レポート）の書き方

（1）事例報告に必要な事柄（様式例は、後掲）

1) 氏名・年齢・学年・性別
2) 主訴（保護者あるいは担任教師からの訴え）
3) 教育上、特に配慮を要する事柄
　　主訴にとらわれず、児童生徒の観察、実施した諸検査の結果からの所見ならびに現在、特に直面している問題。
4) 児童生徒を理解するうえで参考になる事柄
　　生育歴・家庭環境・性格行動傾向・情緒的問題・態度・習癖・交友関係・心身の健康状態・学校生活の様子・適正など
5) 指導目標・内容・方法並びに指導経過
6) 指導担当者として、検討してもらいたいことを必ず記述する
　　この記述がないと、報告をもとに検討を進めてどのようにまとめるかという指針がなくなる。

（2）事実と指導者としての意見・感想を書き分ける

指導経過、児童生徒の様子を記述するに当たって大切なことである。事実と指導者としての意見・感想の書き分けは、教員の苦手とすることのようである。多くのレポートで事実と意見の書き分けのないものが目立つ。

（3）冗長な文章にならないように、主述が明確な文章になるよう気を付ける。箇条書きを多用しすぎないように留意する。箇条書きを多用すると、指導の流れや、児童生徒の変化の経過が分かりにくくなる。レポート提出者の補足説明がなくても一定の理解ができるものでなくてはならない。

（4）レポートをまとめることは、指導担当者としての自己理解、指導方法の反省、児童生徒理解の検討の機会として大切なものである。

（5）事例報告は、A4判2～3枚程度にまとめる。

（6）事例報告の様式例
　次ページの様式図 12-1 を基本として工夫するとよい。

報告年月日　　年　月　日　　　　　　　　報告者氏名
児童氏名　　　　　　　　　　　　　性別　　　　年齢

1. 主訴あるいは教育上特に配慮を要するとおもわれること

2. 子どものプロフィール（生育歴・家族・問題の経過など）

3. 指導の経過
(1) 指導の目標

(2) 指導の経過

4. 検討してもらいたいこと

図 12-1　事例報告様式例

4 指導に必要な「教育的診断」のプロセスとPDCAサイクル

(1)「教育的診断」のプロセス

　難聴・言語障害児童生徒の教育上、特に配慮を要する行動や問題点を正確につかみ、適切な指導計画を立てて指導するには辿るべき手順がある。その手順を「教育的診断のプロセス」という。

---

1. 児童生徒の示している教育上特に配慮を要する行動や問題点の"事実"を正確につかみ記述する。この段階を"評価"という。
2. その問題点の今までの経過を詳しく知る。
   (1) その問題はいつ始まったのか。
   (2) それはどのように変化したのか、または変わらないのか。
   (3) 生育歴上に特筆することはないか。
   (4) これまでに、どこで、どのような指導を受けたのかなど。
3. 1、2の情報をもとにして、「今の問題点が、なぜ、生じて」「なぜ、今まで続いているのか」ということについて、"仮説"を立てる。
4. 3の仮説に基づいて、指導目標をたて、指導内容・方法を考え、指導計画を作る。
5. その指導計画による指導を一定期間（学校の場合、概ね学期単位を想定する）続けると、どのような効果・変化があるか予測しておく（予後を推測するという。指導効果の評価のために必要である）。
6. 一定期間の指導を行なう（概ね1学期を想定する）。
7. 1に戻って指導効果を"評価"する。この際に行なわれるのが、「事例のまとめ（レポート）」を用意した「事例研究」である。
   この「教育的診断のプロセス」に必須なのが「事例研究」である。

（2）教育における PDCA サイクルについて

　PDCA サイクルとは当面する教育上の課題について、客観的なデータの収集と分析をしたうえで、学校のビジョン、教育の指導効果を上げるための手法として、近年盛んに取り上げられているものである。

　具体的計画を立て（Plan）、実行し（Do）、実行の状況を自己点検・評価し（Check）、それに基づいて計画の改善を図り実行する（Action）というサイクルを実行することを言い、それぞれの段階の頭文字をとって「PDCA サイクル」という。このサイクルを繰り返すことにより、螺旋状に教育効果・指導効果を高めていこうというものである

　教育界では、PDCA サイクルの前に、PDS サイクル（Plan：計画の立案―Do：実行―See：評価）が唱えられていた。この PDS サイクルは PDCA サイクルと趣旨は同じだが、「S：評価」が必ずしも次の「P：Plan」に結びついていなかったとの反省があり、PDCA サイクルの導入になったという。

　PDCA サイクルにしても PDS サイクルにしても、その目的は、学校教育を行なううえで、目標設定、計画立案、実践、評価を有効に循環させようとするところにある。その循環は、難聴・言語障害児教育において行なってきた「教育的診断のプロセス」と同じことである。

5　事例研究の意義

（1）事例研究の意味

　当該児童生徒の教育上配慮すべき事柄について、実際的な指導法・解決策を見つけ出すことを目的として行なう。当該児童生徒について、日々の観察記録、面接記録、調査結果など、多方面の資料を収集し、総合的に検討して、児童生徒の指導を改善するための方向性を見つけ出すための手法である。

　事例研究は、複数のメンバーによって行なう。メンバー各人の知識・経験に基づく意見交換によって、当該児童生徒の教育上配慮すべき事柄について理解を深め、効果的な指導の在り方を求めるものである。

　似たような用語に「事例検討」がある。事例検討は、複数のメンバーでも行

なえるが、1人でも行なえるものである。日常の指導においては、指導担当者は努めて指導過程を検討しなければならない。その結果を事例研究によって磨きをかけることが求められる。

（2）事例研究の意義

事例研究を行なうことには、次のような意義がある。
1) 対象となる児童生徒を多角的に理解することができる
2) 指導に当たる教師が柔軟な思考力を身につけることができる
3) 教師の自己理解を深めるのに役立つ
4) 教師の相互理解を深め、チームワークを築くのに役立つ

一人ひとりの児童生徒は、それぞれに多様な特徴をもっている。指導に当たる教師がそのすべてを理解しているつもりであっても、その教師の指導経験や知識の程度などから、理解の仕方や指導内容・方法にその教師特有の傾向が出ることは避けられない。理解や指導内容が当該児童生徒の教育上配慮すべき事柄に適合すればよいが、十分に応えきれていないこともありうる。複数のメンバーで事例研究を行なうことによって、他者の意見を参考にして別の側面から児童生徒理解を深めることができる。

学校における児童生徒指導は、担任教師や特定の教師の個人プレイではない。その学校の教育目標に則って行なわれるチームプレイである。事例研究を行なう過程で意見交換することによって、教師が相互理解を深めることに役立つ。教師相互が特徴を理解し合うことで、児童生徒の教育上のニーズに応じたチームを作って指導する契機とすることができる。

（3）事例研究は、教師の陥りやすい傾向を改めるために必要

児童生徒の指導を始めると、教師は自分の経験をもとにした児童生徒観や指導観をもつようになるが、ともすると陥りやすい傾向がある。
1) 固定的な見方をしがちであること
　　個々の教師が児童生徒の言動について考えるとき、その判断が固定化される傾向がある。

2) 教師は、児童生徒に高い要求水準をもって接する傾向があること
　　指導に際して、要求する水準をともすると高く設定しがちになる。
3) 事実に基づかない推測・憶測をしがちになること
　　伝聞による情報や自分の過去の経験のみをあてはめて結論を出そうとする傾向がある。
　　児童生徒の示している様子や教育上配慮を要する行動や問題を、過去の自分の体験のみにあてはめて考えたり、ラベリングする（症状名をつける）ことによって指導計画をたて、指導しようとする傾向が顕著である。このような傾向は、児童生徒を正しく指導できないばかりか、教師と児童生徒・保護者との信頼関係形成をも妨げることになる。

（4）事例研究を行なう時期

難聴・言語障害学級における事例研究は、2の（1）「事例報告をまとめる機会」と重なる。筆者が難聴・言語障害児学級担任であったときには、次のような機会に事例研究会を行なっていた。

1) 学年初めに教員の異動、担当者変更に伴い、教育上の問題点を確認し、指導方針を決めるために行なう。
2) 定例事例研究・事例検討会
　　毎週火曜日の午前中に行なう。全担当者が順番を決めて、主に指導計画が順調に進んでいないケースを提出し、検討してもらう機会とする。1回の事例研究・事例検討会には、1〜2ケースを取り上げる。
3) 長期休業中の集中事例研究・事例検討会
　　指導対象となっている全ケースを取り上げて検討し、次の学期に備える。開催日数はケース数によって異なったが、担当者が3校8人だったので7〜8日を要した。
4) 専門家診断日の事例研究・事例検討会
　　毎月1回、スーパーバイザーにケースを診断していただき、指導経過・内容・方法の評価並びに指導を受ける。定例事例研究・事例検討日の検討で、指導に困難を感じているケースを取り上げる。

指導計画は、一種の仮説である。仮説に則った指導でどのような変容が見られたかを確認する必要がある。指導効果が上がっていれば、仮説に基づく指導内容が適切だったことになる。指導効果が出ていないのであれば、教育上配慮を要する行動や問題を再評価して指導計画を立て直すことになる。

この検証を怠ると指導効果が上がらないばかりか、かえって児童生徒の成長発達を妨げることになりかねない。事例研究・事例検討を行なう時期に制約はない。難聴・言語障害児学級の実情に合わせて、定期的に行なうことが望ましい。

6 事例研究の方法

（１）一般的に行なわれている手順
1) 図12-2のような内容をA4判2枚程度にまとめた「事例のまとめ（ケースレポート）」を提出する。（様式例前掲、図12-1参照）
2) 時間の設定
   a) 1回の事例研究会は2時間〜2時間半を予定する。
   b) 取り上げる事例は原則として1事例とする。
   c) 時間配分の目安
   事例の報告（30分）→報告に対する質問（60分）→意見交換（40分）→まとめ（20分）
   〔留意点〕・質問時間は、事例について参加者のイメージをすり合わせたり、報告者の意図を確かめるために重要なので十分にとる必要がある。
   ・意見交換は、報告された内容と質問によって確認できた事柄に基づいて行なう。
3) 進行を円滑にするために、必ず司会者を置く。
4) 指導講師またはスーパーバイザーによる助言と指導を受ける。
   学校における事例研究は、参加するメンバーが固定していることや、参

---

a) 検討する児童生徒の「教育上特に配慮を要する行動や問題」の内容
　主訴（保護者・担任教師の指摘する問題点）の記述。
b) 児童生徒のプロフィールが分かる事実の記述
　・問題の経過
　・生育歴
　・家族の状況
　・環境についての特記事項
　・学習状況
　・性格など
c) 指導経過
　・指導のねらい
　・指導方法
　・指導経過
　・指導結果
　・現在の様子
d) 事例研究で検討してもらいたいこと
　この記述がないと事例研究をまとめる方向性がわからなくなる。

図 12-2　事例のまとめ（様式例）

加者の経験・関心度に差があって、発言の傾向が固定しがちになる。それを補うとともにさらに発展した知識・理解を得るために講師を招き、角度の違う意見をもらうことが有意義である。

5) 事例研究参加者の留意点

　事例研究・事例検討会を有意義なものとするためには、参加者の建設的な態度が必要である（**表 12-1**）。

表12-1　参加者の留意点

事例提出者	①事実を述べる。 ②発表時間を守る。 ③メンバーの意見を受け入れる。
司会者	①時間配分をコントロールする。 ②特定のメンバーに発言が偏らないように配慮する。 ③メンバーの発言の趣旨の明確化を図る。 ④メンバーに発言を強要しない。
参加者	①事例提出者の意図・気持ちを受け入れて発言する。 ②質問・意見は、明確に述べる。 ③「推測・憶測による発言」「べき論」「非現実的な意見」を述べてはならない。 ④自分の事例や体験だけを述べないように注意する。

6) 一般的な方法による事例研究の反省点

　せっかくの事例研究会だが、一般的に行なわれる方法では、以下のようなマイナス面がみられることがある。

a) 事例提供者の報告を聞いているだけの受け身の参加者が出る傾向がある。

b) 自分なりの意見をもっていて積極的に発言するメンバーが限られる傾向がある。

c) 年長者や経験の長いメンバーの意見に支配され、活発な討論がなされないで終わることがある。

d) 経験の浅いメンバーが発言を遠慮したり、発言しても意見を正当に取り上げられないことがある。

e) 事例研究が似たような結論で終わることが多い。

　こうしたマイナス面をなくすために、いろいろな事例研究法が考案され実践されている。その中でも「シカゴ方式」「インシデントプロセス法」)が利用されることが多い（生徒指導提要，文部科学省，p.71参照）。

（2）工夫された方法＝「短縮事例法」

「短縮事例法」は、シカゴ方式を参考にして、旧東京都立教育研究所において、教員研修用に開発したものである。旧東京都立教育研究所では、教員研修で、学校経営、学級経営、教科教育の方法、生徒指導等の事例を取り上げる事例研究を行なう機会が多かった。一般的な方法による事例研究を行なうと、よくみられるマイナス傾向（6の(1)の6）参照）を払拭することが難しかった。

そこで研修参加者の積極的な参加と発言を促す方法として、シカゴ方式をアレンジした事例研究法を考案し『短縮事例法』と命名した。この方法は学校現場でも実際的な解決策を検討する方法として実施しやすく、参加人数や実施時間も調節しやすくなっている。以下、具体的な事例を用いて紹介する。

1) 短縮事例法の手順（標準的な方法）
   a) 事例提出者が、レポートを用意し参加者に配付する。
   b)【自習　20〜30分】参加者は、各自レポートを検討し、「この事例の問題点と考えられることとその理由を3点見つけ、さらにその3点の問題点について、自分なりの対策を考え、ワークシートに記入する（事例並びにワークシート例は後掲）。
   c)【グループワーク　60分】4〜5人のグループを作り、各自が検討した問題点と対策を発表・検討したうえで、グループとして「事例の問題点3点とそれに対する対策」を3点にまとめて模造紙に書く。
   d)【発表・質疑・評価　30〜40分】各グループのまとめを発表し、質疑応答する。
   e)【指導・講評　20〜30分】スーパーバイザーの助言・指導を受ける。
2) 短縮事例法で工夫された点
   a) シカゴ方式では、「問題点を整理する」という指示になっているが、短縮事例法では「問題点を3点挙げ、解決策も考えること」と具体的に指示してある。
   b) この3点という限定に意味がある。「問題点を指摘せよ」と指示すると、多くの場合1点の指摘で終わらせる者が多く、指摘された問題点が似てしまうことが目立ち、グループワークの話題が乏しくなる。

c）問題点を3点指摘させると、問題点のばらつきが多く、グループワークの話題が豊富になり、より広範に検討することが可能になる。
　d）グループワークの結果を模造紙にまとめて発表することによって、「他者に伝える」ことを意識して、考えをより洗練させる意識をもたせることができる。
3）この方法の利点
　a）小人数でも実施可能な方法である。
　b）幼小中高特別支援学校において、3〜6名の学年会議や各種委員会において、事例レポートをもとに前述の手順で事例研究を行なうことが可能である。
　c）小規模の会合で短縮事例法を実施する場合は、摸造紙の代わりに、ワークシートにまとめを書くことで代用できる（参考例後掲）。
　d）児童生徒の指導に限らず、学校・学年経営や行事の企画の検討にも応用できる。
　e）実施に当たって標準的な時間配分にとらわれないでもよい。自習時間を15分程度とし、グループワークを20分程度に短縮してもよい。
　f）短縮事例法の狙いは、参加者各々が自分の意見をもって事例研究・事例検討に臨むことである。積極的な参加と問題解決に対する協力的な姿勢・態度を促すことの訓練でもある。事例研究・事例検討は、単に児童生徒理解の深化のためだけでなく、担当者間の相互理解を深める機会として重要なのである。

（3）短縮事例法の実際（日本言語障害児教育研究会研究大会での実例）
研究大会で提示された事例

事例の概要

児童名　　K.H.　　小学校1年生
主　訴　　・言いたいことがコトバで表せない。
　　　　　・コトバがはっきりしない。

・3歳児健診では、コトバだけの未熟だから心配ないといわれたが、進歩がないようだ。

担任からの情報（相談申込書の記述）
・ゆっくり話せば、意味はだいたい聞き取れる。
・日直の挨拶のコトバ（起立、礼、着席）とか、少し込み入ったコトバは出しにくい。
・音読や歌を歌うことは難しい。

生育歴（母親からの情報）
　出生時の様子　　母親37歳のとき、予定日に出産。帝王切開。麻酔をかける。初体重3,240g。産声も大きく、特に問題はなかった。

　その後の経過　　生後2ヵ月から6ヵ月まで母方の祖母に預けた。その後の1年6ヵ月までは、母親が仕事をしていなかったので一緒に暮らした。1年7ヵ月から2年6ヵ月までは、母親は託児施設のある病院で看護師として勤務した。2年6ヵ月から公立保育園に通い、両親が交代で送り迎えした。成長は順調。知恵付きも普通で、人懐っこく人見知りをしない子だった。

　　　乳幼児期から手がかからなかった。オムツも1年半で取れた。オネショ（母親はネションベンという）もなかった。2歳半くらいから親元を離れて1～2ヵ月、母方の祖父母のところで暮らすことができるようになった。母親が置いてきても後追いしなかった。迎えに行ったときも、祖父母にバイバイといってあっさり離れた。保育園でも後追いしないので助かった。4歳からは、夜中でも1人で起きてトイレに行くようになる。母親はそれに気付いても一緒に行くことはしなかった。

　　　5歳のときに私立小学校に入れようとした。塾に通わせていたときに、1回ひきつけた。その後、母親の勤務先の病院で定期的に検査しているが異常はない。

　　　喃語は次第に活発になった。初語は1歳だった。3歳ごろコトバが遅いと思った。現在は、「そのつもりで聞けばわかる」というところだ。

　　　生活の様子は、小さいときからなんでもできる子で、手のかからないいい子だ。

受付面接のときの様子
・母親から主訴や生育歴を聴いている間、1時間くらい1人で遊んでいる。観察するので同室しているスタッフには、声もかけないし関心を示さない。寄っていくと避ける動作をする。
・母親のところには一度も来ないし、泣き声も上げない。
・ひとり言のように話すことばは明瞭で、構音や文法的な誤りはなかった。ただ、「誰かに話しかけている」という意図は感じられなかった。
・非常に整った顔つきをしている。視線は合うが、眼の表情は乏しい。

- 観察者から仕掛けてくすぐると、声を出して笑うが目の表情は変わらない。相撲を仕掛けると自分の方から倒れてしまう。年齢より幼い反応の印象だった。
- プレイルームのおもちゃを全部床にひっくり返したが、意味の通った遊びはしなかった。

この事例に基づいたグループワークのまとめの例

問題点と対策の検討例

問題点と考えられる事柄とその理由	対策として考えられること
1. 自分以外の周りの人に関心を示さない。 （理由） 1時間くらい1人で遊ぶ。 スタッフが寄っていくと避ける。	・児童の好きな遊びを母親も含めて一緒にする機会をもつ。 ・共感的に関わり、遊びながら感情表出などのことばをたくさんかける。 ・母親のカウンセリング ・他のモデルを見せる
2. コミュニケーションがうまく取れない。 （理由） 「誰かに話しかけている」という意図は感じられない。	・子どもの行動をまずは担当者が言語化し、意味づけして聞かせる。 子どもの発したことばを担当者がまねて返す。
3. 母親の養育態度に疑問がある。 （理由） 「なんでもできる手のかからない子」という認識は、無関心に近い関わりのようだ。 幼少期に子どもを預けたときの本人の様子について、どのように感じたのかを確かめる必要がある。	・母親に子どもとの関わり方をアドバイスする。 母親からのことばかけの仕方、「手のかからない子」という認識を改めさせることなど、具体的に助言する。 子どもを育て直すような意識をもって関わる必要があることをわかってもらう。

※このワークシートの記述は、日言研研究大会で行なった演習を参考にしながら加筆して例示したものである。

7 事例のまとめに必要な「観察と記録」

（1）観察の重要性

　児童生徒の様子を知るのに「観察」は重要である。授業時の様子、休み時間の様子の中に、一人ひとりの児童生徒の心理状態や対人関係が現われている。また、家庭での生活状況、家族の状況までもが反映されている。

　観察はただ漠然と眺めていることではない。"観"は対象の様子に注意して目を使って調べることであり、"察"は対象となるものを調べて実際の状態を知ることである（新潮日本語漢字辞典）。

　サリヴァン（精神医学者，アメリカ1892-1949）は、「関与しながらの観察」という有名なことばを残した。対象に関わりながらその様子を観察することの大切さを述べている。私自身は「対象に自分から働きかけ、その反応をよく見て考える」ことと理解している。

（2）観察法の分類

　観察は、「自然な観察法（条件を付けずに自然な状態で観察する）」と「条件を統制した観察法（特定の条件を設定して、その条件にかなった結果を求める観察）」に大別できる。

　児童生徒を理解する方法には他に、調査法、テスト法、面接法があるとされる。私見ではあるがこれらの方法もすべて「条件を統制した観察法」であると考えている。

　調査法は、調査の仕方が厳密に規定された調査書に、児童生徒がどのように反応するかを見るものである。

　テスト法は、厳密に設定された実施方法に従って行なわれる。テストに対する反応を見る点では、条件を統制された観察であると言える。

　面接法は、面接者と被面接者が作り出す条件の中での観察である。

（3）観察記録の重要性

　観察した事実は記録にとどめる必要がある。対象に関与した人がそこでの体

験を記録し、後々の対象理解や指導に役立てようとするとき、あるいは、自分の体験や知見を他の人に伝えようとするとき、その記録はエピソードを記述するという方法が取られる。

　ある時点の印象深いエピソードを克明に記録し積み重ねることは、対象者に対する理解を深めることになるとともに、その積み重ねが対象者の成長の記録にもなり、また観察者の観察の軌跡、観察眼の成長の証しともなる。

　観察の事実は事例研究の重要な基礎資料である。記述の信憑性を増すためには、観察して知りえた事実とその事実を通して自分が考察したこととは厳密に書き分けなければならない。観察し記録することは煩雑さを伴うものであり、記憶をたどることは根気を要するが、人間理解にとってかけがえのない方法であることを理解して、実践してほしい。

文献
会田元明（1998）子どもとむきあうための教育心理学．ミネルヴァ書房．
アクスライン，V. M.　岡本浜江訳（2008）開かれた小さな扉（新装版）．日本エディタースクール出版部．
鯨岡峻（2007）エピソード記述入門．東京大学出版会．
文部科学省（2011）生徒指導提要．ぎょうせい．

第13章

難言教育における子どもとの関わりと教室経営の基礎基本

牧野泰美（国立特別支援教育総合研究所）

1 はじめに

　難聴・言語障害教育（以下「難言教育」）は連携の教育でもある。きこえとことばの教室において個々に必要な指導・支援を行ない、その効果をより高めることだけでなく、子どもがより暮らしやすくなるためには、通常の学級、家庭、関係機関等との連携をうまく図っていくことが重要である。
　ここでは難言教育における子どもとの関わりと、周囲との連携も含め、子どもを支援する上で大切にしたい教室経営の基礎・基本について取り上げる。

2 難言教育に携わるにあたって

　ここでは、難言教育に携わるにあたり、教師が根底にもっておきたい視点について触れる。

（1）多様な角度から、多様な見方を！

　難言教育においては、きこえやことばの面に課題を抱えている子どもと関わることになる。子どもの課題・状態の原因や背景を見る、探ることで指導・支援に生かすヒントが見つかる可能性がある一方で、子どもの課題、問題点のみに視点が集中し、子どもの良さが見えなくなることもある。子どもを一つの角

度から一側面のみを見るのではなく、多様な角度から多様な側面を見たり、一側面に対して多様に解釈してみたりすることで、子どもとのコミュニケーション関係が深めやすくなる。従って、子どもの状態を多様な見方で、多様に解釈すること、子どもを多側面から捉えることが大切である。

(2) コミュニケーションを求める教師の側は？

　子どもと関わる教師は、子どもに話してほしいとか、子どもの言語を引き出そうと思って関わるが、コミュニケーションそのものは双方向的なもの、相互に深めていくものである。子どもから引き出そうという一方向的な態度だけでは深まらない。子どもが教師のことを（例えば、教師の好きなもの、好きなこと等を）知ることで、教師と話すきっかけやコミュニケーションを深める材料になることもある。教師の側が、子どもに自分を開いていくことが重要である。

(3) 殻は破らないといけないか？

　子どものいわゆる「殻」を破ることができればよいが、それが難しいとすれば、殻の中に一つ二つ外の世界のものを入れるという考え方もある。子どもの殻の中に外のものを一つ二つ入れて（例えば、折り紙やサッカーを好きにさせて）殻を広げていく。殻を破るとか子どもを変えるという発想だけではなく、殻の中を豊かにしていく、殻ごと大きく育てていくという発想も子どもによっては重要な視点となる。

3　子どもや保護者との関わりを考える

　ここでは、子どもや保護者と関わる上で考えたい点について触れる。

(1) 教師の見方が追いつめることも！

　子どもを見るときには客観的な見方が要求される。しかし、子どもを見ることは、常に自己（見る人）の世界を投影するという側面をもっている。人がもつ世界観、価値観は多様で異なっている。読書好きの人もいれば、体を動かす

ことが好きな人もいる。子どもを見るとき、この世界観、価値観の影響を完全に振り払うことは困難である。見る人が異なれば、同じ子どもでも、「落ち着いて読書ができて関心ね」という見方も、「もっと体を動かさないと」という見方も生じる。子どもは、見る側の世界観を通して自己を見つめる。このとき、相互の見方が不快な状態として固定すると、関係が難しい状態になる。教師は常に自己の見方が子どもに影響を与えることを意識して子どもと関わることが大切である。

　きこえとことばの教室では、個々が抱える課題と向き合っていくことになるが、子ども自身が、今の自分を、劣った存在、駄目な存在と捉えてしまわないように留意する必要がある。教師が、子どもの課題を、劣ったこととして、いけないこととして捉え、そのようなまなざしで子どもを見ているとしたら、子どもも自分をそのように捉え、自己否定を募らせることにもなりかねない。

（2）役立つ、喜ばれるということ

　自分が誰かの役に立っているということ、誰かに喜んでもらえるということは自己肯定につながる。自分が役に立っているということは、大勢の中よりも少ない人数の中での方が実感しやすい。きこえとことばの教室は個別指導（もしくは小グループ指導）が中心であり、まさしく少人数である。そこでは「あなたがいるからこれができる」「あなたのおかげ」「ありがとう」といったこと、すなわち、役立つ、喜ばれることにつながりやすい。子ども自身に、役立つ実感、喜ばれる経験をもたせたいものである。

（3）子どもの感性を丸ごと受け止める

　「できる、できない」「はやい、おそい」といった観点・指標以外の子どもを認める観点・指標を見つけておくことも大切である。例えば、「そのように感じられたんだね」と、子どもの感性、感じ方そのものを認めていくこともその一つである。子どもの良い点を見つけ認めることが大切であることは言うまでもないが、本当に子どものよさが見えているか、教師自身が自問することも大切である。例えば、担当している子ども一人ひとりの良い点を五つくらい挙げ

られるだろうか。そんな視点も重要である。

（4）いわゆる指導法・マニュアルを考える

どのような指導法がその子どもにとって有効かを見極めることも重要なことであるが、例えば、その子どもに、ある指導法が有効だとして、その指導法に熟練している教師でも、「そんなことでは生きていけないよ」と思いながら関わる教師の実践と、「あなたも十分生きていけるよ」と思いながら関わる教師の実践では、指導の形は同じでも子どもが得るものは異なったものになると考えられる。さまざまな指導法を習得しておくのは重要なことであるが、教師がどのような思いで子どもと向き合い指導を行なっているかもまた重要である。

（5）個（子ども、保護者）に寄り添う

指導・支援に際し、子どもや保護者の思い、願いを十分に聞くことが重要である。保護者の思い、願い、不安や悩みだけでなく、その背景や、それらがどこから出てきたのかについて、保護者のおかれた環境などから考えることもまた重要である。そして、子どもや保護者の思い、子どもの状態を踏まえ、子どものがんばりどころと、そうでないところを見極めることも役割である。

（6）子どもとの関係

子どもとの「関係」を考えることも重要である。例えば、子どもにとって私（教師）は、話したい相手、一緒にいたい相手になっているか？　私（教師）は子どもと会うのを楽しみにできているか？　私（教師）の好きなことを伝えているか？　と省みたときどんなだろうか。コミュニケーションは「情報」だけでなく「情動」を伝え合う側面ももっている。直接的な「ことば」の力だけが伝わり合う原動力とは限らない。わかろうとすること、感じようとすること、伝えようとすること、同じ思いになってみようとすること。これらがコミュニケーションの成立を助けることを考えると、日々の実践においても、これらを大切にする必要がある。今、子どもと通じ合える関係になっているだろうか、言いたいこと、思いがわかる関係になっているだろうか、常に振り返りたいも

(7) 子どもへの視線

　上述したように、難言教育では、子どもの課題・状態を把握する、そして、その原因や背景を見るための客観的な視点が大切であると同時に、子どもの良さを見つけること、子どもの状態を多様な見方で多様に解釈すること、子どもを多側面から捉えることも大切である。教師からすれば子どもの抱える課題を見つめ続け、逆に、子どもの側からすれば自分の課題ばかりを見つめられ続けるという関係、子どもと教師の間にあるのは子どもの課題だけという関係は、相互のコミュニケーションを深めにくくすることもある。子どもの課題、障害に対する教師自身の捉え方、障害観も、常に問い続ける必要がある。

(8) 子どもの気持ち、教師自身の気持ちを見つめる

　コミュニケーション関係を築き、ことばの育ちを支えるためには、子どもの気持ち、内面を捉えること、捉えようとすることが大切である。また、子どもに対して、教師自身がどのように思っているのか、教師自身の気持ちを見つめることも大切である。子どもと関わることが難しいと感じるとき、教師の視線は、子どもの課題だけに集中していたり、子どもと共有できる事物・事象が見つからなかったりしている可能性がある。

(9) 力をつかう

　教育においては基礎から応用へという流れが多い。また、子どもの未熟な点が課題とされ、何かができるようになること、力を身につけることに価値がおかれることも多い。しかし、人はいつの瞬間も、手持ちの力でその一瞬を過ごさなければならない。明日身につく力で、今を生きることはできない。今は今ある力で生きるしかない。今ある力を使うこと、出せること、今ある力で対処することも大切なことだと考えられる。力を蓄えること、身につけることを目指すだけでなく、力をいかに出すか、力を出せる、ということにも取り組んでいく必要がある。

(10) 本番を生きること／準備をすること

　子どもにとって、未来の準備のためだけに今があるのではない。確かに、できるだけ力をつけておくこと、次の段階にスムーズに移行できるよう準備をすること、うまくできるように練習しておくことは大切なことではある。しかし、今も生きる本番である。その本番を今の手持ちの力で対処すること、そして、今ある力で対処できた経験は、持てる力を出すことを育み、生きる力になっていくと考えられる。

4　きこえとことばの教室で行なう指導

　きこえとことばの教室には、制度上、特別支援学級と通級指導教室がある。どちらにおいても、難聴や言語障害によるさまざまな困難の改善・軽減に向けた指導、コミュニケーションや心理的側面に関する指導・支援など、障害による学習上又は生活上の困難の改善・克服を目的とする指導（いわゆる「自立活動」）が行なわれる。

　また、特別支援学級においては、各教科等の指導が、通級指導教室においては必要に応じて各教科の補充指導が行なわれる。各教科の補充指導は、障害の状態に応じて各教科の内容を補充するための指導、障害があるために学習が困難な内容を補うための指導であり、単に教科学習の遅れを補うのではない。

5　通級・個別のよさ

　ここでは、きこえとことばの教室の主たる特徴である、通級による指導、あるいは、個別指導のよさ、メリットについて考えてみる。

(1) たまに会う

　通級による指導は、普段の学習の場所とは別の場所で行なわれ、また、毎日ではないという意味で新鮮である。昨日のことをもちこさず、子どもと教師が新鮮に出会えることはコミュニケーションを深めるためには好都合な側面があ

る。また、一定の間隔があいているため教師にとっては子どもの変化を把握しやすい。

（2）十分なやりとり

　個別指導は、子どもからすれば教師を占有でき、活動や思いの共有が十分にでき、濃密なコミュニケーションを図ることができる。

（3）比較しない

　個別指導は、他の子どもがその場にいないため、その時間はその子どもだけを見ることから、その場に比較対象が存在せず、その子どもの良い面などを発見しやすい。

（4）通常の学級とは異なったまなざし／自己の発見

　比較対象が存在せず子どもの良い面が発見しやすいということは、子どもにとっては、通常の学級、すなわち集団における教師や周囲の自己へのまなざしとは異なったまなざしを向けられることになり、自己の発見、自己の良さの発見につながる可能性がある。

（5）開く／閉ざす

　通級（個別）指導の担当教師と子どもとの間で行なった活動、コミュニケーションなどについて、例えば、「こんなことができた」ということを通常の学級などの周囲の子どもや教師に知らせる、伝えることもできるが、当面、教師と子どもの二者の世界にとどめ、その二者間で深めていくこともできる。すなわち、子どもに応じて「開く」よさ、「閉じる」よさの双方を使い分けられる。

（6）一緒に決める、自分で決める

　通常の学級に比較して、通級による指導の場、個別の場においては、教師と相談しながらも、学習内容、活動内容を子どもが主体的に決定しやすい。このことは自己決定を支援していく側面からも重要と考えられる。

6　きこえとことばの教室における指導・支援の視点

　きこえとことばの教室が行なう指導について、いわゆる自立活動的な内容の指導と、特別支援学級においては各教科等の指導、通級指導教室においては必要に応じて各教科の補充指導が行なわれることは先に触れたが、ここではその指導・支援の視点について触れる。

（1）障害への対応
　難聴、構音の不明瞭、発話の非流暢、言語発達の遅れなど、障害の状態、言語症状に対して、個々に応じた指導・対応を行なう。

（2）障害によるさまざまな能力の状態、困難への対応
　難聴、構音の不明瞭、発話の非流暢、言語発達の遅れなどの障害があるために、困難をきたしていることへの指導・対応を行なう。

（3）自己、自己の障害についての学習
　自己の特徴や、その障害（難聴や吃音等）について、また自己の障害（難聴や吃音等）の状態や特徴について学習する。自己について知る、自己の障害について知ることで、その障害との向き合い方を考える。自己の障害の特徴を知る、学ぶことで、日常における対処の仕方も考えやすくなる。

（4）さまざまな対処法
　学校や家庭、地域での日常の生活において遭遇するさまざまな困難な場面に、どう対処できるか、どう対処したらよいかを考える。

（5）自己肯定感への支援
　これまでできなかったことをできるようにすることも自己肯定感を支えることにつながるが、それが難しくても、自分を肯定できる、自分でもやっていけるという意識をもてるようにしていく。

自分も認められる、喜ばれる、役立つという実感、自分で決めることができるという経験、自分のことを肯定的に理解する学習、自分と同じ悩みや障害を抱える仲間との出会い・活動、このようになりたいという先輩（モデル）との出会いの機会等が得られたり、確保できたりするような工夫が必要である。

（6）回復力、立ち直る力
　周囲の理解が常に得られるとは限らない中で、例えば、否定的なことばや、理解のないことばを言われたとしても、その傷から立ち直る力、回復する力をつけていく。そのためには、状況の洞察力、創造性、柔軟性などを高めるとともに、以下に触れる、関係性、コミュニケーションなども重要な視点となる。

（7）周囲との関係、コミュニケーション、交渉
　子どもと担当教師の関係を深めるだけでなく、子どもと周囲他者をつないでいく。構音、語彙、構文力などを指導することも大切であるが、今のことばの力で人とのコミュニケーションを楽しむ、深める、豊かにしていく視点、より気持ちの伝わるコミュニケーションを学ぶという視点も大切である。また、自己を知り、自己の障害を知ることとも関係するが、自分のことを相手に伝え、例えば、自分が難聴であるため、コミュニケーションの折にどのような手段を使ってほしいかなど、相手と交渉する力を育てる視点も重要である。

（8）子どもの興味・関心、暮らしの充実
　子どもの興味・関心のあることを深める、広げていく。それによって自信につながることもある。また、子どもの障害の部分だけに目を向けるのではなく、子どもと子どもを取り巻く周囲に目を向け、その関わりの中で繰り広げられる暮らしそのものを豊かにするという視点も必要である。きこえとことばの教室での指導が、その子どもの暮らしやすさにつながるという観点から、指導・支援の在り方を考えたい。

（9）周囲への理解啓発
　子どもの暮らしやすさを支援するためには、周囲への理解啓発も、きこえとことばの教室の重要な仕事である。通常の学級の担任や、子どもたち等に、障害について正しく知らせていく工夫も必要である。

（10）家庭、保護者、通常の学級（担任）、管理職・教職員、関係機関等との連携
　子どもの暮らしやすさへの支援という視点でも、きこえとことばの教室での指導効果をより高めるという視点でも、さまざまな人、機関との連携を図っていくことが必要であり、それも子どもへの重要な支援となる。

（11）校内・地域、センター的機能
　きこえとことばの教室の仕事として、通級（来室）する子どもやその保護者に対して支援を行なう、在籍校や在籍学級担任に対して支援を行なうことはもちろんであるが、設置校内や地域の身近な相談機関、専門機関として、センター的な役割を担っていくことも、その地域の状況に応じて必要なことと考えられる。

7　「連携」を考える

　きこえとことばの教室においては、さまざまな人、機関との連携が重要であることは先に触れた。ここではその「連携」について、その意味や実際について考えてみたい。

（1）なぜ、つながるのか、連携するのか
　連携の重要性の裏側には、個人が、あるいは一教室が、一機関が、子どもの指導・支援のすべてを担うことはできない、という現実がある。連携、すなわちチームとしての力を高めることが大切である。つながり全体をチームと考えたとき、つながりを構成するそれぞれが、その機能・役割を充実させていくこ

と、磨いていくことが、チーム全体としての力になる。

（２）連携すること、指導・支援を連携して行なうこと
　連携は「つながる」こと自体にも意味があるが、「指導・支援を連携して行なう」ということを考えた場合、連携によって、子どもへの指導・支援の質が高まったかを見る必要がある。子どもにとってより充実した指導・支援が提供されていなければならない。

（３）知ること、知らせること
　一教室だけでは支援が難しい側面があるから地域の中で連携していく。連携のためには、どの機関でどういうことができるのかを知らないといけない。また、逆に自分の教室では何ができるのかを知らせていく必要がある。そうすることで地域のシステムを構築していくこともできるし、自分の教室の役割も整理される。つまり、地域の中で、さまざまな機関同士、関係者同士が相互に強みを知らないと連携は難しい。自分の教室ができること、できないことを整理していくこと、地域の資源を整理していくことも連携のためには必要である。

（４）連携する「人」たちとの相互理解・共通理解
　関係機関との連携には、相互理解が必要である。一方的に依頼するとか要請するという形では、良い関係は続かない。指導・支援を連携して行なうことは、連携先との協働ということでもある。連携先の「人」たちとの相互理解・共通理解が大切である。自分ではすべてを担うことができないからこそ双方向的な人とのつながりが大切になってくる。
　例えば、医療機関と連携するときに、医師から専門的な説明を受けるだけでなく、学校の様子を伝えることも必要な場合がある。どういう連携をするかによって、指導・支援の質が変わってくる。連携について、「つながる」「つなぐ」ことのみが強調されると、それぞれに主体性や責任がなく、どこもつなぐだけで指導・支援を担わない、といったことにもなりかねない。つながりつつ、つなげつつ、しかも、それぞれは指導・支援に対して主体性をもって取り

組むことが必要である。

（5）通常の学級（担任）、家庭（保護者）、関係機関等との連携を考える

連携を考えるにあたり、地域の関係機関、資源の状況を踏まえ、地域や校内において教室が果たすべき機能・役割を十分考えることが大切である。校内において、管理職、通常の学級担任、他の教職員といかに連携するかを考えることも大切である。

保護者と関わる上で、保護者の気持ちに思いを馳せることが大切である。すぐに解決はできないかもしれないが、思いを馳せることで相互の信頼関係ができる。保護者の抱える不安を解消しようとしても案外難しいが、安心材料を見つけて伝えていくことはできる。保護者の勇気と安心を支えていきたいものである。教室の指導でことばが一つ増えることも大切であるが、保護者の暮らしの充実に資することを考えていくことも大切である。また、保護者同士をつないでいくことも大切である。仲間がいることが支えになるし、また、保護者同士がつながると、子どもたちもつながりやすくなる。生涯にわたり支え合える友人になる可能性もある。

（6）子ども同士、保護者同士、教室担当教師同士の「連携」を考える

子どもにとって、同じ障害、悩みを抱える仲間の存在は重要である。自分一人ではないと思えることが支えになるし、また、他の子どもと交流することで、相互の障害との向き合い方を学ぶこともできる。保護者同士の交流もまた相互に得るものが多い。先輩の保護者から聞くさまざまな経験談が日常の子育てに役立ったり、同じ親の立場での情報交換が、時として教員からのアドバイスよりも支えになったりすることもある。また、連携といえば、教師同士の支え合いも必要である。全国には一人で教室を担当しているというところも多い。近隣の教室担当教師同士が可能な範囲で連携し、学び合うこと、担当教師が複数いる教室では、相互にうまく学び合うこと等は、指導の充実に重要なことである。

(7)「連携」を力に

連携は、時間も労力も必要で、煩雑と思われる面もあるが、子どもだけでなく、自分にも還元されるものであると捉えられれば取り組みやすい。つながる良さは必ず自分に返ってくるものである。連携を進めることによって、自らに活力が得られる実感がもてたり、自らに返ってくるものが実感できたりすると、連携にさまざまな困難があっても、前向きに取り組めるものである。

8　通常の学級との連携

ここでは、きこえとことばの教室と担当する子どもの在籍学級（通常の学級）との連携の実際について、いくつかの例を挙げる。

(1) 在籍学級（通常の学級）訪問

きこえとことばの教室の担当教師が、担当する子どもの在籍学級（通常の学級）を訪問し、学級の様子、学習の状況、周囲の子どもたちと共に過ごす状況などを把握する一助とする。

(2) 在籍学級（通常の学級）の担任との情報交換

担当する子どものことに関して、在籍学級（通常の学級）の担任と情報交換を行ない、双方の指導に生かす。

(3) 在籍学級（通常の学級）の担任者会

担当する子どもたちの在籍学級（通常の学級）の担任に集まってもらい、相互の情報交換や、在籍学級での指導の工夫、困っていることなどについての意見交換、きこえとことばの教室からの連絡などを行なうとともに、障害についての理解を深める。

(4) 在籍学級（通常の学級）の担任のきこえとことばの教室訪問

担当する子どもの在籍学級（通常の学級）の担任に、きこえとことばの教室に

来てもらい、子どもの様子、学習の様子を見てもらう。

(5) 理解啓発授業
　きこえとことばの教室の担当教師と在籍学級（通常の学級）の担任との連携・協力の下、在籍学級（通常の学級）等で、障害のこと、きこえとことばの教室のことなどについて正しく知ってもらうための授業を行なう。担当する子どもと周囲の子どもをつなぐ取組でもある。

(6) 子どもの負担感軽減の取組
　担当する子どもの在籍学級（通常の学級）の担任や、その学校の特別支援教育コーディネーター等と関わりつつ、子どもが在籍学級（通常の学級）で感じる負担感の軽減に取り組む。たとえば、宿題について量の調整や内容の工夫を行なうといった連携が考えられる。

(7) 子どもと在籍学級（通常の学級）の担任をつなぐ
　例えば、きこえとことばの教室担当教師から、在籍学級（通常の学級）の担任に連絡しておき、担当する子どもに「担任の先生の好きな野菜を三つ聞いてくること」等の宿題を出すといった取組が考えられる。

9　通常の学級との連携を機能させるために

　ここでは、前項に挙げた連携における取組が効果を上げるために、また、機能的な連携を図っていくために留意すべき点について触れる。

(1) 担当する子どもの思いの把握
　担当する子どもの思いをきこえとことばの教室の担当教師が把握し、在籍学級（通常の学級）の担任に伝えていくこと。

(2) 担当する子どもとの十分な話し合い

在籍学級（通常の学級）との連携による取組に関して、担当する子ども本人と、取組の方法、取組に対する思いや考え等について、十分話し合うこと。

(3) きこえとことばの教室担当教師の行なう活動に対する設置校の理解

例えば、先の連携の例に挙げたような、きこえとことばの教室担当教師が、担当する子どもの在籍学校の特別支援教育コーディネーターと関わる等の活動に対し、きこえとことばの教室設置校の理解を得ること。

(4) 在籍学級（通常の学級）の実態や雰囲気の把握

担当する子どもの在籍学級（通常の学級）の実態や雰囲気を、きこえとことばの教室担当教師が把握すること。

(5) 在籍学級（通常の学級）の担任の学級経営や教育実践、抱えている課題や意識の把握

きこえとことばの教室担当教師が、在籍学級（通常の学級）の担任の学級経営や教育実践の日常、抱えている課題、意識等を把握し、連携の在り方を考えるとともに、在籍学級（通常の学級）の担任にとって頼れる存在になること。

(6) 子ども理解や関係構築の視点の提供

在籍学級（通常の学級）の担任が、教育実践の中で、子どもや保護者を受け止め理解することの困難さに直面したとき、必要に応じて、難言教育が個を見つめ、個を支える中で培ってきた子ども理解や子どもとの関係構築の視点を提供すること。

(7) 共に学ぶ研修の工夫

きこえとことばの教室担当教師と在籍学級（通常の学級）の担任が、共に学べる研修の機会を工夫すること。

10　きこえとことばの教室の業務

　ここでは、きこえとことばの教室の業務について一般的に行なわれている事項を上げる。業務は多岐にわたっており、個々の教室によってさまざまである。設置校内や地域での役割も異なる。

（１）事務管理内容に関すること
　・入退級事務管理及び教室児童生徒名簿管理に関すること
　・教育課程、指導計画等事務管理に関すること
　・備品購入保管事務管理に関すること
　・経理・予算事務管理に関すること

（２）教育内容に関すること
　・教育課程、個別の指導計画の作成に関すること
　・教室行事企画に関すること

（３）保護者との連携に関すること
　・保護者会・保護者面談の企画運営に関すること
　・親の会との連携に関すること

（４）設置校の校内組織との連絡調整に関すること
　・管理職との連絡調整に関すること
　・教育相談分掌との連絡調整に関すること
　・特別支援教育分掌との連絡調整に関すること

（５）在籍校ないし在籍学級（通常の学級）及び地域の各学校との連絡調整と連携に関すること
　・在籍校訪問、在籍学級（通常の学級）担任者会の企画運営に関すること
　・地域の各学校への情報提供及び理解啓発に関すること

（6）教育相談、入級相談・就学相談に関すること
　・教育相談の企画・運営に関すること
　・入級相談・就学相談の実施に関すること

（7）外部機関等との連絡調整と連携に関すること
　・教育委員会との連絡調整に関すること
　・医療機関等関連機関との連携に関すること
　・難聴・言語障害教育関連団体との連携に関すること

（8）研修・研究に関すること
　・教室研究、教室研修の企画に関すること
　・外部研修の情報収集及び参加計画に関すること

11　多くの教室が行なっている活動

　ここでは、ことばの教室の活動の実態に関する調査研究（牧野・小林・久保山，2015）から、担当する子どもの指導・支援以外に、多くの教室が行なっている活動について挙げる。
　・在籍学級（通常の学級）訪問（特に自校通級の場合）
　・在籍学級（通常の学級）の担任との個別面談
　・設置校内や市区町村の支援委員会関係への関与
　・担当する子ども以外の子どもの指導・支援に関する相談
　・行政や管理職への教室の充実に向けた働きかけ
　・都道府県単位の難聴・言語障害に関する研究会・研修会への参加
　・教室要覧・パンフレット等の作成・配布
　・保護者との個別面談
　概観すると、子どもの指導・支援に関係の深い活動、校内や市区町村における相談・支援に関わる活動、一人の担当教師の努力でできうる活動等が、多くの教室が実施している活動の特徴である。

12　おわりに

　きこえとことばの教室と周囲との連携の在り方も含めて、難言教育における子どもや保護者との関わりや教室経営についての基本的な考え方、大切にしたい視点について触れた。

　難言教育、きこえとことばの教室は、制度が十分でない時期も、サービス精神で発展してきた部分がある。この半世紀以上にわたり、少しのサービス精神、工夫がこの教育の充実発展を支えてきたと言ってもよい。教育のシステムを構築していくことは重要なことであるが、そのシステムを担う人もまた重要である。難言教育に携わるに当たり、日々悩むことも多々あるかもしれないが、悩むからこそ工夫も生まれる。教室経営や連携に対して、柔軟な発想をもち続けたいものである。

　きこえとことばの教室の担当教師は教室設置校内では少数であり、通常の学級の担任など校内の多くの同僚に理解されることは簡単ではないかもしれない。しかし、理解してくれる人は少なからずいるものである。その理解してくれる人とより早く手をつなぐことが大切である。つながることが力になる。

　ある子どもがきこえとことばの教室のことを「生き方研究所」だと言っていた。まさにそのようなことも教室の一機能と考えられる。担当教師は、子どもと一緒にどうすればよいか、どう対処すればよいかを考える、いわば、子どもにとっての伴走者、同行者としての役割もある。その役割を果たす上でも、常に、子どもの視点に立って考え続けるとともに、教室担当教師自身は難聴や言語障害の当事者ではないとすれば、当事者から学ぶ姿勢をもち続けたいものである。

〈参考〉
　子どもと関わる上で、またその関わりを振り返る上で、参考となる視点を以下に挙げる。

振り返りの視点①

・子どもにとって私は、話したい相手か？
・子どもにとって私は、一緒にいたい相手か？
・子どもと一緒に過ごすことを楽しみにできているか？
・子どもに、自分の好きなものを伝えているか？
・子どもに自分を開いているか？

　担当する子どもを思い浮かべながら、また自分自身を見つめながら、時々、子どものコミュニケーションの相手としての自分を省みるのも重要である。

振り返りの視点②
・子どものことを思うとき浮かんでくる物・人・事柄
・子どもとの最近の思い出、子どもに対する思い
・私自身が好きな物・人・事柄、楽しんでいること、してみたいこと
・子どもから見た私が好きな物・人・事柄
・子どもが私を見るとき、思い浮かべそうなこと
・子どもが好きな物・人・事柄、楽しんでいること、したがっていること

　担当する子どものこと、自分自身のことを見つめ、上記のことを考えてみる。これらについてあまり思い浮かばなければ、その子どもとの関係、コミュニケーションはそれだけ希薄ということである。また思い浮かんだものの中で、広げたり、深めたりできそうなもの・ことが、その子どもとの話題であったり、教材であったりする。

子どもを見るということ（※3の（1）で述べたことの整理）
・関わり手が子どもを見ることは、子どもに対して自己の世界を投影する面をもつ
・見られる子どもの側は、関わり手の視点で自己を見つめることになる
・両者の見方が不快な状態として固定したとき、関係が難しい状態、通じ

合いにくい状態となる
・通じ合いにくい状態は、子どもに対する関わり手の内面世界の構成により生じる

文献

国立特別支援教育総合研究所（2010）言語障害教育における指導の内容・方法・評価に関する研究―言語障害教育実践ガイドブックの作成に向けて―．特教研 B-250．

国立特別支援教育総合研究所（2012）言語障害のある子どもの通常の学級における障害特性に応じた指導・支援の内容・方法に関する研究―通常の学級と通級指導教室の連携を通して―．特教研 B-274．

国立特別支援教育総合研究所（2015a）「ことばの教室」ことはじめ．特教研 D-333．

国立特別支援教育総合研究所（2015b）特別支援教育の基礎・基本（新訂版）．ジアース教育新社．

牧野泰美監修　阿部厚仁編（2007）言語障害のおともだち．ミネルヴァ書房．

牧野泰美・小林倫代・久保山茂樹（2015）ことばの教室の活動の実態に関する調査研究．日本特殊教育学会第53回大会発表論文集（USB メモリ版）．

牧野泰美（2015）言語障害教育．柘植雅義・木舩憲幸編著　改訂新版特別支援教育総論．放送大学教育振興会，140-154．

第14章

保護者との連携の実際

淺利　昇（市川市立行徳小学校）

1　「ことばの教室」の仕事の柱は、保護者のニーズに応えること

　ことばの教室での、保護者との出会いから終了までを考えると、「初回面談」（担当が変わって新しく引き継いだときも含む）、通級時ごとの情報交換、学期ごとの「個別の指導計画」作成・見直しや評価の際の面談、保護者からの何か訴えがあったときの相談、終了や他種の通級指導教室・特別支援学級への措置替えに向けての相談などがある。

　本書を読むほとんどの方が、通常学級や他種の特別支援学級・通級指導教室を経験して、ことばの教室（実際にはいろいろ違いもあるのだが、以下「きこえの教室」も含めて「ことばの教室」と表記する。ちなみに筆者自身は両方経験している）を初めて担当するようになったと思う。ことばの教室担当になって、まず頭を抱えるのが、通常学級での教育課程や教科書のような「これを教える」という明確な物がないことであろう。

　目の前には発音に誤りのある子、吃音がある子、ことばの発達に課題がある子が入れ替わり来るわけだが、「こういう方針で、こういう内容で学習していこう」というところから自分で考えなければならないのが、つらいところであり、経験を積むと醍醐味にもなるところである。また、実際問題として、管理職や教育委員会から「通級指導教室・特別支援学級だから、『個別の指導計画』

を作成してください」と言われ、途方にくれることもあるだろう。

　そこで、まず出発点になるのが、「保護者のニーズ」である。私たちがスクリーニング検査を行なったり、学級担任からの訴えを聞いたりして「あの子は発音が誤っているから、発音を治そう」と勝手に子どもをことばの教室に通級させることはない。あくまでも、ことばの課題がある子どもの保護者の「わが子のことばの課題を何とかしたい」という思いや考え＝「保護者のニーズ」があって、通級による学習が始まる。極端な話、自分の子の発音が誤っていたり吃音があったりしても、「そのうち治るだろう」と特に相談をしようと思わない保護者もいらっしゃる。こういう方たちには、もちろんニーズの掘り起こしは必要であるが、保護者が必要性を感じていなければ、わざわざ特別に別の場所で学習する「通級」という形での学習は成立しない。

　筆者が勤務する市では教育センターが窓口となっていて、そこから親子が面接を受けた情報をもらっている[1)2)]。しかし、初めて保護者がことばの教室を訪れたときに、改めて「今日はどういうことでいらっしゃいましたか？」とか「今、お子さんのことで気になっていることは何ですか？」と必ず保護者自身のことばを聞くようにしている。また、ことばの教室に来ようと思ったきっかけと経過も聞く。書類には「ことばが不明瞭なので治したい」と書いてあっても、実際に話を伺うと、「発音が誤っているので、友だちに何か言われたらかわいそう」という漠然とした心配のこともあれば、「そのうちに治ると思っていたんですけど、友だちにことばのことを言われて『学校に行きたくない』と言うので」など具体的なきっかけを聞けることもある。また、ことばの教室につながった経緯を話す中で「私は（誤っている発音が）かわいいと思うんですけ

---

1) 筆者の市ではことばの教室に申し込んだ親子に教育センターで『S-M社会生活能力検査』『PVT-R絵画語い検査』、発音のお子さんには『ことばのテスト絵本』による簡易検査が行なわれている。また、教育支援委員会の調査員としてことばの教室担当者が『幼児児童性格診断検査』『診断的親子関係検査』を標準で行なっている。
2) 筆者は1度お子さんに会って行動観察や検査をある程度行なってから、保護者と面談するようにしている。

ど、担任の先生に勧められて」と言う保護者もいた。

　時には、子どもの実態を考えると的外れではないか、お母さんの心配し過ぎではという訴えかもしれない。しかし、ここで子どものために良かれと思い、「お母さんの言うことももっともですが、やはりこうしましょう」とか「こうすればもっとよくなると思いますよ」などのこちらの意見を言うのをぐっと我慢するようにしたい。まずは、「〇〇が心配なんですね」と保護者の気持ちを受け止めるようにしている。

　ここで想いを馳せていただきたいのは、ことばの教室につながるまでの保護者の心の葛藤である。ことばの教室や教育センターという特別の場所に行く不安、「本当に良くなるのか」「ことばのことを話題にしたら、かえって気にして話さなくなるのでは」「他の子やママ友に知られたら、どうしよう」「夫の親に『うちの家系にはこんな子はいない』『あなたの育て方が悪い』と言われた」などなど。そのような思いを整理して、ことばの教室に相談してみようと行動を起こしてくれたことに、「よく、来てくれました」という感謝と労いのことばを忘れないようにしたいものである。

　その上で、「お子さんのために、ことばの教室でできることを一緒に考えていきましょう」と切り出す。ここから、子どもの具体的な全体像を共有し、指導の方針や目標を考えるために、情報収集と整理が始まる。

2　自分の癖・タイプを考えてみる

　ことばの教室に来る保護者も子どももいろいろなタイプの人がいる。また、保護者や子どもと関わるわれわれも一人ひとり感じ方や価値観が異なるし、こちらの接し方の違いで相手の言動がまるで違ってくるかもしれない。A君親子の姿が、自分とB先生では違って見えるかもしれないのである。そこで自分のタイプ・人の見方や関わり方の癖を知っておくことが必要になる。

　まずは、筆者のことについて述べる。長年、難言の教育に携わり、そろそろ通級してくる子どもたちは孫世代という年齢になった。それでも、初めてのお子さん、保護者の方に会うのは毎回とても緊張する。出会った瞬間には緊張よ

りも、どういうアプローチでこの親子を理解し、働きかけようかと自分の引き出しをあれこれ探し、頭がフル回転になるのだが。

そのようなときに、子どもも保護者も「こんなタイプかな？」と想像しながら（仮説を立てながら）いろいろ働きかけるのだが、同時に「私」が子どもや保護者にどう見えているのかも考えている。

この仕事を続ける中で、勤務する学校だけでなくいろいろな学校の中でも、難言教育の中でも、素晴らしい先輩や同僚に出会った。「もう、この先生についていけば間違いない」という『カリスマ』タイプの先生、「何でも相談でき、時には叱られるのもうれしい」という『肝っ玉母さん』タイプの先生、混乱した保護者の気持ちを丁寧に聞き整理して保護者に方向性を見つけさせる先生、明るく受け答えし保護者を元気づける先生などなど……。翻って自分は？という時代が長く続いた。最初に講師として１年間関わったお母さんから、「私たち親子の灯台のような先生になってください」ということばを別れ際にいただいた。しかし、自分はリーダーシップを発揮して引っ張るタイプではないし、口べたで、いつも後から「あの時こう言えばよかった」と思っているタイプである。飲み会などでも聞き役に回るタイプ。取りあえず話を聞くことは頑張ろうと考えた。

それでも勘違いは続いた。自分自身、人に相談するのが苦手で、何とか自分で考えてみるというタイプである。逆に、相談を受けたらそれに対して解決策をいくつか提案できなければならないと思い込んでいた。特に10年くらい難言教育を担当して、いろいろな知識を身につけた時期だった。

さすがに「まずいな」と思っていた頃、ふと目に付いたのが「相談する人は必ずしも解決策を求めていない。話をしっかり聞いてもらったと感じる方が大事なのだ」という意味のフレーズであった。相談とかカウンセリングの本や研修で「話をしっかり聞く」と言うことは何度も見たり聞いたりしていたはずなのだが、この時初めて目から鱗が落ちる思いだった。それ以来、保護者と面談するのに、少し肩の力が抜けたような気がする。「お役に立てるかどうかはわかりませんが、取りあえず話してみてください」と面談を始めることも多い。

3 ことばの課題ごとに初回面接から終了までの保護者との関わり

（1）発音に課題がある子の保護者面談

　今、どんな発音の状態なのか、いつ頃から保護者が気になり始めたか、気になりだしてからの保護者の対応や相談歴、その頃と比べて発音の変化はあるのか、発音の誤りに対する本人の意識、現在の家庭や学級での対応の仕方などをまず確認する。家庭で言い直しをさせている場合は、発音の練習が進んだらできることを宿題に出すので、それまでは子どもが言ったことばを、正しい発音で「○○ね」と返して聞かせることを伝える。中には、「もっと早くみてもらえば良かったんでしょうね」などと言う保護者もいるが、私は「今、やろうと思ったときに練習を始めるのが結局は早道ですよ」と伝えている。また、本人の発音の誤りに対する意識を確認しておくことは、発音練習を進めていく上でとても大切である。本人にも治したいという意識があればよいのだが、苦手意識が強く何かを言わせようとすると元気がなくなる子がいる。その場合には、特に発音練習以外でこの先生と一緒に活動するのが楽しいという経験を味わわせることが発音練習の前提になる。逆に、自分の発音の誤りに気がついていない場合には、特に耳作りの学習が大切になる。

　次に、お母さんのお腹の中にいる頃からの全体的な生育歴・言語歴を聞く。大きな病気などのトラブルがなかったかはもちろんであるが、特に注意して聞くのは次の4点である。1番目は、お乳の飲み具合や離乳食の進み方の状況。鼻に息が抜けるような話し方のときは、特に要注意である。「なかなか上手に飲めませんでした」「鼻からミルクが漏れることがありました」などの話が出れば、口蓋裂の既往を疑う必要がある。手術はしたのか、手術しても影響が残っているのか、あるいは粘膜下口蓋裂などが見落とされてきた可能性もある。構音指導が可能な状態なのか、医療機関につなげることもある。

　2番目は全体的な言語発達である。喃語はよく出ていたのか、始語はいつ頃か、2つのことばをつなげて話すようになったのはいつ頃かなどを聞いていく。幼児音のお子さんの中には始語が遅く、その後発達もゆっくりだったとい

う子がいる。この場合には、全体の発達を促すのを優先しその中で発音が改善していくのを見守るのか、発音指導を行なうのか方針が違ってくる。中には、始歩は普通だったが始語は遅かったという子がいる。視覚優位の生活が続いた子は、ことばで他の人を動かすという「ことばのありがたさ」を学び損ねている可能性がある。

　3番目は、音に対する反応である。中耳炎など耳鼻科疾患の既往歴があれば、現在はどういう状況なのか、また、言語発達に影響がなかったか、特に既往歴はなくても、聞き間違いや聞き返しが多かったり、テレビの音を大きくしたりすることがないか。これらの可能性があれば、聴力測定をしてみたり、耳鼻科の受診を勧めたりすることがある。

　そして4番目は保護者を始めとする周りの人との関わりや子どもの行動の特徴である。大人しい子だったのか、保護者が育児で大変な苦労をしたような子だったのか、人との関わりやことばを楽しいと思えるような育ちをしているかである。

　また、起きてから寝るまでの具体的な様子を聞くことで、自律的に生活しているか、保護者がどんな関わりをするのか、どんなことをするのが好きなのかを確認して、どのようなアプローチがその子によいかを考えるヒントにしたり、これからの保護者面談を通して家庭での関わり方を見直してもらいたい部分を把握したりしておく。

(2) 吃音がある子の保護者面談

　大まかな流れは発音の子に準じるが、まずは自分が子どもと会ったときの吃音の様子・印象を伝え、「初めて会ったのでお子さんも緊張していたと思うのですが、いつもはどんな感じですか？」と現在の吃音の状態を聞いてみる。吃音の波の様子や、吃音になりやすい音や状況の話が聞けるかもしれない。次に、発吃の時期（保護者が初めて吃音に気付いたとき）、様子、そしてそのときの保護者の気持ちと対応を聞く。初めて吃音に気がついたときに激しい症状が出たのならば、保護者の驚きや困惑も大きかっただろう。対応については「落ち着いて」などと止めようとした、見守った、すぐに相談した、インターネットで

調べたなどさまざまだろう。その時の保護者の気持ちをしっかり受けとめるようにしたい。中には、「下の子を出産した後でした」「夫の転勤で引っ越したすぐ後でした」のように何らかのイベントと関係づけて話をする方もいる。ほとんどは吃音の直接の原因とは思えないのであるが、その頃の保護者の思いをしっかり聞いておきたい。保護者が「忙しくて、子どもに寂しい思いをさせてしまったから吃音になったのでは」と考えているのかもしれない。また、自分の子育てに原因があるのではと自分を責めてしまっている保護者もいる。

　保護者の気持ち・思いを受け止めた上で、これまで相談したり、本やインターネットで調べてみたりした経験を聞く。吃音についてどれくらい、どのような知識があるかを確かめた上で、吃音についてのガイダンスをする。小学生だと100人に1人くらいいて、吃音自体が目立たなくなる（目立たないようにしている）ようにはなっても、自分の経験では完全になくなる子はあまり見たことがないということ。そこを前提として、ことばの教室でできること、保護者とことばの教室での関わりで、どんな子になってほしいかという摺り合わせを行なう。ガイダンスで一番重要なのは「親のせいではない」というメッセージを伝えることである。もちろん、これらのことは一度の面談では詰め切れないかもしれない。また、お会いするたびに保護者の気持ちや考えも揺れ動いたり揺れ戻ったりする。「あの時、こう言っていたからわかってくれたはず」と考えずに、何度でも話題にするようにしたい。

　また、いじめやからかいへの対応、他の家族や離れて暮らす祖父母への伝え方、担任や学級の子どもたちや保護者への伝え方など、保護者が知りたいことはたくさんある。本書を始めいろいろな本が出ているので、参考にしながら、その親子が実際にできそうな対応を保護者と考えていきたい。

（3）言語発達に課題がある子・言語と発達障害など複数の課題をもつ子の保護者面談

　「言語発達に課題がある子」については、それぞれの自治体やことばの教室で、対象としている児童も指導の在り方も多種多様なようである。また、先生方の考え方もいろいろだと思う。さらに、全難言や特総研の調査では「こと

ば」に特化した教室ではなく、いろいろな課題をもつ児童・生徒に対応する「通級指導教室」が話題になっている。

　ここでは、「筆者はこんな感じでやっている」と言うことで述べさせてもらう。

　筆者が勤務する市では、通級は基本的に週1時間（45分）なので、そもそも週1回の通級で課題が改善されていく見通しがあるのか、ことばの教室で何ができるのかということが問題になる。

　「言語発達に課題がある子」については、特に「保護者の願い＝ニーズ」と担当するわれわれの思いを摺り合わせ、ことばの教室に通うことでどんな子になってほしいのか、そのためにどのような指導・支援をしていくのかをしっかり共有していかなくてはならない。

　そのためには、「発音の課題がある子の保護者面談」で述べた中でも、特に2番目の全体的な言語発達と4番目の保護者や周囲の人の関わりと子どもの特徴について、より丁寧に話を聞く必要がある。『S-M社会生活能力検査』『診断的親子関係検査』などの保護者の回答をもとに、日常生活での行動の仕方や親子の関わり方をより具体的に詳しく聞くことで、今、できていて指導に利用可能なこと、家庭の中でできそうな取り組みなどを保護者と考えていく。

　また、実際に学級を参観して子どもの実態を把握し、学級担任からの情報や見方考え方を聞いて、保護者からの情報と突き合わせる必要がある。家庭やことばの教室と通常学級での様子が違うこともよくあることだ。このとき得た情報を保護者に伝えるには細心の注意が必要である。特に通常担任と保護者の考えの食い違いが大きい場合には、どちらかを責めるのではなく、どちらも前向きになれるような伝え方が必要である。そして、保護者のニーズをより実際的な目標、内容にできるよう摺り合わせを続けていく。

　ところで、生育歴や言語歴を聞くときには母子手帳を持ってきてもらうので、よく話してくれる保護者がほとんどだが、中には「（忙しかったので、子どもがたくさんいるので）よく覚えていません」「普通だったと思います」「特に、問

題なかったと思います」と言う方がいる。記憶が曖昧なときには「Aくんは4月生まれだけど、2歳の夏頃にはどんなでした？」とか「4月に保育園に入る前はどうでした？」というように、より保護者が思い出すようにイメージしやすいイベントと絡めて聞いてみる。それでも思い出せなければ深追いはしないことにしている。中には子どもや自分の子育てが責められるのでは（責められたと感じた経験がある）と警戒している保護者がいる。その場合は、子どもの指導で一定の成果を出したり、保護者との相談で信頼感を得たりしてから再度アプローチするようにしている。

　余談になるが、保護者と面談していて、「うまくいったな」と感じる1つは、保護者自身の子ども時代の話や親との関係を話してくれたときである。前『日言研』会長の谷俊治先生が「（祖父母、父母、子）三代話；親の子育ては自分の育てられ方が大きく影響を受ける」という話をしていた。今では「虐待の連鎖」ばかりが例に挙がるが、目の前の保護者が自分がどう育てられたと感じているかは、これから先、保護者の子育てをお手伝いする大きなヒントになる。

（4）継続的な面談と終了に向けて

　どのお子さんにも、「ことばのことでからかいを受けた」「音読を嫌がるようになった」など、突発的に保護者から相談を申し込まれる可能性がある。子どもの気持ちや思いを確認した上で、保護者と家庭でできること、学級担任への相談の仕方などを保護者と一緒に考える。

　特に変わったことがなくても、学年・学期の変わり目などを目安に、しっかり時間を取って、保護者が今の子どもの様子をどう捉えているか、子どもの変容とともに保護者のニーズがどう変わっているのかを確認する必要がある。

　発音に課題がある子は、「発音の改善」という目安がある。しかし、「吃音がある子」や「言語発達に課題がある子」については、終了の目安はいろいろで、卒業や転校でことばの教室終了という子もたくさんいる。次のステップに進む不安と期待を受け止め心配なことが起こったら、いつでも連絡をくれるように伝える。

＊事例については、設定などを少し変えてある。
〈事例〉保護者はその子を育ててきた先輩
　A君のお母さんは、「発音が幼い感じ」と感じ、地域の総合病院の耳鼻科を受診したそうだ。でも「多動性を疑われた」とのことで小児科を紹介され、「心理の先生」と面接や検査をしたとのことであった。「ちょっと元気な1年生かも」ということで通院は終わり、改めて担任の紹介でことばの教室につながった。担任の話では、周りとのトラブルが多く、また、授業中、何人かが喋っていて、他の子たちは先生の様子を見て、お喋りをやめたのだがA君だけはしゃべり続けていたそうである。担任が「喋っていていいんですか？」と注意すると、「先生は喋っちゃいけないとは言いませんでした」と答えたが、それが反抗で言っているとは思えなかったというエピソードも教えてくれた。
　実際にA君と話や学習をしてみたら、人なつこく、よく話をしてくれるし、「じゃあ、勉強を始めようか？」と言うと、すぐに課題に取り組むことができた。ただ、構音検査のときは、自分でさっさとカードをめくろうとしたり、部屋にある別の物に注意が逸れてしまったりしたことがあったが、それも声かけをすると検査に戻れるレベルであった。
　お母さんとの初回面談のときに、「人なつっこくて、かわいいですね」と話を切り出すと、「いい子には育っていると思うんですけど」ということばから、A君のこれまで様子を話し始めた。赤ちゃんから幼児の頃も育てやすく、駄々をこねたり、お店でチョロチョロしたりすることもない、穏やかな子だったこと。ところが、2年保育の幼稚園に入ったら、自分勝手に走り回り、先生の言うことを聞かず、お母さんが思わず「誰だ、この子は？　私の知っているAじゃない」と思ったそうだ。A君がトラブルを起こすので、毎日のように他の子のお母さんに謝ることが続いたとのことだった。そのような中でも、先生から「A君は人との関わりが好きだから、トラブルがあるのは当たり前」と言ってもらったり、周りのお母さんも「お互い様ですよ」と言って励ましてくれたりすることも多かったとのことである。そんなA君の毎日で、年長の頃から現在まで続いているのが寝る前の「反省タイム」だそうだ。帰ってから布団に入るまではお母さんが学校のことを聞いても「いつもと同じ」と素っ気な

い返事が返ってくるのだが、布団に入ると落ち着くのか、「先生に褒められた」「ちょっと嫌だった」と話し始めるのだそうだ。そのうちに、その日やってしまった「失敗」を「『あっ、ごめん』って思ったんだけど、やばいと思って逃げちゃった」のように話し、お母さんも感情的にならずに聞けて、「あ、ごめんって思ったんだね。そのとき謝っちゃえばよかったね」と言うと、A君も「うん、今度からそうする」と素直に言えるそうだ。

　また、お母さん自身も地元で育ち、近所に知り合いが多く、A君も地域のいろいろな人にかわいがられて育ったそうだ。そういう背景があるためか、A君のお母さんは、A君とトラブルがあった子にも、その子の気持ちをくみ取りながら「でも○○するのはやめてね。2年生なんだから頼むよ」と気さくに声かけをしたとのことだ。その結果、その子たちがA君のお母さんに話しかけてくるようになり、A君とも仲良くなったようである。他にも、他のママ友が「Q君とは遊ばせたくない」というような子でも、家に遊びに来たときには、『しっかり見ているよ』とメッセージを送ることで、最初はやりたい放題だったQ君が、A君のやりたいことも一緒にやるようになったとのことである。

　まだ、ときどきトラブルはあるが、A君は2年生後半には他の子の挑発にもだいぶ我慢ができるようになってきた。余計な情報に振り回されず、自分の子どもの成長を信じ、周りの子も含めて子育てしているA君のお母さんには教わることがたくさんある。

〈事例〉吃音以外の心配がなかなかなくならないお母さん

　B君には吃音がある。市の発達センターに通っていたが、年長の10月、入学の半年前に入級の申し込みがあり、教育センターからの紹介でお会いした。

　お母さんの第一印象はエネルギーに溢れ、思ったことを率直に話してくれる明るい感じの方、子どもに対しては、「挨拶しなさい」とか少し口うるさいタイプかなというものであった。2回目にお母さんとだけ面談したときに、お子さんに対する心配がとても強いことがわかった。一人っ子でお父さんの帰りが遅くほとんど母と子の生活で、愛情も注意も目一杯注いでいること、お母さん自身が比較的コミュニティーの絆が強い自然豊かな町で育ったことと周りのお

母さんたちより年齢が高く、周りの保護者の子育てや言動に違和感を抱くことが多いことを話してくれた。そして、常に先回りをして「こうなったらどうしよう」と心配していることが次々と語られた。吃音があるのだから、せめて学習面では後れを取らないようにという想いと、何か得意なことが見つかればという想いから、B君の1週間は習い事で埋まっていた。

B君の発吃については、「2歳半のトイレットトレーニングのときに、いつも怒っている私が、優しく『失敗してもいいんだよ』と言い、漏らしても怒らなかった。1日経ったらトイレットトレーニングは成功したが吃音が始まった。2年前くらいにも優しく注意したら泣いたので理由を聞いたら、『ママが優しく怒っている』と言われ、いつもと違って優しくしたことが吃音のきっかけと確信した」と考えていた。お母さんが子育てのことで自分を責めていることが伝わってきた。

発吃のときに、お祖母さんは「言いたいことがたくさんあって、混乱しているのよ」と言ってくれたが、お父さん自身が小さいときに吃音があって「これは吃りだ」と言ったので、お母さんもそう思いすぐ発達センターに相談したとのことである。そこで「2、3ヵ月様子を見ましょう」と言われ、でも症状が変わらないのできっちり3ヵ月後に発達センターに連絡し、通うようになったとのことだった。

お母さんは仕事をこのまま続けるか、それとも一旦仕事を辞めて、学校から帰ったB君を出迎えられるようにするかも迷っていた。お母さんのお姉さんを始めいろいろな方に相談したようだ。筆者は「私がこうした方がいいよと言って、それがうまくいかなかったら、お母さんは後悔すると思います。お母さんが決めてください」と判断を委ねた。入学後初の面談で、「仕事を辞めて焦らなくなったのか、怒らなくなった。帰ってくるのをお迎えできるようになって、一時は吃音がよくなったと思ったが、また目立ってきた」とのことだった。やはり「怒ることや愛情不足が吃音の要因」と捉えているようであった。「吃音が多くなったり少なくなったりすることに一喜一憂することなく、『今はちょっと多いかな』『最近落ち着いてきたかな』と言うことだけメモして

教えてください」と伝えた。お母さんの心配はともかく、B君は学級では音読に自信がないようだったが、周りの子や担任の先生とよく話している様子だった。

　2年から、3年にかけてB君は友だち関係や学校生活がうまくいかず、お母さんの心配はそちらがメインになってきた。お母さんがアドバイスをすると、「ママは普通だけど、おれ、ことば言いにくいし、口内炎あるし」と吃音についての不満を話すようになった。この頃から、ことばの教室でもB君と吃音について絵本を読んだり、吃音についての話をしたりする学習を進めていった。ことばの教室の研修会でB君の提案をし、講師の先生に「楽な読み方」を教えて貰い、すぐできるようになったのもこの頃であった。
　3年の後半になって、歌がうまかったB君は音楽のことで褒められることが多くなり、自信をもつようになった。「4年になったら音楽部に入ろうかな」と言うようになった。図書室で借りる本も偉人マンガシリーズの音楽家の本が多くなった。
　4年生になり、「音楽部」を入部したので、月2回の通級に減らした。学級では相変わらず友だちとぎくしゃくしていたようだが、部活でとても気が合う先輩ができ、休みの日もよく一緒に行動するようになった。また、スイミングで一番上まで進級したり「検事になりたい。おれは口が強いから」と言ったりするなど、自分に自信がもてるようになってきたようだ。4年生2月の面談では、終わり際に「お母さん、今日は吃音の話を全然してなかったよね」と言うと「ことばのことは気にならなくなってきました。一段階進んだかな」とのことであった。「おかあさんもB君もよい状態になってきた。B君も部活が忙しくなってきたこともあるし、そろそろことばの教室を終わりにしませんか？」と水を向けると「考えてみます」とのことだった。3月最後の通級で「Bはいいんですけど、私だけでもことばの教室に残して貰えませんか」との話だったので、B君の通級は1～2ヵ月に1回とし、お母さんとの面談を中心にすることにした。5年の終わりに筆者の異動が決まりそうになったこともあり、もう一度終了を勧めてみた。よい状態は続いていたのだが、仲のよい先輩が卒業

してしまうと心配だし、中学校の相談もしたいので卒業までお願いしたいとのことで、次の担当者に引き継いだ。そして、6年の3月に他の卒業生3人との「終了式」に招待され1年ぶりに少し大人っぽくなったB君とお母さんにお会いした。中学は「部活で音楽ができる学校を選んだ」とのことだった。

〈事例〉「もう、ことばの教室というよりは、担任の先生と『スマイルプラン』の先生に相談する時期だと思います」とおっしゃったお母さん

　C君は他校からの通級。「発音の誤り」を主訴に1年のときからことばの教室に通っていた。転勤した私は、3年生からC君を担当した。その頃には、今の子にしては話すスピードがゆっくりだなという印象ではあるが、発音はほとんど治っていた。ところが、C君のお母さんは通級のたびに、C君のことを「姿勢が悪くて」「麺類が啜れない」「説明がわかりにくい」と訴えて来た。その都度、「じゃあ、こうしてみたら」と提案してみた。例えば姿勢に関しては、個別学習中に課題に集中しているときは背筋が伸びていたので、その姿を見てもらい「今やることがはっきりしていれば姿勢が良くなるようです」と話した。「え、こんなに姿勢がいいんですか」と驚いていたが、それでもまた、別の訴えが続いた。

　そのうちにC君から「友だちが意地悪して遊びに入れてくれない」と訴えがあった。面談でもお母さんから「どうもトラブルに巻き込まれやすく、Cが被害者なのに、Cのせいにされてしまっているようだ」とお話があった。学級担任にその話をしてみると、「友だちが投げたボールがC君の所に転がってきたときに、C君が全然別の方にボールを投げてしまってケンカになったことですかね。C君と他の子の説明が食い違って、どうもC君が嘘をついているようでした」とのことであった。そこで思い当たったのが、C君はボディーイメージがしっかりできていないようで、プレイのときにも、こちらが思ってもない方にボールを投げていたことだった。また、C君は見たことをまるで実況中継するように、細かく順番に説明してくれるのに、人と人や出来事を3つ以上結びつけて（3項関係を）理解するのが苦手であった。説明をしたりさせたりするときにはマンガで可視化しながら話すことを提案した。担任の先生もわ

ざとやったり嘘をついたりしたのではないことをわかってくださった。
　ことばの教室では説明の学習を取り入れ、最後の5分は毎回お母さんに聞いてもらい「だいぶわかりやすくなったね」と言ってもらえるようになった。しかし、トラブルは相変わらず続いているようだった。
　秋の面談のときに、お母さんから「もう言語というよりは、学校の先生、コーディネーターの先生に助言をいただく時期だと思います」と話があり、ことばの教室は終了した。幸い、C君の学校では、通級情緒の先生がコーディネーターをなさっていて、情緒教室にはつながらなかったが、校内で面談などを続け、学年が変わってからは周りの子の成長もあり、トラブルがほとんどなくなったとのことであった。

第15章

わが国の言語障害児教育のあゆみと日本言語障害児教育研究会

綾部泰雄（元横浜市立八景小学校）

1 はじめに

　わが国の言語障害対策は戦後に本格的に始められたとされるが、それを推進し、軌を一にしたと考えられる日本言語障害児教育研究会（以下、日言研）の謂われを追い、言語障害児教育の成立までの過程を辿った。

　　我が国の本格的な言語障害児教育がスタートするのは戦後昭和20年代後半になってからである。国語科教育の中で、読みの遅れた児童生徒や、学業不振で表現力のない児童生徒をどうするのかという問題意識が立ち上がり、民間においては吃音矯正所が復興し始め、さらにいわゆる話し方や話し言葉への関心が高まってきた。そしてそれと前後してアメリカの言語病理学の考え方が紹介された。（文部省，1978）

　わが国の言語障害児教育の歴史はこのように簡潔に述べられて始まっている。それを補うような記述は、「聴覚・言語障害児教育の成立と展開」（荒川，1772）や「言語障害教育の発展」（玉井，1981）などの著作や、「言語障害児教育の現代史と課題」（森，1997）、「我が国における言語障害教育を取り巻く諸問題」（松村・牧野，2004）などの論文にみられ、共通の認識になっていると言えよう。

本章は、言語障害児教育を推進した日本言語障害児教育研究会の、初代会長平井昌夫、次代会長の田口恒夫、そして千葉県市川市立真間小学校で通級制の特殊学級を創設した大熊喜代松を中心にその足跡を記述した（以下、敬称略。また、旧字体や古い用語は資料的価値を優先した）。

2　国語科治療教室が始まるまで

わが国の、初期の言語治療施設は、明治36年に伊澤修二[1]が東京市小石川区に設けた吃音者のための落石社である。そこで多勢の吃音者の矯正を行なったとされているが、社会事業の枠を出ることなく、学校教育につながることもなく、後の公教育としての言語障害児教育の進展に影響を与えることはなかった。

戦後、わが国が太平洋戦争に敗れた結果、国政全般は連合国軍総司令部（GHQ）の占領管理下に置かれることになった。教育もこの状況のもとで大きな改革を迫られ、戦時教育体制の排除と新しい教育理念の啓発普及が求められた。

（1）戦後の教育状況と特殊教育
　改革は、昭和20年9月文部省の「新日本建設ノ教育方針」他、翌21年4月の「**第一次米国教育視察団報告書**」他、そして同年8月内閣に設置された「**教育刷新委員会**」の建議により、戦後教育改革の枠組作りが行なわれた。昭和22年からの「六・三制」など戦後教育改革の骨格はほぼこの時期に出来上がった。
　1)「教育刷新委員会」による改革
　昭和21年3月に来日した米国の教育視察団は、約1ヵ月に渡って日本側教

---

[1] 伊沢修二（1851～1917）明治の教育家、かつ文部官僚。近代音楽教育を米国より導入した。東京音楽学校初代校長、東京盲唖学校長を経て、後年吃音矯正事業に当たった。

育家との会合、各種学校視察、教育関係者との面談によって日本の教育実態を把握、総司令部に教育改革の報告書を提出した。これが「米国教育視察団報告書」であり、8月、内閣に常置委員会として「教育刷新委員会」が設けられた。

　教育刷新委員会は四部門で構成された。「日本における民主主義」「日本における再教育の心理的側面」「日本教育制度の行政的再構成」「日本復興に於ける高等教育」であるが、委員は官公私立学校長、大学教授をはじめ、宗教関係者、評論家などであった。

　新しい日本国憲法は、国民の「教育を受ける権利」、保護者の「教育を受けさせる義務」、また、大学の自治と関連して「学問の自由」を規定した。

　昭和22年、これに基づいて『教育基本法』を制定し、戦前の複線型から小中高大学を基本とする単線型の学校制度へ転換した。また、地方教育行政機関として教育委員会制度を導入（住民の教育行政への参画）、その一方で中央教育行政機関としての文部省は存続させた（村井, 1979）。

　従って、特殊教育制度もこの教育改革の一環として、総司令部の占領政策のもとに築き上げられたものが基礎になっている。先の「米国教育施設団報告書」その第三章の「初等及び中等学校の教育行政」の第三に、"必要なる調整"として特殊教育が触れられている。

　　肢体不自由児や知恵遅れの子供たちに対しては、それぞれ適当な段階で注意が払わなければならない。盲人、聾唖者、その他身体的に大きなハンディキャップをもつ子供には、正規の学校では彼らの要求に充分には応じることができないので、特別の学級あるいは特別の学校が用意されなければならない。彼らの就学は、正規の義務教育令によって取り扱われるべきである。（村井, 1979）

　この報告が、昭和22年3月31日に公布される「学校教育法」の盲・聾児の就学義務や盲学校、聾学校、養護学校、特殊学級設立の根拠になった。第一章総則第1条において「この法律で、学校とは、小学校、中学校、高等学校、大学、盲学校、聾学校、養護学校および幼稚園とする」と規定され、特殊教育

が学校教育の中に位置づけられることになった。

　心身障害児も普通児と同じ目標で教育をするという考えが打ち出され、そして、教育上「方法的な配慮」が必要な教育であるとされた。また、同法の75条には、小学校、中学校及び高等学校には、以下の特殊学級を置くことができるとして、性格異常者、精神薄弱者、聾者及び難聴者、盲者及び弱視者、<u>言語不自由者</u>、その他の不具者、身体虚弱者が列挙された。

　一方、昭和20年10月頃から東京都内の各聾唖学校の有志教員が聾教育の復興を発展について全国大会の開催を提唱し、全国の聾唖学校に呼びかけた。翌昭和21年2月23日に、全国から約90名で大会を開催して、全国聾唖学校教員連盟を結成して聾教育の振興発展策について協議した。結果、「盲・聾児の盲学校への就学を義務化すべし」と決議し、翌2月28日、同連盟は時の文部大臣安部能成に対し、盲・聾学校の義務制実施、盲・聾唖学校教員の待遇改善など五項目の要望書を提出した。

　聾教育の義務制は聾教育界の戦前から70年の長い宿願であった。明治39年にも全国聾唖教育大会による盲唖ならびに聾唖学校設置基準を建議したり、大正12年、「盲学校及聾唖学校令」「公立私立盲学校及び聾唖学校規定」の公布にも聾唖教育令発布促進会の運動を推進したりして、わが国特殊教育における現場からの運動の先駆的な歴史をもっていた。

　昭和23年から24年にかけて文部省はCIE（総司令部民間情報教育部 Civil Information and Education Section）との共催のもと、「特殊教育教員再教育講習会」を開催した。内容は、盲教育、聾教育、精神薄弱教育の新しい理念と方法、米国の特殊教育の理念と指導法が中心であった。受講者は、講習会を終わったのちには、地方の伝達講習会の指導者となるものであり、この再教育が全国規模で実施された。また、他の講習会や各種研究集会、研究事業を推進した。

　2）国立国語研究所による実験学校の指定

　昭和23年国立国語研究所が創設された。その設立趣旨は、「国語及び国民の言語生活に関する科学的調査を行い、あわせて国語の合理化の確実な基礎を築く」というものであった。

国語教育は研究所の大きな研究課題であるとされ、重要な問題になっている標準学力の設定についての研究がなされた。また平井昌夫[2]を中心として国語の学習指導方法の改善についての研究にとりかかった。昭和25年、26年に渡って国立国語研究所は、国語の能力別グループ指導について、各地に実験学校を指定しながら研究していた。そのひとつが市川市立の真間小学校であった。

3）「教育上特別な取り扱いを要する児童生徒の判別基準」の意義

昭和27年文部省組織令の制定に際し、初等中等教育局に「特殊教育室」が設置された。昭和23年に、盲・聾学校の義務制施行が施行されたが、それ以外の特殊教育振興への要望の高まりを受けて特殊教育施策の推進が趣旨であった。

設立の趣旨は、第一に義務教育制となった盲・聾教育の就学率を高めること、第二、それ以外の精神薄弱、肢体不自由、病虚弱等の児童生徒に対する対策の立ち遅れの解消、第三に、政策立案の基礎としての特殊教育の対象となる児童生徒の判別基準及び指導方法を確立することなどであった。

初代室長は辻村泰男[3]であったが、厚生省で戦災孤児・浮浪児等の児童福祉問題を担当した後の特殊教育室長であった。後年、お茶の水女子大学に転出するまで、戦後、わが国の特殊教育行政が軌道にのる幕あきという時期にもっとも適材な人物であったといわれている。

昭和28年6月に、特殊教育室は、「教育上特別な取り扱いを要する児童生徒の判別基準」を発表し、判別方法については「特殊児童判別とその解説」を参考にして実施し、適切な取り扱いを決定することが望ましい、とされた。

その第五に、「言語障害者」とあり、発声または発音が不完全かまたはまったく不能なものを言語障害者とする、とあり、基準と教育的措置が挙げられていた。しかし、「ろう」と「唖」の区別がなされなかったり、就学猶予の余地

---

2) 平井昌夫　後述
3) 辻村泰男（1913～1979）東京帝国大学文学部心理科卒業。戦前軍事保護院で傷痍軍人の「勤労輔導」に従事していたが、戦後は厚生省で児童福祉問題を担当。文部省の特殊教育室を歴任後は、お茶の水女子大学に転出した（1962）。

も残されていた。しかも、耳鼻咽喉科学による医学的な解説内容であり、分類の理解は医学の知識のないものにはきわめて困難であり（平井, 1955）、その教育現場での普及は見られなかったようである（森, 1997）。

しかしながら、わが国最初の就学基準が示された意義は大きなものであった。

（2）通級制「国語科治療教室」が始まる

> 昭和22年4月、(22歳の) わたしは千葉県松戸市のある小学校から同県市川市真間小学校に転勤してきた。真間小学校は、戦前の市川の学習院といわれたほどで、親も教師もすこぶる教育に熱心だった。その上終戦直後の民主主義教育の新しい空気が校内に横溢して、だれもが理想に燃えて教壇に立っていた。（大熊, 1965）

こう始まる大熊喜代松[4]の回想は、当時の若い教員の気持ちを反映したものであろう。永く抑圧された時代が終焉し、社会のあらゆる場面で新しい活力が溢れていたに相違ない。

昭和25年6月、文部省と千葉大学、県、市教委主催の関東甲信越静地区の小学校幼稚園教育研究集会が1週間に渡って開催された。その内容は、国語科算数科の実験授業であり、「個人差に応ずる能力別グループ指導」を授業公開したものであった。同一の授業時間に、子どもたちを3つの能力別グループで指導して、個人差に応じる新しい学習指導法がCIEにより導入されていた。

真間小学校は、CIE専門官、文部省教科調査官、県と市の指導主事らを講師として授業研究大会を実施した。研究集会は1週間で終えたが、その後にも

---

4) 大熊喜代松（1926～2008）早稲田大学文学部卒業。千葉市院内小学校言語治療教室を開設。千葉県特殊教育センター、市川市養護学校長などを経て、NHK「ことばの治療教室」「ことばの教育相談」講師。文部大臣賞、1969年吉川英治文化賞、読売教育賞などを受賞。

真間小学校は国立国語研究所の平井昌夫らを講師に迎えて研究を続けた。

翌26年度からは、さらに3年間の実験教育の指定を受けた。研究主題は、「読みの個人差に応ずる能力別グループ指導」であった。この年度からは、精神薄弱児のための特殊学級を設置して研究主題を深めることになった。普通学級でのグループ別指導によっても十分に手当できない子どもたちに、低、中、高学年別の3クラスの特殊学級を設置したが、その担任が大熊喜代松であった。

大熊は紹介されてくる子どもたちにWISCや田中ビネー検査を実施して、知的な遅れのないにもかかわらず学力不振を起こしている子どもを見いだした。そこで、これらの中の3人に対して、週2日、放課後を利用して話すことや読むことの指導をし、相応の成果をみた。

昭和28年、それらの成果を元に普通学級でも特殊学級の指導でも取り残されてしまう子どもたちの問題が取り上げられ、校内では3番目の教室として**「通級制による治療的な指導の教室」**が考えられた。そこで、聞く、話す、読む、書くことの**『国語科治療教室』**の設置が決まり、大熊が担任となった。

設置の根拠として、①該当の子どもたちは知恵遅れではなく、固定制の教室では劣等感をもつ恐れがあり、通級制による治療指導が望ましいしくみと考えた。②週に13,4時間の通級による指導で、教育効果が期待できると試行指導で証明されている。③大熊の調査では、十数人の子どもがいて、予想以上に該当の子どもたちが多いことが予想される。④「アメリカでは校内通級制が実施されていて、専門職による指導がなされて、多くの遅れた子どもたちのための教材教具が治療教室や普通学級にそなえられている」との平井より助言と支援を得た結果であった。そして大事なことは、管理職を始めとする校内体制の盛り上がりがあったことである。

当初の通級児童は14名、知的な遅れのない読みの遅れた子どもたちで、ことばの障害を併せもつ子どもは4名であった。週に1～3回、1～2時間、読むこと話すことの治療指導であった。この学級は大熊が大森小学校へ転任するまで4年間続けられた。

昭和 28 年 5 月の文部省実験学校公開研究発表会の研究紀要は「国語科治療教室経営の実際〜ケーススタディの四つの例」であった。その目次は、第一部治療教室設置の理由、第二部治療的指導の実践、第三部事例研究であり、当日の指導案と 5 人の子どもの実態一覧が残っている。国語科指導案には、各種テストの結果、性格の特徴、現在までの学校でのあゆみ、国語力診断、現在までの指導経過、本時の指導経過の項目であり、現在の指導案の原型となったと考えられる。

　続く昭和 29 年 5 月の文部省国語教育実験学校公開研究会の研究紀要は、「読みの個人差に応ずる能力別グループ指導〜読みのおくれた子どもの診断と治療的指導」であった。第一部どのように実践し評価したか、第二部読みの治療的指導、第三部治療的指導の実際、第四部事例研究などであったが、同年 2 月の文部省「小学校学習指導書国語科編」、治療教室における国語学習指導案に大熊の実践が反映された。

（3）平井昌夫の著作と役割

　当時、平井昌夫[5]は国立国語研究所主任研究員であったが、真間小学校に招聘されるまでに関連する 3 冊を執筆していた。昭和 24 年の「新しい國語教育の目標」、25 年の「アメリカの国語教育」、さらに 26 年には「国語の能力別グループ指導についての研究」を著して、積極的な研究を続けていた。生涯その著作は論文を除くと辞典や国語教育一般、教科書など 80 点以上に及ぶ。

　著書「**新しい國語教育の目標**」の中で、教育の民主化と國語教育の役割の冒頭に、「國語は国民の道具である」と謳う。「これまでの権威はひとまず博物館へおさめて、現代はすべてのものが新しく考えなおさなければならない時代である」として、それまでの文學至上主義、権威主義、古典主義に対して、教育

5）平井昌夫（1908 〜 1996）昭和 8 年東京大学卒。国語教育学・日本語学者。国立国語研究所主任研究員、文部省國語科學習指導要領編集委員、文部省ローマ字調査官主査委員、そして日本言語障害児教育研究会会長を経ながら共立女子大学教授、東京学芸大学言語障害児教育学科教授を 1971 年停年退官。

心理学、発達心理、学習効果、診断テスト、話し方教育、文学鑑賞、つづり方、または学級経営、単元などに着手して新しい国語教育、道具としての国語の能力指導を目指した。

アメリカの國語教育に対しても、積極的な評価をした。そこでは教育論は①抽象論や机上論を極力避けて、常に現場の教育と直結している、現場の問題について学者もすすんで取り上げ、科学的な研究対象としている。②児童生徒のうちから「忘れられた子ども」を一人でも少なくしようとするヒューマニズムの精神が貫いている事を特徴に挙げている。そこから、アメリカの國語教育の研究が我が国の國語教育を豊かなものにするだろうと平井は予言した。

言語教育としての國語の目標は、義務教育九ヵ年を通じて子どもの言語能力、話す、聞く、書く、読むを十分に發達させ、自分と他人を結びつけるはたらきをなす社會的道具としてのコトバを十分に使いこなせるようにし、それによって民主的社會の一員たるにふさわしい資格を与えるものである。

その方法として、口と耳と目と手を用いて自分と他人を関係づけようとする要求をみたし、それにふさわしい能力を養う。自分が社會環境に適應しつつ社會の一員として活動する為の道具として、また他人を動かして行動させるための道具として、コトバを十分に使いこなそうとする要求をみたし、その能力を養う。そして自分の考えを十分にまとめあげたり、他人の心を動かすことができるために、正しく言い表された文章を書こうとする要求をみたし、ふさわしい能力を養う、などとまとめている。

國語は國初以来國民がなし来った思考感動の結晶体であり、國民的思考感動を通じて國民精神を涵養しなければならない、というのが旧来の国語教育の目標であった。その文學至上主義、観念論的であった旧来の国語教育にアメリカ流のプラグマティズムを持ち込もうとしたと言える。

どこの学級にもいるという所謂できない子どもも教師の真剣な工夫によって教育記述を開発して引き上げねばならないこと、そのことによる教授法の改革や理論の進歩がなされる。

また、義務教育では一人の落伍者もあってはならない、教育の機會均等はすべての子どもを學校へ入れるだけのことではなく、入学した総ての子どもに、

必要な学科を効果的に修得させることこそが、教師の関与すべき教育の機会均等である、社會的身分や経済的条件、そして知能發達の差別に拘わらず、教育を均等に修得させる、この点にこそ教育の民主化であり、ヒューマニズムに溢れた教師の努力目標であるとした。

「アメリカの國語教育」では、総ての教育の分野における改良すなわち新教育の指導的精神は、児童の**個人差の理解**とそれに應じた學級経営法や學習指導法の考案と実験に具体化されている、と紹介した。その教育心理学ではとりわけ児童の個人差の理解とその実態への研究を中心としてきた。

個人差の理解と研究は、各種の知能検査、適正検査、教育測定の考案に繋がったが、遺伝と環境をその本質として、副次的には人種、國籍、性別、身体、年齢などがともに一体をなして個性の形成に関与していることが学者間で議論されている。

その環境の一つである教育が児童の個性形成に有効な働きをなすことに教育の存在理由を認める。好ましい教育環境が好ましい個人差を与える大きな働きをなすものであり、教育の目的が好ましい個人差をますます個性化して發達させることでもある。

そして、学校の原則として個人差に應じた個別的なカリキュラムと個別教育とをできるだけ実施しなければならない、として、各種の能力別グループ指導の試みを紹介している。學級の授業以外にグループ指導を行う、各教室に2人の教師を配置する、ふたつのグループに分けて特別教室で特別の科目を学習する、自学自習の教科書と個人別の進度表を作製する、予め与えられた割当表に従って学習し、教師が適宜指導して個人差に應じた自主学習をさせる、或学年以上から教科目学習室を備えて学習作業を記録しながら個人学習とグループ学習をする等それぞれの発案者別に紹介した。平井はそれらを評価しながら、行き着くところ徹底した個別化計画と、個人指導、グループ指導、クラス指導と個人活動、グループ活動、クラス活動のそれぞれについて新しい価値と再認識を図ろうとしている、とまとめている。いずれにしても、個人差に應じた個別指導の重要さは常識的な知識となっていて、これが國語教育の方面でも学習

指導の基本的な原則であるとした。

「国語の能力別グループ指導についての研究」では、新教育の原則のひとつとしての個人差に応じた個別指導を謳う。その個別指導を最も効果的に行ないうる学習指導の形態としてのグループ指導の提案である。

文部省は1950年と1951年国語の能力別グループ指導の実験学校指定している。個人差に応じた個別指導の基本原則として、児童生徒の個人差の事実を認め、それぞれの学習能力に応じて力いっぱい学習する機会を平等に与え、それぞれの個性や社会的適応力を発達させ、望ましい態度をつけてやるために学習指導を個別化する学習形態を考えねばならない、がその基本理念であった。

（4）『遅進児国語研究会』の発足と発展

昭和28年6月12日、国立国語研究所主任研究員の平井を代表とした『遅進児国語研究会』が発足した。参加者は、普通学級で国語の学力の個人差を考えた指導に強い関心を持つ教師、教頭、校長、特殊学級や治療教室の担任教師、研究所員、平井研究室所属の内地留学教員などが主なメンバーであった。

研究会は、月に1回土曜日の午後に東京都内の小学校や杉並区立済美研究所などを会場にして、月例の会を開いた。毎回30人から50人前後の会員が集まった。講義、実践発表、事例発表、授業研究などが行なわれた。会の目的は、<u>精薄児と、普通学級で勉強が劣っている子どもの国語教育をどうするか</u>であった。

この会は3年後に『日本治療教育研究会』に発展し、遅進児国語研究会は解散することになるが、昭和29年10月の研究会に、後述する田口恒夫が招かれて「言語障害児の治療」と題した講演をした。そこで、言語障害の定義、分類、言語病理学、アメリカでのこの方面の発達史、言語指導の心構えなどを話しながら、ことばのことに関する人で新しい協力体勢を積み上げたいと訴えた。

3　言語治療特殊学級の全国への拡がり

　言語障害特殊学級設置は昭和38年仙台市立通町小学校に始まり、翌年の千葉市立院内(こうし)小学校、その翌年の岡山市立内山下小学校の難聴学級から開始されるが、それらを嚆矢として5年後の昭和43年には、全国の言語障害教育機関設置は96ヶ所までに拡大する（教育と医学，1968）。

（1）田口恒夫の活動

　日言研の二代目会長の田口恒夫[6]は、北海道大学医学部を卒業後、昭和26年に再建された東京板橋区の整肢療護園医員であった。

　整肢療護園は、昭和17年開園当時としては治療と職能に優れた実績を残していたわが国肢体不自由教育の先駆的な施設であった。障害児を特別扱いしない、肢体不自由児は治療によってその障害を軽減すべきであるがハンディキャップを背負って社会に出ていく、従って基本的な職業能力が必須である、との理念が浸透していたと言われる。

　田口は、昭和29年に米国アイオア大学へ言語障害事情視察のために渡米するが、帰国して間もなく大熊喜代松の訪問を受ける。このことが田口と「遅進児国語科研究会」との出会いにつながった（日言研，1997）。

　昭和30年4月、遅進児国語研究会は、普通学級、精神発達の遅れている子どもの指導に治療的な考え方や手法を進める指導がある程度普及したこと、算数科などにも幅を広げて一層の治療教育の普及と研究の推進のために、会を発展的に解消して、「**日本治療教育研究会**」の名称で改めて出発することにした。

　趣旨は、普通教室での治療教育、治療教室を特設しての治療指導、特殊教室での指導をする、と掲げていた。会長は平井昌夫であり田口は理事であった。

---

6) 田口恒夫（1924～2005）1950年北海道大学卒業。東京大学医学部助手、整肢療護園医員を経て1954年アイオア大学視察、57年ウィチタ大学にて修士課程留学。1958年より国立聴力言語障害センター言語課長。1964年お茶の水女子大学児童学科教授、1988年停年を2年残して退官。日本言語障害児教育研究会第2代会長。

また、文部事務官 2 名も理事に名を連ねていた。事務所は副会長が校長を務める杉並区済美小学校であった。

　月例の会は田口勤務の整肢療護園を会場とする場合もあった。また、第 1 回の全国大会が群馬県吾妻郡長野原町北軽井沢小学校で行なわれた。昭和 33 年 7 月、日本治療教育研究会の中の「話しことば委員会」を「言語障害研究懇話会」として独立させて、前者は発展的に解消した。

　昭和 34 年 3 月、言語障害研究懇話会の、会報第 1 号が発行された。
　内容は、田口による「口蓋裂患者の言語障害について」と題したもので、口蓋と口蓋裂の解剖学、ことばに触れながら、はなごえ（鼻音症）、発音の異常構音障害の解説論文が掲載された。大熊は、「治療教室における手術後の口蓋裂児童の言語障害の治療指導について」を投稿したが、これ以降、言語障害研究の推進と啓発がこの会報を中心に発信されることになる。
　その体裁は、例会の発表内容をタイプ印刷したもので、第 1 号は B5 判 4 頁であったが、昭和 41 年 66 号からは 100 頁を越えるまでとなった。翌月の会報 2 号から「**言語障害研究会**」と名称を改めた。会の名称は、その後 10 年間はこの名称で活動を続け、昭和 43 年 8 月に現在の「**日本言語障害児教育研究会**」に改称された。

　その発会式をかねての第 114 回月例研究会（お茶の水女子大学講堂）の案内には、会長の平井は、「言語障害研究会」は 10 年を迎えた、昭和 33 年の「言語障害研究懇話会」発足から会員は 10 名ほどから 450 名を越え、45 の都道県に広がった。会報は 70 号となり、全国大会も 3 回実施した。その他、わが国の言語障害児教育白書、研究図書の刊行、東京学芸大学の教員養成講座開設運動など多方面の活動を続けた。今回、「日本言語障害児教育研究会」と改称して、文部省の補助金を得たりしてさらに充実した研究や運動を進めたい、と述べている。
　一方、田口は昭和 33 年に、国立ろうあ者更生指導所（後の国立聴力言語障害センター、国立身体障害者リハビリテーションセンター）の言語課長として赴任し、平

井とともに「日本言語障害児教育研究会」を発足させ、推進して研究会と定期刊行物を中心に健筆を振るうことになる。

（2）田口の言語障害児教育観

　昭和30年の"言語障害とその治療の問題"では、話しことばとその障害を扱う当時の耳鼻科医、整形外科医、ろう教育、吃音矯正所、耳鼻科医や整形外科医の施術、学校での言語障害関連機関それぞれの相互連絡の必要性を問うている。このことは、田口の前任東京整肢療護園の理念、教育と医学の統合を目指す理念が反映されているようである。

　また、Johnson, Wendel ウェンデル・ジョンソン（1948）や Van Riper, Charles バンライパー（1947）を引用して、積極的なアメリカ言語病理学の移入を目指した。

　例えば、話しことばの障害の定義として、「聞き手の方で内容に注意を向けると同程度、あるいはそれ以上に、話し手の話し方そのものに気をとられる」などは、旧来の医学的な定義を廃して教育的な、意味論的なものであった。その"ことばの問題の立方体"は平成の現在も引用されている。

　「アメリカにおける言語障害の治療と日本の問題」（昭和33年）、「脳性マヒの言語指導」、「口蓋裂患者の言語障害について」、「診断の手引きの解説―その1」、診断のための既往歴調査、以下「発音（構音）の異常な子」、「耳の遠い子」、「どもりの子」（昭和34年）、「耳のきこえとオージオグラム」などを端緒として執筆が続く。さらに、欧米における言語障害者対策の現況、米国言語聴覚学会倫理綱領、ウェンデル・ジョンソン「教室の言語障害児」の翻訳連載が掲載されている。

　その後、昭和50年には、「乳児期の母子関係とコミュニケーション行動の発達」など母子関係に触れ始め、59年の銚子大会では、多摩動物公園飼育課長中川志郎の「動物の子育てに学ぶ」講演を実施、やがて、62年ティンバーゲンの「自閉症・治療への道　文明社会への動物行動学的アプローチ」の翻訳につながり、平成5年には、「パーマカルチャー」持続可能な農業中心の循環型社会、農文協の翻訳など言語障害に留まらない視野をもつに至った。

平成 3 年の『私の言語障害児教育観』では「本質的には、自閉症であろうと、情緒障害であろうと、行動異常児と名前がついていようと、我々にはそんなことどうでもいいんです。我々は教育、保育関係、臨床者って言うか、子どもの行動成長を願っているっていうだけです」「臨床家ってのは、本当は存在する必要のない職種で、もしあるとすれば、元来言語治療ってのは、元々は、ズブの素人の親がやるべきことであるから、すべて、文句なく親にお返しして、その親をどう手伝うか、その親がくたびれないように、親がくたばっちゃわないように、その親をどう手伝うか、どういうふうにして家族の協力を得て、その子どもの育ちやすい状況を家族の中に作るかってことをね、プロフェッショナルに手伝うか、そういうことが新しい領域としてできれば、言語の臨床ってのはね、成り立つと思うんです。ホントに有効な手伝い方ができる人ができてくればいいなぁと思うんです」（田口口述を編集，1991）など、母親による自然な育児の重要性を強調する表現をするようになった。

（3）その他のこと
1) 教員の養成と研修～托鉢研修
　昭和 22 年 7 月文部省学校教育局初等教育課に特殊教育と幼稚園教育に関する視学官が置かれ、毎年数ヵ所で「特殊教育教員再教育講習会」が開催されるようになった。これは CIE の協力のもと、米国の特殊教育を中心に研修が行なわれたが、同時に、教員養成大学教官、教育長、指導主事等を対象に「教育指導者講習会」が開催され、特殊教育の啓発と育成が続けられた。結果、各地の小学校、中学校に特殊学級設置の試みがみられるようになった（文部省，1978）。

　昭和 31 年「言語障害児矯正教師のための講習会」が東京大森小学校で行なわれた。翌 32 年は、東京教育大学（現筑波大学）が会場であった。講師は平井以下、東京大学医学部教授、東京教育大学教授、大熊らであったが、2 ヵ所の民間吃音矯正所所長を交えるなど過渡期的なものであった。

　各地で言語治療教室の開設が進む中、担当教員の養成が急務となった。教育

委員会は教室新設のための担当教員を、一定期間経験のある学校に教育実習中心の研修に派遣するようになった。

千葉県の院内小学校の場合は、お茶の水女子大学、東京外語大学、東京学芸大学で講義を、本校では教育実習を行なってきた。これら、あちこちを渡りあるく研修を"托鉢研修"と呼んで、この教育を実践する。

中でも院内小学校での実習研修の受け入れは、昭和40年までに、鹿児島、大分、山口、山梨、富山、横浜、川崎、栃木、茨城、埼玉、福井、新潟、秋田、などにまで跨ったと残っている（日言研, 1997）。

田口によるお茶の水女子大学内地留学生受け入れの様子は、経験した研修生がまとめた「言語録」A5、88頁が残っている。言語障害各論に加えて、治療教育の臨床の知、とも言える箴言を残している。

「言語治療が教育であることの認識は行き渡っていない。言語障害を持つ人のことを考えたとき、まさしく人間そのものの問題であって、障害そのものではない、治療とはその人の生活にとって問題がよりよい方向に育つのを手伝うことである。これは総て障害に通じることでもある」「治療教師は臨床家として、子どもを育てるプロとして、いつも子どもの側から物事を見、修練をつんですぐれた知識・技術を身につけていなければならない。そして、職業的倫理をわきまえ、教師としての責任において正確な判断のもとに子どもの福祉に尽くすことである」など。

2）日本言語障害児教育研究会と研究大会など

日本言語障害児教育研究会（日言研）は研究大会を定期的に開催するようになった。第1回（昭和40年）はお茶の水女子大学を会場に開催されたが、講師は平井、田口、大熊を中心とする大学教員、学校現場の教員であった。その記念講演は、内須川洸「吃音児の言語治療・教育における基本的諸問題について」、田口の「ことばの発達とその遅れ～精薄を中心として～」などであった。

第3回からは日程は2日間となり、第11回以降には2泊3日にわたるなど宿泊を伴う研修が開催され、事例発表を中心に活発な議論が続けられた。その毎回の大会資料集には、豊富な講師陣と多彩な内容の克明な記録が残されていて、全国から集った関係者の熱い思いが推測される。この大会は、平成29年

には第50回を迎えるまでになった。

4　おわりに

　わが国の言語障害児教育を推進し、拡充した柱のひとつとして、日本言語障害児教育研究会の歴史を追った。そこに、戦後間もない昭和20年代30年代の官民挙げての活動の興隆を見いだすとともに、現在とこれからの言語障害児教育を見通したいと考えた。資料は、前掲の大熊喜代松、山岸次郎著「言語障害児教育のあすを考える」（1997）によるところが大きかったが、同時に日言研第三代会長、谷俊治先生他の先達の重なる示唆を得ることができた。

　障害者教育史は、制度史研究、思想史研究、学説史研究、実践史研究、運動史研究、学校・施設史研究などがあり、障害別、時代別、地方別の研究が進められる（富永, 1993）が、拙稿は、制度史と実践史・運動史の交差を当時の発信地であった千葉を、さらに3人の先達中心に論考を進めたことになる。その他、多勢の方々の足跡は筆舌に尽くせないものであった。歴史は、何度も検証できる一次資料をもとに書かれるべきであり、資料によって語らしめるものであるが、筆者には限界があった。また、史的資料を渉猟する力不足も認めざるを得ない。

　論考の範囲は、ことばの教室の進展拡充の一端の「括り」としての平成5年「学校教育法施行規則一部改正」による通級制の認可、通級による指導の法的位置づけまでとした。さらに、触れることはできなかったが、昭和39年に全国大会を開催して以来、一貫して政策提言を続けた「全国言語障害児をもつ親の会」（現、全国ことばをはぐくむ会）、昭和41年から57年までのNHKテレビ「ことばの治療教室」全国放送、昭和46年設立の全国公立学校難聴・言語障害教育研究協議会（全難言協）、の大きな運動は欠かすことができないものであった。

言語障害児教育関連年表

西暦		文部省政策	教育動向	厚生	日言研	父母会	その他	成書・論文など	社会
1878	明治11	京都盲唖院開設							
	23	改正小学校令による盲学校設置					落合古関設		
	36								
1926	大正15		東京深川八名川小に吃音学級						
1941	昭和16	国民学校令施行規則第53条							
1945	20	「新日本建設・教育方針」							太平洋戦争
1946	21	「アメリカ教育使節団・教育刷新委員会」		整肢療護園事業再開					終戦
1947	22	・小中学校の義務制 ・「学習指導要領」 ・初等教育法に特殊教育、幼稚園教育に追加 ・特殊教育再建大綱調査会							・日本国憲法 ・教育基本法 ・学校教育法 ・日教組結成
1948	23	・盲聾義務制 ・国立国語研究所開設	通町小学校よりローマ字教育指定校					「国民国字問題の歴史」平井	世界保健機構
1949	24							「新しい国語教育の目標」平井	ヘレンケラー来日
1950	25	小中学校幼稚園等(CIE専門)指導要領(追加)	真間小学校の国語研究会				日本聴能研究会	「アメリカの国語教育」平井	朝鮮独立
1951	26	特殊教育実験学校指定	市川市真間小国語科実験校その開設					「国語の能力別グループ指導について の研究」平井	サンフランシスコ講和条約
1952	27	特殊教育に初代教室主任村西男	・通町小学校法人連に応じる教育・大熊淳代初小特殊学級担任に	国立精神衛生研究所(市川市国府台)	選生児歯科科研究会発足		東大吃音研究会、早大心理研	「教育と医学」創刊	テレビ放送開始
1953	28	・教室上特別な取扱いを要する児童生徒の判別基準 ・「特殊児童判別基準とその解説」	普通学校における聾難言進児の研究 真間小国語科治療教室開設・担任大熊淳代:通級式治療室		日本治療教育研究会と改称 会報「治療教育研究集録」			「精神薄弱児の国語指導」平井	
1954	29	初年教育実験学校公開研究会	大熊ら田口を訪問	田ロヴィーラ大学視察	「言語障害研究」第1号				
1955	30		真間の大熊淳特殊教育指定室と「建立た子どもの話すことへの指導」				吃音研究第1号、神山・内通川	「話・ことばの治療的指導」田口 「話すことへの治療法との問題か点」、「アメリカにおける話しことばの治療」田口	
1956	31	言語障害教育担当講習室(言語障害 児精諸設置室設)	国語科、算数科治療学室18校に	田ロヴィラ大留学	会報9号をもって休刊			・国語学習の診断と治療」平井 ・言語障害児との治療の問題 田	
1957	32		大熊、大森小へ転任						
1958	33	学校保健法(制定)	仙台通常小学校に言語障害特殊学級認可「ことばの教室」の開設	国立ろうあ更生指導所所所 長安田敏	言語障害研究懇話会として発足	治療教室父母の会の立総会(大森小)		「言語障害児の読研手導」田口	
1959	34	中央教育審議会、特殊教育振興	院内小学校に言語障害特殊学級 開設 指導実験講座開催	国立ろうあ更生指導所長田敏、医療課長田口信夫	日本言語障害研究懇話会第1号・言語障害研究会として発足		神山玉訓カンサス大留学	・「言語治療の診断と治療」の会に改称 ・「父母大会」の開催	
1960	35	バーナー博士来日				「言語障害児をもつ親の会」へ改称	日本音声言語医学会オージオロジー学会	吃音児治療の諸問題、田口	
1961	36	学校教育法一部改正 言語不自由含が明記される	熊本大新吉院小小視察						

第15章 わが国の言語障害児教育のあゆみと日本言語障害児教育研究会

年	号			聴覚・言語障害指導関係研修例		
1962	37	通達「学校教育法および同法施行令の一部改正に伴う教育上特別な取扱いを要する児童・生徒の教育的措置について」言語障害者（東京学芸大学）				
1963	38	言語指導研究院（小）発足（東京学芸大学）	千葉院内小学校文部省「言語障害児の教育と指導の実際的施設」東京学芸大学に言語治療研究施設			日本特殊教育学会発足	「子どものどもり平井、田口、大熊、笹沼」
1964	39	田口恒夫お茶の水女子大学へ		国立職力言語障害センターへ改称			
1965	40						NHKことばの治療教室放送開始
1966	41	「言語障害担当教員講習会」「心身障害児の判別と就学指導」特殊教育内地留学制度			第一回日本言語障害児教育研究大会開始（お茶の水大学）	第一回言語障害児をもつ親の会全国大会	「言語障害治療学」田口
1967	42	加藤安雄教科調査官に	児童生徒の心身障害に関する調査			昭和40年度言語障害児教育白書	「ことばの治療」田口駅、「どもりの結神山」内須川
1968	43	言語障害教育実態調査			日本言語障害児教研安会と改称		「言語病理学診断法」田口言語鏡、お茶大
1969	44		東京学芸大学に言語障害児教育課程4年開設				
1970	45	養護学校学習指導要領改訂	金沢大学、大阪教育大学、愛媛大学に言語障害児教員養成年開講				「言語障害児のコトバへの指導次熊」
1971	46	・特殊教育領域の刷設・障害種領域の刷設国立特殊教育総合研究所立法（法弟男）	・千葉県特殊教育センター、言語障害教育部門設置、大阪教育大学言語障害児教育課程設置4年			平井東京学芸大学退官	「聴覚・言語障害児教育」黒川熊
	72						「言語障害児研究」第1集
1973	48	養護学校教育幼予の課し、「言語障害児教育の手びき」					「教室の言語障害児」田口
1974	49						
1975	50						「特殊教育百年史」文部省
1978	53	「軽度心身障害児に対する学校教育のありかた」					
1979	54	養護学校の義と学校教育の義務制		国立身体障害者リハビリテーションセンター設立			「どもり」神山、内須川、「吃音児の誌以上治療過程の研究」
1982	57					金長田口信夫	NHKことばの治療教室放送終了
1985	60					金長谷俊治、「言語障害研究」1105号以降休刊	
1986	61						「自閉症・治療への道」田口
1987	62						
1988	63					田口お茶大退官	「言語障害児教育と吃音診断序説」
1989	64						「私の言語障害児教育観」田口
平成3							
1992	4						
1993	5	学校教育法施行規則一部改正による通級制の殷行					

文献

荒川勇　1972（昭和47）聴覚・言語障害児教育の発足と展開　荒川勇　聴覚・言語障害児教育　1-Ⅲ　学芸図書
荒川勇　1992（平成4）戦後障害児教育制度の成立・発展と今日的課題　特殊教育学研究第31回大会教育講演報告
お茶の水女子大学言語障害研究班　1969（昭和44）言語録　初版
小川仁　1982（昭和57）言語障害児教育の歴史・現状・問題点　講座言語障害治療教育　福村出版
大熊喜代松　1965（昭和40）ママぼくの舌切ってよ　東都書房
教育と医学　1953（昭和28）普通学級に於ける学習遅進児の研究　1(9)
教育と医学　1959（昭和35）座談会"言語治療について"　Martin F. Palmar ほか　8(4)
教育と医学　1968（昭和43）言語障害教育実態調査の結果　特殊教育のページ　教育と医学　16(11)
北原一敏　1967（昭和42）難聴・言語障害治療運動―わが国の経緯と展望　教育と医学　15(2)
言語障害研究懇話会会報　1959（昭和35）
言語障害研究会会報　1959（昭和35）～1967（昭和42）
言語障害研究　1967（昭和42）～1986（昭和61）
言語障害児をもつ親の会　1998（平成10）親の会　30年のあゆみ
国立聴力言語障害センター　1979（昭和54）21年のあゆみ
心身障害児教育財団1981（昭和56）特殊教育三十年のあゆみ　教育出版
田口恒夫　1955（昭和30）アメリカにおける話しことばの治療　治療教育研究集録
田口恒夫　1955（昭和30）言語障害とその治療の問題　教育と医学
田口恒夫　1974（昭和49）教室の言語障害児　日本文化科学社
田口恒夫　1976（昭和51）自閉症・文明社会への動物行動学的アプローチ　新書館
田口恒夫　1991（平成3）私の言語障害児教育観　学苑社
富永光昭　1993（平成5）戦後大阪府病虚弱教育実践史研究試論　大阪教育大学障害児教育研究紀要　第16号
中野善達　1967（昭和42）わが国特殊教育の成立　加藤康昭　東峰書房
日本言語障害児教育研究会　1973（昭和48）言語障害児研究第一集　日本文化科学社　1
日本言語障害児教育研究会　1997（平成9）言語障害教育のあすを考える　発足45年研究大会30周年記念
日本特殊教育学会50年のあゆみ　2015（平成25）特殊教育学研究　Ⅰ～Ⅴ
平井昌夫　1948（昭和23）國語國字問題の歴史　昭森社
平井昌夫　1949（昭和24）新しい国語教育の目標　新教育協会
平井昌夫　1950（昭和25）アメリカの國語教育　新教育協會
平井昌夫　1952（昭和26）国語の能力別グループ指導についての研究　東洋館出版　国立国語研究所年報1　秀英出版
平井昌夫　1954（昭和29）精神薄弱児の国語指導　光風社
平井昌夫　1955（昭和30）話しコトバの障害とは何か　治療教育研究集録
平井昌夫　1957（昭和32）国語学習の診断と治療　明治図書
藤井和子　1998（平成10）我が国における言語障害教育の成立過程について～揺籃期における取り組み　上越教育学研究紀要第18
米国教育使節團報告書　1946（昭和21）國際特信社訳並刊
松村勘由、牧野泰美　2004（平成16）我が国における言語障害教育を取り巻く諸問題　国立特殊教育総合研究所紀要　第31巻
村井実　1997（昭和54）アメリカ教育使節団報告書　講談社学術文庫
森 源三郎　1997（平成9）言語障害教育の現代史と課題　発達障害研究　第18巻4号
文部省　学習指導要領　1947（昭和22）
文部省　1953（昭和28）教育上特別な取り扱いを要する児童生徒の判別基準
文部省　1953（昭和28）特殊児童判別基準とその解説
文部省　1959（昭和34）特殊教育の充実振興についての答申
文部省　1960（昭和35）統計からみた特殊教育の現状　特殊教育主任官室
文部省　1965（昭和40）心身障害児の判別と就学指導テキスト
文部省　1966（昭和41）心身障害児の判別と就学指導　昭和41年度講習会テキスト　初等中等教育局特殊教育課
文部省　1978（昭和53）特殊教育百年史
山田圭子　1994（平成6）日本における言語障害教育の成立過程に関する研究～千葉県における大熊喜代松の実践を通して　心身障害学研究　18

第16章

言語障害教育の研修について
大会アンケートを含めて、初任者支援のあり方を考える

櫻井正二郎（元船橋市立船橋小学校）

1 はじめに

　日本言語障害児教育研究会（以下、日言研）の大会において、参加者からアンケートをとるようになってから10年以上になる。そのアンケートに答えようとして、大会内容を企画してきた。その結果、言語障害教育経験年数が3年未満の初任の担当者が理解できるような、専門用語の平易な解説を元に研修会を行なってきた。
　参加された先生方の個々のニーズに応えることは難しいことだが、言語障害教育の専門的内容においては、参加された先生方から好評を得ている。言語障害教育の専門的研修の機会がなくなりつつあることがその背景にあると思われるが、そのこともあり、大会への参加人数も少しずつ増えている。
　以下、たくさんのアンケートから一部だが、最近のアンケートを紹介しながら言語障害教育の研修について考えてみたいと思う。
　アンケートの（0/26）とは、言語障害教育経験年数／教職経験年数である。

2 アンケートから

　○とにかく何をどうしてよいのかわからない。(0/26)

○初めてのことばの教室なので指導の仕方が全く解りません。指導も構音、吃音、自閉など個々によって違うので対応しきれていません。(0/?)
○初めて通級指導担当している。言語障害に対する教育は専門性を要するが、専門用語が多くて意味理解に時間がかかる。障害の状態の把握の仕方、それに対する適切な指導法、評価、どれも基礎から知りたい。(0/23)

最初の方は、教職26年目にしてことばの教室の担当者になられた方である。小学校のことばの教室なので、言語障害教育の専門研修を受けたことがなくても、教職の資格のままで移動ができる。

ことばの教室に通う子どもたちは、ことばの遅れ、構音の誤り、吃音や会話がかみ合わないなどによるコミュニケーション障害により、さまざまな困り感を抱えている。どれ1つとっても、初めてその子に会うと、「何をどうしてよいのかわからない」ということなってしまうと思う。

新任の先生が、「なぜ、カラスがタラスなの？」「なぜ、ことばがつまるの？」など、疑問をもつのは当然である。その疑問を解決するために、基礎的な幅広い知識が求められる。そういう意味での「言語障害教育の研修」が必要なのだが、地域によってはなくなりつつあるのが現状である。

○専門性を必要とするので、指導するときに書籍だけではよくわからない。自信がもてない（1/30）

筆者自身初任のころ、口蓋化構音の子どもが来室したときに、口蓋化構音の指導書を購入し、参考にしたがうまくいかなかった。書籍上の指導では1つの段階でも、実際は具体的なスモールステップを踏まないとうまくいかない。

この場合は、経験を積んだ先輩の先生に聞くことが一番だと思った。ただし、参加者の中には相談する相手もいないという意見があったが、後半でもあるように、参加した研修会の講師の方にメールなどで連絡できるような環境作りが大事である。

○2年目だが、学んだことと実際の指導がまだうまく結びつかないことが多い。(2/5)

　研修で学んだことだけでは、具体的な事例がないと大変わかりづらいことがある。書籍だけではよくわからないことと、似ている。担当している子どもを具体的に指導している場面を思い出すとわかることがある。それが、次のアンケートである。

○去年も受講したが、今年の方が、実際に指導している子の様子が目に浮かび、理解できた。(2/32)
○ここ3年、3回続けて山下先生の講座を聴いているが、3回目にして少しずつわかってきた。子どもの顔が浮かんできた。

　講義を聴いていて、子どもの様子が浮かんでくると、実際に指導している具体的なスモールステップが浮かんでくることがある。スモールステップの一部のわからないところがつながってくる。わからないところがわかってくるのである。
　講義の全部がそういうことではないが、少しでも引っかかる内容があれば、具体的に浮かんできて、次への指導に生かせるようになる。

○ニーズが多様化していて、それぞれに応じた指導をしなければならない。自分の力量が追いつかない。(5/33)
○言語の通級指導教室ではあるがさまざまな子どもが通級してくる。子どものニーズに合わせた指導するために求められることはその都度異なる。それに対応してことの困難さを感じています。つい広く浅くなってしまいしっかりとした指導ができていないことが一番の課題です。(6/35)

　ことばの教室の通う子どもたちは、さまざまなコミュニケーション障害を抱えている。一人ひとり違い、それに見合った支援が必要である。一人ひとりの

子どもに丁寧な支援を行ないながら、時間をかけながら理解していかなければならない。
　また、自分だけで悩むのではなく、事例研究などにおいて講師や先輩の意見などを聞きながら、少しずつ深めていくことも必要である。

　○3回目の受講で大変よくわかるが、指導する中で新しい疑問やうまくいかないことを翌年の講義で確認するというリピーターです。直接質問すると、丁寧に答えてくださり、笑顔やパワーにも癒やされ、担当者としての振る舞いも学べました。(5/17)

指導していてわからないところや疑問に思ったときに、近くに相談できる先輩がいると大変助かることがある。同じ学校や同じ市、あるいは研修会の講師に来ていただいた先生に相談してもよいだろう。そういう相談できる雰囲気を作ることも大事なことである。
　日言研の講師は必要に応じて連絡先のメールアドレスを教えている。メールで相談することも１つの方法である。

　○主訴は構音障害ということだったがそれ以外にもたくさんの課題や疑問があり、今まで見た子の中にでもわかりにくいケースのため、どのように指導を進めるべきか？（4/12)
　○１人の子を見ているとその奥にいろいろなことが見えてくる。主訴に直接関わることの他に保護者のニーズはたくさんある。というか主訴にうまく道をつなげるためにたくさんの課題が見えてくる。そのためにたくさん学ぶ必要があることを感じている。(8/29)

私たちからみた子どもの「困り感」と保護者のニーズが違うことは、よくある。自分の見立てを一概に保護者に押しつけることなく、保護者のニーズの背景や考え方を探りながら、子どもの困り感に結びつけることは、大変難しいことである。背景に保護者への支援という難しい課題があるからだ。子どもの生

育歴や現在の過ごし方など、具体的なところをじっくりと聞きながら、子どもの困り感を共有し、保護者のニーズを確認していくことが必要である。これは、知識の他に経験が必要な世界かもしれない。

3　千葉県の2年目教員支援事業について

　千葉県の言語障害教育研究部会が行なっている初任者への研修会について、講義を受ける研修の次の段階の研修として紹介する。

　千葉県のことばの教室において、言語障害教育経験年数0年の担当者が少しずつ増えはじめ、当然初任者数も増えてきた。初任者の先生方に研修のアンケートをまとめたとき、「1年目は新任者としての研修会があるが、2年目はなくなってしまう。2年目も何か研修できるようにしてほしい」という意見が多数あった。

　そこで、平成17年度から言語障害教育研究部会として、2年目の先生方に個別の事例研修会を所属校で開催していただき、その研修会に講師を派遣することを企画した。担当者が子どもの見方や指導方法で困っていることや、これからどのように指導するのが望ましいかなど、担当者が要望を出し、それに基づいて担当者が講師を指名する、という企画である講師は、退職された先生方が多いのだが、近隣のベテランのことばの教室の担当者の場合もある。事例研修後は、その講師の先生と相談できるようなことも企画した。

　筆者自身これまで吃音児の事例研究で何回も講師を務めている。子どもの事例研究の後に、吃音について基礎的なことを話している。その時にいろいろと質問を受けることがある。市や地区、あるいは県などのことばの教室の先生方の研修会で初任者の先生は「こんなことを聞いていいの」と思うとなかなか質問もできないが、一対一の事例を通しての話し合いでは具体的な質問が多く出てくる。筆者もこんなことが気付かなかったことなのかと、今後の参考になることもある。

　ここ数年は、対象の担当者は30人を越えている。講師が不足しがちのときに、「(難言教育年数が)十年以上の人は、講師を依頼されたら断らないでくださ

い」とお願いしたことがある。

　また、「2年目教員支援」事業は、2年目の研修を受けた3年目の先生方で運営されている。何を求めているのかがわかりやすいからだ。ベテランの先生方だと、つい指示を出しがちになってしまうからである。

　1年目では新規担当者としての初任者指導があり、2年目は「2年目支援事業」で事例研究を中心とした研修を受け、3年目はその事業の担当者になり、十年以上の人は講師になるというサイクルができたら、先生方の悩みもだいぶ改善されるのではないかと思っている。

4　1つの研修の方法について

　言語障害教育の研修は、「〜さまざまな子どもが通級してくる」ので子ども一人ひとりに合わせた「求められることはその都度異なる」ことがあり、「〜つい広く浅くなってしまいしっかりとした指導ができていない」ということになりがちである。

　（1）まずは、講義形式の受講で言語障害関係の知識を増やし、子どもの状態像を把握し、何に困っているのか見立てができることが大事である。見立てができないと支援計画も立てにくい。

　全国的には、全難言協大会時の「基礎講座」や「はじめのいっぽ」、あるいは「日言研大会」などがある。

　しかし、この基礎的な研修会を受けることが少なかったり、できなかったりすることが近年増えている。担当者が1人の場合、学校の事情で研修会に参加できないこともある。

　（2）次に、個別の事例研究会で提案することである。これは、実際指導している子どもなので、担当者の見立てや支援計画が適切なのか、指導が適切なのか問われる。

　「指導しているが自信がもてない（1/30）」という方は、事例研究会などで周

りからアドバイスを受けることによって自信がつくだろう。

　千葉県の「2年目教員支援事業」はこの点を重視して行なっている。

　(1)(2)のことは、日言研の「講師派遣事業」として企画してホームページに掲載している。

　(3)そして次が、講師として初任の担当者を支援することである。アンケートで「1人の子を見ているとその奥にいろいろなことが見えてくる」と書かれた方は、豊富な経験から洞察力が養われた方だと思う。それは、子どもの困り感をいろいろな角度から見えることであり、どのようにすればよいのかの支援する見立てができる方であろう。見立ての仕方について、初任者に支援できるようになる。

　筆者が所属していたときの千葉県船橋市の「難聴・言語障害教育研究部会」研修会では、担当者が8人おり、必ず全員が事例研究の提案をするようにしていた。ベテランも初任もである。講師の先生を予算的に呼べないという事情もあるが、ベテランの先生の考え方や見立てが初任の先生にとっては参考になっていた。

　このことは、講師でなくても、「先輩の先生方に教えてもらいながら子どもと向き合っています (0/?)」と、先輩の先生でも、あるいは近くの相談できる先生など、初任の担当者を支援できる環境作りがとても大事である。

　終わりに、日言研の大会資料集の編集後記に載せている文を紹介し、先生方の今後の活躍を期待したいと思う。

　初めてきこえやことばの教室の先生になられた方、あるいは2・3年目の先生方にとって、その専門性により敷居が高く感じられたり、その支援内容の多さに戸惑っているかもしれませんが、難聴・言語障害教育に魅力(この広くて深い大海原のような世界に)を感じ、引き続きこの教育に携わっていくことを希望しております。

索　引

〈アルファベット〉
Care（対等な横関係）　11
Core（臨床心理的支持関係）　12
Cure（権威的な縦関係）　11
DSM-5　32, 35, 37, 157
FM補聴システム　154
ICD-10　157
K-ABC検査　164, 165, 167, 170
late talker（レイト・トーカー）　34
LCSA（学齢版言語・コミュニケーション発達スケール）　15, 41, 55, 143
PDCAサイクル　139
RTIモデル　158
S-HTP法　15

〈ア行〉
安全基地　26, 185
アンビバレント葛藤　17, 187
暗黙のルール　39
一般的な方法　79, 196, 228
意味的抽象度　53
インクルーシブ教育　108, 139
インフォームドコンセント　144
エゴグラム　18
エビデンスに基づく支援　143
応答的環境　177
大熊喜代松　272, 276
オージオグラム　128, 141
音韻意識　39, 146, 165
音韻性ディスレクシア　159
音韻分解能力　131
音声移行障害説　97

〈カ行〉
解釈の指標　207
回復率　92
学習障害（LD）　33, 157
獲得性（後天性）ディスレクシア　158
影踏み読み　119

学校教育法　108, 128
学校教育法第75条　273
家庭環境　219
環境要因　176
観察と記録　233
キーワード対応法　163
吃音緩和法　109, 118
吃音の勉強　115
気になる子　176
機能性構音障害　76
キュードスピーチ　137
教育刷新委員会　272
教育上特別な取り扱いを要する児童生徒の判別基準　275
教育上の配慮　218
教育的診断　222
教示　47, 143, 164, 197
教室経営　235
教室の業務　250
教師の見方　236
共生の状態　184
禁止令　23
空間図式　207
グループ活動　122, 154
グループワーク　229
言語獲得　132
言語機能　31, 52
言語障害教育の研修　291
言語障害研究懇話会　283
言語症状へのアプローチ　118
言語性短期記憶　160
言語発達障害　31
言語歴　259
検査用具　198
語彙学習　57
語彙指導　61
語彙知識　61
語彙の拡大（充）　43, 54
構音位置　72

構音指導　79
構音障害　71
構音方法　72
講師派遣事業　297
交流分析　23
語音聴取検査　130
国語科治療教室　272
国際生活機能分類（ICF）　107
国立国語研究所　274
個人差に応ずる能力別グループ指導　276
語想起　61
コッホ（K. Koch）　195
ことばの獲得　177
ことばの鎖　13
子どもの感性　237
子どものコミュニケーション・チェックリスト（CCC）　41
個に寄り添う　238
個別の指導計画　113, 140, 250, 255
困り感　294
コミュニケーション態度テスト（CAT）　111
語用性言語発達障害　38

〈サ行〉
最接近危機　187
作文指導　150
視覚性読み書き障害　161
シカゴ方式　228
自己肯定感　52, 210, 242
自己修正　68, 97
自己の障害　153, 242
自然回復　95
自然治癒　75
舌運動訓練　80
実施方法　196
実態把握　109
自閉スペクトラム症（ASD）　35
社会性　134
社会的（語用論的）コミュニケーション症　37
樹冠部　199
樹幹部　214

主訴　219
樹木画の発達　204
受容的態度　141
手話　32, 131, 136, 143
上位概念　53
障害者差別解消法　155
障害受容　135
障害認識　135
情報補償　155
インテーク面接（初回面接、受付面接、受理面接なども使用される）　140
初回面談　255
自立活動　108, 139, 140
事例研究の意義　224
事例研究の意味　223
事例研究を行なう時期　225
事例報告の書き方　219
事例報告の様式例　220
事例報告をまとめる機会　218
人工内耳　129, 145
新生児聴覚スクリーニング　140
深層性ディスレクシア　159
新版構音検査　74
信頼関係　179, 225, 246
心理言語学　97
随伴症状（随伴運動）　92
スーパーバイザー　225
スクリプト　45
ストローク　24
スモールステップ　292
生育歴　14, 181, 219, 259
斉読読み　119
舌尖　75
潜在的修正仮説　97
センター的機能　244
ソーシャルスキルトレーニング（SST）　47
側音化構音　72

〈タ行〉
大脳の基本的構成　27
田口恒夫　272
立ち直る力　243
短縮事例法　229

遅進児国語研究会　281
聴覚活用　129
聴力レベル　127
通級指導　69
通級制「国語科治療教室」　276
通級による指導　52, 239, 287
テーブルトーク・ロールプレイゲーム
　（TRPG）　48
投影法　195
統語　39, 148
統合的方法　118
統語基盤仮説　99
動的家族描画法　15
特異的言語発達障害（SLI）　32
特異な舌運動様式　75
特殊拍　65
特別支援教育コーディネーター　248

〈ナ行〉
二次的障害　176
二重回路モデル　159
日本言語障害児教育研究会　283
ノートテイク　154
ノベルワード・マッピング法　43

〈ハ行〉
バウム・テスト　15, 196
拍（モーラ）　65
パソコンテイク　154
発生率　92
発達性ディスレクシア　158
話しやすい、伝わりやすい話し方　121
鼻咽腔構音　72
筆圧　210
描画検査　195
評価の視点　206
描画の発達　204
表層性ディスレクシア　159
病的不安　25

平井昌夫　272, 278
ひらめきマップ　61
非流暢性　96
ヒントカード　67
フィードバック　67
フォールトライン仮説　97
振り返り　61, 252
分離意識　187
平均聴力レベル　128
平均発話長　41
米国教育視察団報告書　272
変遷過程　193
保護者支援　113
保護者のニーズ　255
保護者面談　259
母子相互作用　178
補聴器　129

〈マ行〉
マーラー　187
マズローの欲求階層説　25
見立て　142, 193
メタ言語的指導　60
モジュール　38

〈ヤ行〉
有病率　92
養育行動　177
予期葛藤反応　99

〈ラ行〉
理解啓発　244
リキャスト　44, 59
流暢性形成法　118
領域（ドメイン）　143, 151
レポートを作る理由　218

〈ワ行〉
ワーキングメモリー　66

執筆者一覧

日本言語障害児教育研究会
　本会は、言語障害児（者）の教育、研究等に寄与することを目的として、言語障害児（者）の教育、研究、保育、福祉等の仕事に従事する者及びそれらに関心を持つ者を会員として組織されている。主たる活動は、会員を対象とする全国研究会及び研修会の開催、研究・実践情報の収集と普及、刊行物の発行であるが、近年、各地で難聴・言語障害児教育に関する専門研修がなくなりつつあることを危惧し、担当する教員の研修会開催支援のため「講師派遣事業」を行なっている。

羽田　紘一（はだ　こういち）［序・第12章］＊
元有明教育芸術短期大学教授
日本言語障害児教育研究会会長

谷　俊治（たに　しゅんじ）［第1章］
東京学芸大学名誉教授
日本言語障害児教育研究会名誉顧問

藤野　博（ふじの　ひろし）［第2章］
東京学芸大学教授

大伴　潔（おおとも　きよし）［第3章］
東京学芸大学教授

山下　夕香里（やました　ゆかり）［第4章］
帝京平成大学教授

伊藤　友彦（いとう　ともひこ）［第5章］
東京学芸大学教授

小林　宏明（こばやし　ひろあき）［第6章］
金沢大学教授

濵田　豊彦（はまだ　とよひこ）［第7章］
東京学芸大学教授

澤　隆史（さわ　たかし）[第 8 章]
東京学芸大学教授

小池　敏英（こいけ　としひで）[第 9 章]
東京学芸大学教授

野本　茂夫（のもと　しげお）[第 10 章] ＊
國學院大學教授
日本言語障害児教育研究会理事

石川　清明（いしかわ　きよあき）[第 11 章] ＊
國學院大學教授
日本言語障害児教育研究会副会長

牧野　泰美（まきの　やすみ）[第 13 章]
国立特別支援教育総合研究所上席総括研究員
日本言語障害児教育研究会理事

淺利　昇（あさり　のぼる）[第 14 章]
市川市立行徳小学校教諭
日本言語障害児教育研究会事務局長

綾部　泰雄（あやべ　やすお）[第 15 章]
元横浜市立八景小学校教諭
日本言語障害児教育研究会理事

櫻井　正二郎（さくらい　しょうじろう）[第 16 章] ＊
元船橋市立船橋小学校教諭
日本言語障害児教育研究会副会長

＊編集担当

装丁　有泉武己

基礎からわかる言語障害児教育

©2017

2017年8月10日　初版第1刷発行

編著者　日本言語障害児教育研究会
発行者　杉本哲也
発行所　株式会社　学苑社
　　　　東京都千代田区富士見2-10-2
　　　　電話(代)　03(3263)3817
　　　　fax.　03(3263)2410
　　　　振替　00100-7-177379
　　　　印刷　藤原印刷株式会社
　　　　製本　株式会社難波製本

検印省略

乱丁落丁はお取り替えいたします。
定価はカバーに表示してあります。

ISBN978-4-7614-0791-9　C3037

シリーズ きこえとことばの発達と支援

特別支援教育における 構音障害のある子どもの理解と支援
加藤正子・竹下圭子・大伴潔 編著 ●B5判／本体3500円+税

構音の状態と発達に合わせた指導目標の立て方から指導の原則・ポイントまで、正しい構音に導くためのアプローチを紹介。

特別支援教育における 読み書きに困難がある子どもの理解と支援
大伴潔・大井学 編著 ●B5判／本体3000円+税

ことばの発達に遅れのある子どもや自閉症スペクトラムの子ども、読み書きに難しさのある子どもへの評価から支援を解説。

特別支援教育における 吃音・流暢性障害のある子どもの理解と支援
小林宏明・川合紀宗 編著 ●B5判／本体3500円+税

最新の知見を織り交ぜながら、包括的に吃音を評価、指導・支援する方法について具体的に詳述する。

LCSA 学齢版 言語・コミュニケーション発達スケール
大伴潔・林安紀子・橋本創一・池田一成・菅野敦 編著 ●B5判変型［施行マニュアルと課題図版のセット］／本体5000円+税

小学校第1学年から第4学年の児童対象。サマリーシート作成用ソフトや記録用紙が学苑社サイトからダウンロード可能。

LCスケール 増補版 言語・コミュニケーション発達スケール
大伴潔・林安紀子・橋本創一・池田一成・菅野敦 著 ●B5判変型［解説と絵図版のセット］／本体4800円+税

0～6歳の乳幼児対象。報告書サンプルや記録用紙が学苑社サイトからダウンロード可能。

学齢期吃音の指導・支援 ▼ICFに基づいたアセスメントプログラム 改訂第2版
小林宏明 著 ●B5判／本体3600円+税

多くの現場の教師や言語聴覚士に活用されているプログラムの改訂版。プログラムはより簡素化され、資料なども大幅加筆。

吃音検査法 第2版
小澤恵美・原由紀・鈴木夏枝・森山晴之・大橋亜希子・坂田善政・酒井奈緒美 解説 ●検査図版＋本体14000円+税 ●本体5000円+税

第2版より検査図版と解説が別売りとなった。解説にはスピーチサンプル（CD-ROM）に加え、症状サンプル（DVD）を付用。「吃音症状および非流暢性の分類」などを再構成した。

吃音のある学齢児のためのワークブック ▼態度と感情への支援
L・スコット 編　K・A・クメラ／N・リアドン 著
長澤泰子 監訳　中村勝則／坂田善政 訳 ●B5判／本体2500円+税

吃音に対する態度と感情の実態把握と支援の方法を、指導にすぐに使える教材と豊富な指導事例と共に、わかりやすく解説。

きこえているのにわからない APD[聴覚情報処理障害]の理解と支援
小渕千絵・原島恒夫 編著 ●A5判／本体2200円+税

聴力が正常とされているにも関わらず、ききとり困難を抱える人たちの症状、評価そして支援までを解説する。

難聴児・生徒理解ハンドブック ▼通常の学級で教える先生へ
白井一夫・小網輝夫・佐藤弥生 編著 ●B5判／本体1500円+税

「見えにくい」と言われる難聴の子どもが抱える様々な問題を、30の項目と10のトピックなどでわかりやすく簡潔に説明する。

〒102-0071 東京都千代田区富士見2-10-2　学苑社　TEL 03-3263-3817(代)　FAX 03-3263-2410
http://www.gakuensha.co.jp/　info@gakuensha.co.jp